わからない
音楽なんて
ない！

子どものためのコンサートを考える

大友 直人
津上 智実
有田 栄

ARTES

▲①ワーグナー《ニュルンベルクのマイスタージンガー》第１幕への前奏曲の共演を終えて拍手を受ける「こども奏者」たち
（第48回、2013年12月７日）

◀②お話をする指揮者の大友直人さん（第１回、2002年４月６日）

▲③ラロのチェロ協奏曲を弾く「こどもソリスト」の上野通明さん（当時小学６年生）
（第22回、2007年10月13日）

▲④お辞儀の練習をする「こどもレセプショニスト」の子どもたち
（第31回、2009年９月12日）

◀⑤コンサートミストレスを務めた「こども奏者」重松彩乃さん（当時小学４年生）のインタヴュー（第24回、2008年３月１日）

▶⑥テーマ曲の作曲者として紹介される加藤旭さん（当時小学４年生）（第29回、2009年５月23日）

▲⑦ドヴォルザークの交響曲第９番で共演する「こども奏者」たち
（第36回、2010年12月11日）

▲⑧トランペットの楽器紹介をする佐藤友紀さん（第48回、2013年12月７日）

▲⑨トロンボーンの楽器紹介をする鳥塚心輔さん（第48回、2013年12月７日）

▲⑩新澤義美さんの指導で打楽器体験をする子どもたち
（第38回、2011年７月２日、サントリーホール小ホール「ブルーローズ」にて）

▲⑪サントリーホールのロビーに展示されたチラシの絵の応募作品
（第45回、2013年4月６日）

▼⑫終演後の交流会「マエストロと楽団員を囲んで」で手を挙げる子どもたち
（第27回、2008年９月6日、サントリーホール小ホール「ブルーローズ」にて）

▲⑬チャイコフスキーのピアノ協奏曲を弾く中村紘子さん
（第10回、2004年８月７日）

◀⑭アンコールで即興演奏をする小曽根真さん
（第30回、2009年７月25日）

▲⑮ヴェルディ〈行け、わが思いよ、黄金の翼に乗って〉の演奏を終えて拍手を受ける合唱団とオーケストラ（第37回、2011年４月30日）

▲⑯ロビーで子どもたちと交流する大友直人さん（第25回、2008年５月10日）

はじめに

津上智実

子どもたちにほんとうによい音楽プログラムを与えたい、そのためにはいったいどうしたらいいのだろうか——これがこの本のテーマです。

日本でも近年、子どものための音楽プログラムが増えてきました。オーケストラやホール、財団といった大きな組織が主催するものから、教育委員会と組んで地域の学校や施設などで活躍する個人や少人数のアンサンブルまで、多種多様です。電力会社や電鉄会社などの一般企業が社会貢献の一環として開催するものもあります。海外の有名なエデュケーション・プログラムを日本に招聘《しょうへい》するといったこともさかんにおこなわれています。夏休みなどいろいろな企画が目白押しで、十年前とくらべると花盛りといえるほどの活況です。

しかし実際に足を運んでみると千差万別、玉石混淆《ぎょくせきこんこう》です。来てよかったと思えるコンサートもあれば、期待はずれでがっかりすることもあります。この違いは何でしょうか？　せっかく時間とお金をかけて来たのに、なんだか損をしたような気持ちになるとすれば、それはその親子にとっても、また出演者や主催者にとっても残念なことですし、もったいないことです。

子どものための音楽プログラムで大切なことはいったい何なのでしょうか？

いっけん花盛りの今だからこそ、この点を掘り下げて一度じっくりと考えてみる必要があるように思います。そうすることによって、お父さん、お母さんたちは子どものためによい企画を選ぶ鑑識眼を磨くことができるでしょうし、主催や企画を担う人々はさらによいプログラムを実現するためのヒントを得ることになるでしょう。実際に活動している音楽家やこれから世の中に出ようとする音楽大学の学生たちも、将来の活動について指針や手がかりを得ることができるはずです。この本を企画し、ぜひ出版したいと思ったのは、このような狙《ねら》いからです。

筆者は二人の子どもを産み育てるなかで、子どもの音楽文化のあり方についていろいろと考えさせられてきました。その後、大学の音楽学部に奉職して、「子どものためのコンサート・シリーズ」を二〇〇二年に開始し、今日まで十四年余りにわたってこのプロジェクトを率いるなかで、何が大切なのか、どう考えればいいのかを絶えず問い続けてきました（神戸女学院大学「子どものためのコンサート・シリーズ」については巻末付録の**表10**を参照）。何かヒントが得られればと思って、国内はもとより海外の事例についても可能なかぎり足を運んで、実際に見聞し、プログラム分析をおこない、学生の指導に活用するということを続けてきました。

そのなかでとりわけ印象的だったのが、二〇一一年一月十五日にニューヨークのエイヴリー・フィッシャー・ホールで聴いたニューヨーク・フィルの「ヤング・ピープルズ・コンサート」です。指揮者バーンスタインの名とともに世界的に有名なこのコンサートに初めて接して、演奏もお話もすばらしいのに、それだけでは足りないのだということに気づかされました。詳しくは本書の第6章で説明しますが、前年に東京のサントリーホールで聴いた「こども定期演奏会」のほうが格段にすぐれている点があると思いいたったのです。

このときから、東京交響楽団&サントリーホール「こども定期演奏会」は、筆者のなかで大切な演奏会になりました。海外の有名なコンサートまでわざわざ足を運ばなくても、国内にこんなに立派な音楽プログラムがあるではないか、それならここに学ぼうと思ったのです。行けない回も多々ありましたが、できるかぎり通って、多くのことを学んできました。

今回、東京交響楽団とサントリーホールの理解と協力を得て、過去十二年間の「こども定期演奏会」のプログラム冊子と録画をすべて借用し、分析する機会を得ることができました。バーンスタインの「ヤング・ピープルズ・コンサート」は、テレビ放送によって全米の青少年のみならず大人にも大きな影響を与えましたが、東京交響楽団&サントリーホール「こども定期演奏会」は、コンサート・ホールに子どもたちが足を運ぶことを大切にしてきたため、ラジオやテレビによる放送をおこなっていません。そのため、チケットを手に入れて入場することができた二千人ほどの幸運な人は別として、その他の大多数の人たちは、このすぐれた音楽プログラムを知ることができないままです。こんなに惜しいことはありません。子どものための音楽プログラムを考えるうえで、これほどすぐれた教材はないと筆者は考えています。そのエッセンスをぜひ広く知ってもらいたいというのが、本書を執筆した大きな動機です。

もうひとつのきっかけは、「こども定期演奏会」を初回からずっと指揮してきた大友直人さんが、十二年をひと区切りとしてこの演奏会シリーズから退いたことです。大友さんは指揮だけでなくお話も担当してきました。エデュケーション・プログラムにおけるナヴィゲーターの重要性をひしひしと感じてきた筆者からすると、十三年目からの新体制——すなわち指揮者は毎回違う人で、プロのアナウンサーがお話を担当するというかたち——への変更は、「こども定期演奏会」のあり方を根本的に変えるものと思われました。そこで最初の十二年間を「こども定期演奏会」の第一期として位置づけ、そこで展開されたすぐれた音楽プログラムのエッセンスをまとめておきたいと考えた次第です。

さいわいなことに、大友直人さんも本書の計画に賛同してくださって、全面的な協力を得ることができました。本書の第1章は、二〇一四年三月に東京・外苑前でおこなった大友直人さんのインタヴューをまとめたものです。大友さんの子どもたちへの信頼が、ご自身の子ども時代の体験に裏打ちされていることが、よくわかると思います。

もうひとつさいわいだったのは、大友直人さんから「こども定期演奏会」について相談するならこの人と推薦《すいせん》された有田栄さんが、筆者の大学院時代からの知り合いであったことです。

有田栄さんは「こども定期演奏会」の台本と曲目解説を初回から十二年間にわたって書き続けてきました。有田さんには、本書の第2章「『こども定期演奏会』の十二年」と第5章「『読む』音楽作品」を書いてもらいました。

このように本書は、東京交響楽団&サントリーホール「こども定期演奏会」が十二年でひと区切りしたのを機に、子どものためのコンサートの歴史と意義と未来とを考えようとするものです。特にそのプログラム構成と子どもたちへの語り方との基底にある人間理解、音楽理解を明らかにすることは、今後、子どものための音楽プログラムを企画・実施・享受する人々にとってまたとない教材になることでしょう。

本書が、子どもの感性を拡げたいと願う全国津々浦々のお母さんやお父さんたち、子どもの豊かな音楽文化を真剣に考えようとする音楽・文化関係者、そしてこれからの時代を担っていく若い音楽家や音楽大学の学生たちにとって、音楽で子どもの心をつかむための、よき踏み台となることを願っています。

目次

第4章 「こども定期演奏会」のプログラムはどのように作られていたのか（津上智実） 137

第5章　「読む」音楽作品　子どものための曲目解説とは（有田　栄）　264

第6章　子どもと音楽の未来のために（津上智実）　285

わからない音楽なんてない！

子どものためのコンサートを考える

装丁：奥野正次郎（pororoca）

第1章　大友直人、「こども定期演奏会」を語る

インタヴュー／構成：津上智実

――「こども定期演奏会」に十二年でひと区切りをつけて、いまのお気持ちは？

年に四回シリーズで十二年間、「こども定期演奏会」をしてきましたが、それぞれの演奏会に関して、東京交響楽団とサントリーホールのスタッフのみなさんと一緒に、自分なりに真剣に音楽会作りに取り組みました。プログラムの選定、演奏会全体のあり方も含めて、年に四回とはいえ、かなりのエネルギーをこのシリーズに注ぎこんできましたので、現在、ちょっとひと息つけているかなという気持ちです。

スタート時、いろいろな思いがあってこのシリーズを始めましたが、振り返ってみると、もっとも大切なことは、ステージ上でじっさいに演奏している私たちが、いま自分ができる最善の、最上の音楽を、客席のお客様に向かってメッセージとして送っているその情熱と真摯《しんし》な姿

ではないでしょうか。つまり、一回一回の演奏会をほんとうに練りこんで作るということだと思います。

――「こども定期演奏会」を始めた理由と背景を教えてください。

このシリーズをやってきた根底には、私自身の子どものころの体験や音楽の聴き方、そこに立ち返って、自分が子どものころにどういうものを望んでいたか、期待していたか、感動したか、おもしろかったかということを考えようという姿勢が常にありました。

私自身は、両親が音楽家であったわけでもありませんし、ごく一般的な家庭に生まれ育ちましたので、特別な英才教育を受けたわけではありません。しかし、時代的なこともあると思いますが、幼稚園のころからピアノ教室に通いました。たまたま近所にお住まいだった橋内良枝先生という、母の女学校時代の先生が私の最初の音楽の先生です。二十年ほど前に亡くなりましたが、旧制女学校の先生でいらして、ピアノの教則本などもお出しになっていた方です。母は音楽はまったくの素人ですが、旧制府立第三高等女学校での橋内先生の指導がすばらしくて、コーラスする喜びを女学校時代に覚え、じつは去年くらいまでそのころの仲間で合唱を楽しんでいました。この学校は東京都立駒場高等学校音楽科［現・東京都立総合芸術高等学校音楽科］のルーツになる学校です。その都立駒場高校に母の世代の同窓生が月に一回集まってコーラスをしていたのですが、さすがにみなさん八十歳を超え、残念ながら去年でしたか、解散したようです。

この橋内先生がたいへん素敵な方で、私はピアノの手ほどきを受けただけではなく、コーラスや小さな合奏なども教えていただきました。その後私は池袋のほうに引っ越したのですが、たまたま東京芸術大学の田村宏先生のお嬢さんが妹の同級生で、そんな縁もあって田村先生にも多少面倒を見ていただきました。まだ小学生でしたし、田村先生もお忙しい先生でしたから、田村先生のお弟子さんの、旧姓安部牧子先生を紹介していただきました。

小学校三年生のころに、両親に若杉弘さんの第九の演奏会に連れて行ってもらい、オーケストラに興味をもちました。家に父が買っていたクラシックのレコードがたくさんあったので、それを遊びで、自分で引っ張り出して聴いているうちに、ピアノのお稽古よりもオーケストラの音楽がどんどん好きになっていきました。

三年生のころから、銀座とか池袋のヤマハに行ってはミニチュア・スコアを買って来て、スコアを見ながらレコードを聴くのが最高の楽しみになりました。小学校四年生のころからは、親に頼んでＮＨＫ交響楽団（N響）の定期会員になって、演奏会通いもするようになりました。

最初に行ったオーケストラによる「音楽教室」は、旧文京公会堂での東京都交響楽団（都響）の音楽教室でした。そのころ私は文京区の小学校に通っていて、学校の授業として聴きにいったのです。たしか五年生のころだったと思いますが、そのころは生意気にもいっぱしの音楽通のつもりでしたので、演奏を聴いて、普段行っている演奏会とはぜんぜん違うなあと思いました。会場の雰囲気も、いろんな学校が集まって、会場中がザワザワとうるさくて、他校の先生が「静かにしろー」と怒鳴っているかと思ったら、いつの間にか演奏が始まっているという感じで、楽器解説はおもしろかったと思うのですけれども、演奏はものたりないと思いながら聴いていた記憶があります。

指揮者として仕事を始めた二十代のころ、まさにその都響の「音楽教室」のシリーズもずいぶんたくさん指揮者として経験しました。学校公演をするとき、つねにもとにあったのは自分の原体験です。自分が小学生だったときにそうだったように、数は少なくても、客席のなかの何人かはとても音楽が好きで、自分でピアノも弾けたりヴァイオリンも弾けたり、いろいろと豊かな音楽経験をもっている小学生が必ずいると思っています。その子たちがかつての私のようにがっかりしてしまう演奏をしないようにしなくてはならないという思いはいまも変わりません。「自分が子どもだったときの感性にきちんと応えられる内容のプログラムと演奏を実現する」ことを念頭において音楽会を作ってきました。

もうひとつ、私自身が音楽ファンのひとりとして、音楽会通いを始めた子どものころから、幸運にもステージに立つチャンスが得られるようになり、じっさいのコンサートというものを、客席からもステージ上からも体験するようになっていったその過程で、今の日本の社会のなかでクラシックのコンサートが、どれくらいしっかりとした広がりと安定感をもって定着しているのかということに疑問を抱くようになってきたのです。

デビューのころはあまりそのようなことも考えずに、自分が好きな音楽の世界にいるというだけで幸せを感じていましたし、それがあたりまえの世界だと考えていましたが、いろいろなかたちのコンサートを経験するにつれて、疑問がふくらんでいきました。

東京のような大都市では、私の学生時代から毎晩数え切れないほどの演奏会が開催されているわけです。じっさい、ここ三十年くらい、サントリーホール、オーチャードホール、東京芸術劇場、すみだトリフォニーホール、東京オペラシティなどのすばらしい近代的なコンサートホールが次々にオープンして、十近い本格的なオーケストラが日常的にコンサートを開いていています。それに加えて数え切れないほどの外来のオーケストラやアーティストがやって来ているわけですから、どこで誰が何をやっているのかを追うのがたいへんなくらいです。ただ、それぞれのコンサートにお客様がいらして、トータルで見ればかなりの数の人たちが音楽会に行っているにもかかわらず、「ステージと客席とのコミュニケーションないしはつながりの希薄さ」とか、「お客様は何を期待し、何を求めて演奏会場に足を運んでいるのか」、また「じっさいにそこで音を奏でている音楽家たちは、いったいどういう思いや意識をもって音楽家としての活動をしているのか」と疑問に思うほど、一般の市民生活における音楽や音楽会に対する意識や思いが意外に希薄で、心もとなく感じるようになってきたのです。

スポーツの世界やポピュラー音楽の世界に目を向けますと、試合やコンサートがおこなわれている時間と空間をお客様自身が自分たちで楽しみたいという、能動的な欲求でその場に参加していています。スポーツのサポーターなどは完全にそうですよね。試合を観るというより、自分たちがそこに行くことがうれしいという思いで現場に足を運んでいます。少なくとも受け身ではない。

パフォーマンスということ、何かを演ずるということは、人間のいとなみのなかでは特別な意味をもっていると思います。人のために何かを話したり、歌ったり、演じたりすること、そして話し、歌い、演じてくれていることに対して、積極的に何かを受け止める、積極的に時間を共有するということが、人間と人間とのコミュニケーションのすばらしさだと思いますし、パフォーマンスに自分も参加するということがいちばんおもしろい出来事だろうと思うのです。

スポーツのように、理屈抜きに楽しむ感性というものを人間はもっているにもかかわらず、どうもクラシックの音楽会に関しては、そのへんに妙な不自然さを感じることが多いような気がします。ステージ上の演奏者は、なにかまるで試験を受けているかのような妙な緊張感とともに、完璧な演奏をしないと誰かから批判されたり指摘されたりするのではないかというような恐怖感のなかで演奏していることも多いように思います。音楽ファンのなかにも、つねに減点法で演奏会を聴いて、自分の価値観と教養と知識と好みに今日の演奏はどれくらい合っているか、あるいは合っていないかという尺度で音楽を聴いたり、感想を述べたりというような人たちがいます。プロの批評家やジャーナリストの発言も含めて、がんらい自然にできるはずのステージと客席のコミュニケーションとか、同じ豊かな時間を共有するとか、そういう感性とは違った何かで成り立っているコンサートが少なからずあるように思うのです。

最近もある演奏会で体験したことですが、前のほうに座っている若者たちが、終演後カーテンコールになっても、拍手もせずにただステージをボーっと見上げているのです。まるで映画やテレビでも観ているかのように、コンサートホールの客席にただ座っている。このような場面は東京でも地方でも、若者に限らず、実はしょっちゅうあるのです。そういう客席を見るにつけ、なにかパフォーマンスに対する参加の仕方がおかしいのではないかと感じてきました。それは「音楽教室」でも同じです。「舞台あるいはコンサートの会場で楽しむ楽しみ方」「音楽の聴き方」とか、あるいはもっと単純な「空間の楽しみ方とか過ごし方」をいまの若い人たちは知らないのではないでしょうか？　そういう経験のまったくない子どもたちに、少しでもヒントを与え、どこかのスイッチを入れてあげることが必要ではないかと思い続けてきました。

東京は巨大都市ですが、自分のまわりで生活している多くの市民のなかで、コンサートホールやクラシックのコンサートが日常生活の一部になっている家庭がどれくらいあるのかという尺度で見てみると、意外にこれも寂しい気がするのです。たとえばオーケストラの定期会員になったりして、日常生活と音楽が一体になっている家庭というのは、やはり人口全体からみればきわめて少ないでしょう。同じ人生を送るのであれば、音楽を聴く歓びや楽しみや感動といった、音楽のすばらしさと一緒に歩むことができる人生を、ひとりでも多くの人たちに送ってほしい。

日本に生まれて日本で育って東京に住んでいる私としては、自分にとっていちばん身近なところから音楽のすばらしさを伝えて広めていくことを、具体的なかたちで進めていければという思いをずっともっていました。ざっくりと言えば、それが私が音楽をやっている理由のひとつです。

――「こども定期演奏会」では何をめざしていたのでしょうか？

そんなとき、東京交響楽団で新しいシリーズをやりたいということになり、サントリーホールもそれに呼応して、いろんな思いが一致することになり、「こども定期演奏会」のきっかけが生まれました。ただ最初はおそらくみんな、これほど本格的で専門的な音楽シリーズにしようとは思っていなかったと思うのです。東京交響楽団の当時の楽団長、金山茂人さんも、サントリーホールも、いわゆる子ども向けコンサートのシリーズ化、ビギナー向けの子どもコンサートのシリーズ化というくらいの認識だったと思います。しかし私自身はいまお話ししたようなプロセスを経て、子どもの音楽会に対するそうとう強い気持ちをもっていましたので、かなりわがままに自分なりのプログラミングを主張しました。

最初にやったプレ・コンサート［**表1**参照］では、いまでも覚えているのですが、会場でお客様と一緒に静寂を作ってみるという実験をしたのです。これは始めのころにけっこうよくやった実験です。二千人のお客様がいて、ステージ上にオケがいても、コンサートホールというのは、みんなで協力すればほんとうの静寂を作れる空間であり、そこでこそ奏でられる音楽のすばらしさというものがある。「ほんとうの静寂を作りましょう。いいですか、一、二の三」とやると、会場中がぴたっと静かになるんです。そうすると会場中の人がびっくりする、こんなに静かになるのだと。これくらい静かになると、どんなに小さな音でも三階のお客様にも届くようにホールはできているので、ほんとうに小さな音をプレイヤーに吹いてもらったりする。それが聴こえたりすると「おーっ」となる。みんなで聴くために、みんなで協力して、こういう静かな空気を作らなきゃいけない。息はしてもいいけれども、余計なノイズを出さないのがマナーだから、そのようにしましょう、というようなお話をしました。

それから、ステージの上で演奏しているわれわれも生身の人間で、「客席とステージの上とのコミュニケーション」というのは、これも人間の発明なのだけれども、「拍手」でとることができる。「みなさん、ちょっと拍手してみてください」と言って拍手してもらうんです。「じゃあ、次に気持ちの入った拍手をしてみてください」と言うと、音がほんとうに変わります。次に「ほんとうに気持ちをこめて、すばらしかったとか、うんとよかったという拍手をしてください」と言うと、拍手の大きさが倍くらい変わります。「ステージの上のわれわれはそうやってみなさんに、いまからいい演奏してね、期待しているからがんばってねという拍手を受けると、みんなそれは感じるんです。だから、ああいい演奏しなきゃと思って演奏する。次はもっといい演奏してくれって拍手をもらうと、気持ちも高ぶります。これが拍手の効用であり、力です。拍手をすれば、言葉を発しなくてもコミュニケーションができるんです」と言うと、

00:23–13:42	第２部：指揮者入場，おはなし（休憩は何のため？　リラックスして後半に入れるように。お手洗い。友人と交流）（ホールにはどういうおもしろさがあるか，実験してみたい／拍手は人間が発明したおもしろい手段。普通の音楽会ではお話はしない。全体の雰囲気をお客さんのみなさんとわれわれで作る。本当に気持ちを込めて大きな拍手を，もう一段大きい拍手。どうもありがとう，おもしろかったでしょう。皆さんが聴いてくださっているのがうれしい。いいぞいいぞ，がんばれ，気分がよくなる。拍手の仕方で気持ちが変わってくる。強制しているわけではないけれど／次に皆で静かにすると，2000人が静かに注意深く集中して聴いてくれたとき，2000人のエネルギー，パワーが空気の中に出てくる。10秒位耳を澄ましてください。小さな音が聞こえる。鉛筆を１本落す。皆が協力してとっても静かな空間を作るというのが大事なこと。いい雰囲気ができる／第３楽章の終わり，ティンパニが小さな音で叩き続ける。弦が集中して聴くとティンパニが聞こえる。まず皆が無神経に演奏，あんまり聴こうとしていない。皆で聴こうとして演奏すると聞こえるはず。デリケートで微妙なところ／歓声と拍手。お客さんも聴いてくれて，演奏者も集中して聴いていると演奏が違ってくる／「・タタタターン」というリズムがたくさん出てくる）
14:27–24:45	（響きの違いを聴いてみよう）ベートーヴェン 交響曲第５番ハ短調、第３楽章の後半から第４楽章（10分）
25:15–27:45	おはなし（よい拍手をしていただいて，皆汗びっしょり／機会があったら第２楽章もぜひ聴いて）（小５の小林美樹さん）
28:27–37:15	第５曲：サラサーテ《ツィゴイネルワイゼン》Op.20（ヴァイオリン独奏とオーケストラ）
38:30–38:55	おはなし（一生懸命音楽をやると音楽家になれる可能性も）（次の曲ではハープも／テーマはホルン４人で）
40:52–47:30	第６曲：チャイコフスキー バレエ組曲《くるみ割り人形》から〈花のワルツ〉
48:10–49:57	おはなし（12月頃，よくバレエで公演／バレエの伴奏はピットで演奏／日本にもいい作曲家／ピアノも活躍）
50:10–55:00	第７曲：芥川也寸志《交響管弦楽のための音楽》から第２楽章（５分）
55:20–57:40	おはなし（作曲に興味のある人は一生懸命勉強すると作曲家になれる／本当に小さな音から始まる／小太鼓がずっとリズムを刻む。塚田吉幸さん。それに乗っていろんな楽器が加わっていく／出だしがかんじんなのでみなさんでいい空気を作りましょう）
58:25–01:13:15	第８曲：ラヴェル《ボレロ》
01:16:01–01:18:40	アンコール：アンダーソン《そりすべり》
01:19:50	指揮者退場

プログラム：「オーケストラ・インタビュー第０回」コンサートマスターのグレブ・ニキティンさん

＊下線は部分演奏を示す

表１　プレ・コンサートのタイムライン（作成：津上智実）
東京交響楽団＆サントリーホール「こども定期演奏会」
わくわく，ドキドキ，予告編「響って⁇　違いを聴いてみよう」
2001年８月20日（土）午後２時開演，サントリーホール 大ホール
管弦楽：東京交響楽団，ヴァイオリン：小林美樹（小５）
指揮＆おはなし：大友直人（東京交響楽団正指揮者）

00:35–01:40	演奏会開始，チューニング，指揮者入場
02:03–07:50	第１曲：エルガー 行進曲《威風堂々》第１番 ニ長調 Op.39（６分）
08:10–11:00	おはなし（予告編へようこそ／年４回／若い人向け／ステージのオケと客席の皆さんでオケについて，ホールについて楽しんでいきたい／エルガー／パイプ・オルガンとオケで／オルガニスト新山恵理さん）
11:02–12:12	第２曲：J. S. バッハ《トッカータとフーガ》ニ短調 BWV565 からトッカータ（オルガン独奏）
12:20–13:14	おはなし（何百というパイプが入って，オルガニストがひとりで弾く）（同じ曲をオケで，80 人くらいで演奏，響きの違いを楽しんで）
13:25–17:18	同曲（オーケストラ演奏）
17:33–20:32	おはなし（ずいぶん違う。好みの問題／人数に決まりはないが，大体 100 人。演奏する曲によって変更。ホールの大きさでも）（次の曲も人数の指定はない／４声の曲，まず４人で／奏者紹介）
20:35–22:15	第３曲：モーツァルト《アイネ・クライネ・ナハトムジーク》K525 から第１楽章（弦楽四重奏で）
22:22–23:47	おはなし（指揮者不要，目配せで演奏）（もう少し人数を増やして，第１ヴァイオリン６＋第２ヴァイオリン６＋ヴィオラ４＋チェロ２）
23:55–24:40 24:45–25:18	同曲（弦楽合奏で，27 小節目まで） おはなし（次は全員で，第１ヴァイオリンは７プルト 14 人）
25:30–27:05	同曲（全員で）
27:20–33:25	おはなし（人数によって音量，味わいが違う／次はベートーヴェンの第５交響曲／第１楽章から第４楽章まで，精魂こめてよく作曲した曲，細かいところまで計算して書かれた曲／タタタターンのリズムがいろんなところで組み合わされている／どの楽器がどの場面で演奏するかもよく考えられている／部分を演奏：練習番号Ａから／第１楽章の後半でもう一度出てくる。同じように聞こえるがずいぶん違う／最初はホルン，２回目はファゴットで演奏／音が揃わなかった＝人間がやっているおもしろさ／ティンパニ，チューニング＝ピッチを揃える）
34:32–40:50	第４曲：ベートーヴェン 交響曲第５番《運命》ハ短調 Op.67 から第１楽章（６分）
休　憩	

客席の子どもたちもおもしろがって参加してくれます。そうすると、その日の音楽会は盛り上がります。これはコミュニケーションの原点です。会場のお客様とステージが一緒に時間を作る、一緒に豊かな時間を過ごすということの、いちばんわかりやすくて大事なコミュニケーションです。いまみたいなかたちで体験してもらうと、すごくわかりやすいので、楽しくなりますね。音楽を聴くことも、拍手をすることも楽しくなります。

他に自分でやってみておもしろいと思った実験は、モーツァルトの《アイネ・クライネ・ナハトムジーク》です。コンサートホールは小さな音から大きな音までいろいろ聴けますから、まずこの《アイネ・クライネ・ナハトムジーク》を小さな弦楽アンサンブルで演奏してもらうんです。まず弦五部（クアルテットとコントラバス）で一楽章のさわりの部分を演奏してもらう。同じ譜面を使って、ちょっと人数を増やして八人くらいで演奏してみると、こんな響きになる。次にオーケストラの弦楽全員で演奏してみると、同じ楽譜を使って同じ楽器でやっているのに、こんなにも音の印象が変わってくる。そんなふうにして、音の作られ方の違いとか、音楽の演奏の形態によって出てくる違いとか、そういうものをデモンストレーションしたのをよく覚えています。

バッハの《トッカータとフーガ》は、まずパイプ・オルガンだけで演奏してもらい、次にストコフスキーがオーケストラ用に編曲した同じ部分をオーケストラで演奏する。パイプ・オルガンのオリジナルをオーケストラに編曲するとこんな音になるという、オーケストラとか音に対する興味をもってもらうことに関しては、腐心してずいぶんアイディアを練りました。

基本的には、いまお話したことを毎回心に留めながらやってきました。「今日のお客様は少しざわついているな」と思った年には、さっきのような話をしましたけれど、最後の数年間は、お客様が定着していったのか、最初から会場がすごく静かだし、よい拍手がもらえるようになって、先ほどのような話をする必要がなくなってきていました。これは自分なりによかったなあ、変わってきたのだなあという実感をもちました。

定期シリーズというのは、やはりコンサートに通う習慣づくりが大切ですよね。自分が子どものころに聴いた「音楽教室」を否定するつもりはまったくありませんし、「音楽教室」はあったほうがいいと思っていますが、ほんらい音楽会に行くということは家庭生活のなかのプライベートな楽しみのはずです。自分が帰属している何らかの組織（子どもでいえば学校ですが）の行事としてコンサートを聴きに行くというのはイレギュラーな姿で、がんらいは学校とか仕事とか、そういうところから解放された自分の自由な時間の楽しみの対象として、コンサートホールだったり映画館だったり劇場だったりがあるわけですから、音楽会をプライベートな時間として楽しんでもらう、そういう楽しみ方を子どものころから知ってもらうには、「ファミリーイベントとしての音楽会通い」というのが基本ではないかと思います。そのような習慣をもつ家庭がひとつでも増えることが、社会に音楽が浸透するということだろうと思っています。

このシリーズを始めたころは、土曜日は学校が完全に休みだったのですが、十二年のあいだに土曜日の授業が再開され、学校行事と重なったりで、いっときお客様が少なくなったこともありました。日曜日にしたらどうだろうかといった議論も出ましたが、けっきょくは従来どおりの土曜日の午前中に落ち着いています。ポイントは、家族と一緒に定期的に聴きに行く楽しみの対象としてのコンサートを提供することだと思います。

――「こども定期演奏会」で大切にしていたことは何ですか？

自分のお気に入りのオーケストラとか、自分のお気に入りのコンサートホールとか、自分のお気に入りのシリーズとか、そういうものが少し意識されてもいいのではないでしょうか。当時は東京交響楽団で私も常任指揮者をしていましたし、自分はここのホールとか、このシリーズが気に入って応援しているんだ、なじんでいるだという認識をもってもらいたいという思いもありました。

対象の年齢については、初めは手探り状態でした。とりあえず小学校高学年を基準に音楽会を作ろうということでスタートしました。ただ蓋《ふた》を開けてみると、意外にも小学校低学年のお子様が多かったのです。いろんな理由があると思いますが、兄弟がいると、お姉ちゃんお兄ちゃんが小学校高学年でも、弟妹は小学校低学年や幼稚園だったりしますから、当初のもくろみよりも低年齢に偏っていたのは事実です。でも、それによって何か大きな基本的なコンセプトを変えるということはしませんでした。ただ経験的にわかってきたのは、小学校低学年の子どもたちが集中して音楽を聴ける時間というのはだいたい十分ぐらいが限度で、十五分を超えるとなかなかむずかしいかなと、あくまで直観ですが、会場の空気からなんとなくわかってきたのです。ですから、ある時期から一曲の演奏時間があまり長いものがないように編集を始めたことは事実です。

もうひとつとても大切なこだわりは、「子どもを子ども扱いしない」ということです。当初から客席の半分は大人で、場合によっては半分以上が大人です。それもひとつの理由ではありますが、子どもたちにとっては、大人扱いをしてもらって、少し背伸びをして大人びた話を聞くという一種の快感も得られますし、よい意味でプライドを満足させてもらえることになります。私はあくまで「子どもであっても一般のお客様」という考え方で話をしてきたつもりですし、少なくとも自分と同じ感覚をもった仲間という気持ちで語りかけてきました。それは一緒に来られた大人の方にも、何の抵抗もなく聴いていただけていたと思います。

もうひとつ、じつは私が長年思い続けてきたことで、社会構造における音楽会やオーケストラというものの位置づけや財政的な背景を、より多くの人々に認識してもらいたいということがあります。オーケストラによる音楽会というものは、どこの国でも時代でも経済的に自立するのがむずかしいものです。こんなにすばらしい音楽の世界を実現しているのに、自立ができない。だから必ず、どういうかたちにせよスポンサーが必要です。なんらかのかたちで助成や応援をしてもらわないと、オーケストラというもの自体が社会のなかで成立しないわけです。

しかし私の知るかぎり、残念ながら日本の社会というのは文化財とか文化活動に対して、いったい誰がどこでどうやっているのかということに対する認識とか興味とかがほとんどない。社会常識として、一般の認識としてほとんどないのです。美術館もコンサートホールも、自分が何もしなくてもそこにあるものと捉えられていて、誰がどこでどうやっているのかということに対しては、社会全体として認識が希薄だと思うんです。

オーケストラというものは誰かが支えてくれないとなくなってしまう。アメリカなんかしょっちゅう消滅してしまうのですから、オーケストラがどのような経済的背景で活動しているのか、コンサートホールがどうやって成り立っているのかということを一般の認識としてもってもらえる社会にならないと、ほんとうの意味での文化国家にはなれない。つまりどういうかたちで支えるにせよ、税金で支えるにせよ、個人の寄付で支えるにせよ、企業の寄付で支えるにせよ、それらのことに対する価値観と認識というものを国民一人ひとりがきちんともたないかぎり、成熟した文化国家にはならないと思います。

ときどき経営者の方に話しに行くと、「私は文化がわからない。音楽がまったくわからない」とのっけからおっしゃる方がけっこういるのです。好きか嫌いかは別として、それを恥ずかしくもなく言うこと自体が、恥ずかしいことではないでしょうか。少なくともオーケストラの活動とか文化活動というものがいろんな人に支えられてできているということに対する認識を、子どものころからきちんとわかっていてほしいという思いがあるのです。

そこで「音楽会ができるまで」というプロセスをプログラムにわかりやすく書き、オーケストラの活動財源はどういうふうにして集まっているのか、国からの助成、地方自治体からの助成、民間のスポンサーや個人の寄付、チケットの入場料収入等について、また今日の「こども定期演奏会」の入場料がどうやって決まっているのか、一般のコンサートが七千円のところを三千円で聴けるのは、じつはスポンサーがいて足りない部分を補ってくれているからだとか、そういった音楽会の構造というか成り立ち方を認識してもらいたい、意識をもってもらいたいという思いが強くあったので、折にふれて伝えてきました。これはとても重要なことで、いずれ子どもたちは大人になって社会を形成していくのですから、文化というものをどういうふうに支えるのか、必要とするのか、どういうものが支える価値のあるものなのかということをきちんと整理できている人が増えてくるということが、国の文化度につながっていくと思うのです。日本はその部分はまだまだだと感じています。

僕の世代でいうと、通っていた中学は受験校でしたが、進路の高校受験のことで担任の先生との面談時に、「音楽学校」なんて言うと「何を考えているんだ」と驚かれました。いかに偏差値の高い高校に行くか、偏差値の高い大学へ行くか、就職に有利であるか。学校で大事なのは主要三教科・五教科です。音楽、体育、美術などはあってもなくてもどうでもいい科目だという、先生たちも含めて残念ながら学校全体がそういう価値観だったように思います。いまの日本の社会は基本的にはそのような価値観でできあがっているのかもしれません。

戦前は少し違っていたようですね。私の経験からも旧制高校、旧制帝大や一流の大学を出た戦前の教育を受けた教養ある人たちは、文学、美術、音楽、文化に対する敬意とか尊敬とかをもった教育を受けていたのではないかと思います。

戦後は敗戦後の高度経済成長、経済復興と国全体が一丸となって進んできた時代でしたから、文化がどうだとかこうだとかいうことは二の次、三の次の時代だったのでしょうね。自分も含めて、戦後の義務教育を受けたいまの七十代以降の世代から、そういう社会に変貌してきたんですね。日本はほんとうの意味での豊かな生活とか心の豊かさとかをもういちど、一から考え直し、見直して作っていくべき状況にある国かもしれません。

ですから、この「こども定期演奏会」はほんの小さな催しですが、自分としては、少なくともこの音楽会を聴いてくれる人たちと過ごす時間のなかで、私なりの強い思いや願いなど、いろいろなメッセージをこめてステージに立ってきたつもりです。

――チケットが売り切れで買えない時代が長かったですね。

おかげさまで初めからとても好評で、売り切れが続いていました。そうするとプロモーションをまったくやらなくてもすんでしまうのです。子どもたちの絵でチラシを作って、それを来たお客様に配っているだけの時代が長かったのですよ。

でも何年か前に、ちょっと売れ行きが落ちているみたいだという話になったのです。考えてみれば、子どもたちも三年くらい経つとかなり入れ替わってしまうのですから、ふたたび新聞などに広告を出してプロモーションを強化しました。さいわい、またあっという間に売り切れになりました。

京都［京都市交響楽団］で「こどものためのコンサート」を始めたときは、当時通常の定期演奏会で満席になることはあまり経験したことがなかったのに、子どものシリーズを立ち上げたら、あっという間に売り切れどころか四百人くらいお断りをすることになりました。ところが、三年目くらいで空席がめだつようになってしまったんです。原因はまったく同じで、二年目からはポスター一枚、チラシ一枚作らなかったんですね。お客様からの問い合わせの電話に、何と言ってお断りしたのか、心配になりました。まさか「売り切れです。ガチャン」ではなかったでしょうね、と。レストランでも何でも、自分が行きたいと思って電話したときに、「すみません、今日は満席でして」と言われたあと、どれくらいていねいにフォローしてくれるか、謝ってくれるか、次はどうか、その努力の姿勢によって店の印象は一八〇度変わってしまいます。一八〇度どころか、もう二度と行ってやるものかというような感じにもなりかねない。それはとても恐ろしいことです。

毎年の企画のひとつに、「こども奏者」のコーナーというのがあります。オーディションして東京交響楽団のメンバーの中に入ってもらって、一緒に演奏するのです。オーディションは年にもよりますが、かなりの人たちが不合格になります。私が腐心したのは、不合格になった子が傷つかないように、もうこれで音楽会なんか行くのはいやだとか、楽器をやるのがいやだとか思わないように、フォローしてあげるというのがポイントだと思いましたので、私を含めて、オーディションを聴いてくれた先生たちに、自筆で最大限のフォローやコメントを、「今日は弾いてくれてありがとう。これがよかったけど、ここのところがもうちょっとだったから、次もう少しがんばってね」と毎回書いてもらいました。それをしなければ、自分たちのファンになってくれるはずの人が逆になってしまうというリスクがあると考えたからです。さいわい、合格しなくても何年かオーディションを受け続けてくれた子や二回目で合格した子などは思い出深いですね。常に満席状態というのも、けっこう山あり谷ありだったのです。

――十二年で成長したと思うことは何ですか？

十二年はよい区切りでした。やはりずっとやっていると、ネタ切れというのでしょうか、なかなか材料を見つけるのに苦労をしていた時期もありました。

青少年向けのコンサートというと、レナード・バーンスタインとニューヨーク・フィルの「ヤング・ピープルズ・コンサート」が有名ですが、あれはテレビに残っている五三本しかやっていなかったみたいですね。逆に言うと、ほんとうに磨きあげた中身のプログラムを作っていこうとすると、永遠に作り続けていくのは無理なのではないでしょうか。

余談ですが、黛《まゆずみ》敏郎先生［一九二九〜一九九七］の「題名のない音楽会」には思い出があります。実は、黛先生時代の最後のころは、私もけっこうお手伝いしていました。当時は基本的に東京交響楽団が出演していた番組でしたから、黛先生の晩年にかけて十年間くらいはそうとう出演しているのです。毎週の番組で、二週間に一回の収録を何十年もやっているわけですが、そうなると毎回のネタ探しがほんとうに大変です。当時どうしていたかというと、錚々《そうそう》たるメンバー、いわゆる台本作家、構成作家などの方々のほかに、黛先生世代の、岩城宏之《いわきひろゆき》さん、永六輔《えいろくすけ》さん、その他黛先生のお仲間が、自分が出演する・しないに関係なく、ブレーンとして集まっていました。隔週金曜日の夜に渋谷公会堂での収録が終わると、いまはなくなりましたが、西麻布にあったアマンドという喫茶店の上階個室か、ホテルニューオータニの部屋が押さえられていて、そこに再集合。夜十時過ぎになると、ブレーンのみなさんがそこに集まってきて、最初はお茶を飲んだり、雑談したりしながら、まず黛さんが「さて、次回は何かありますか?」と言うと、最初は「しーん」です。毎回、たいがい最初は「しーん」から始まるのです。「何かおもしろいことない?」「そう言えば、最近、こんなことあったなあ」とか雑談をして、「じゃあソレ、なにか広げられるかなあ?」とか、「大友君、何かおもしろいことないの? 気になっていることないの?」という感じでした。

そのとき思ったのは、クラシックの音楽番組をテレビでやるのであったら、最初から始まりと終わりを決めて、夏休み特集とか、春休み特集とか、お正月特集とか、特番系でシリーズを組むか、あるいは年に何本と決めて、その代わり中身は練りこんで、永久保存版になるくらいの番組作りをしていったほうが意味があるのではないかということです。毎週のレギュラー番組でクラシック音楽を題材にプログラムを作るのは、そうとうに無理がある。だから「こども定期演奏会」のシリーズも十二年、四九回で僕としてはちょうどよかったと思いますし、また何か始めるときには心機一転で、いちからアイディアを練っていこうと思います。

――「音楽の街」シリーズ［第2章を参照］の狙いはどこにあったのでしょうか?

音楽自体の楽しさ、おもしろさ、魅力というものはもちろんですが、音楽というものは音楽をもとにして、いろいろな広がりにつながっていくものでもあるのです。自分もときどき勉強したり、調べ物をしたりすると、作曲家についても知らなかったエピソードが出てきたり、新しい発見があります。地理でも歴史でも言葉でも、ひとつの音楽をきっかけにして興味が広がっていくことのおもしろさも発見してほしいと思います。何か自分がおもしろいなと思うスイッチをちょっと押してもらえば、そこから先の興味のもち方というのは個人個人でさまざまな広がりが生まれます。「街シリーズ」もそうですが、私自身がおもしろいとか、こんなことがあったのかと思ったポイントを話すことで、反応する人もしない人もいるだろうけれど、あとは自分なりに興味を広げていくきっかけにしてもらえればじゅうぶんだと思うんです。「音楽の街」シリーズは自分でやっていてもおもしろかったですね。

記憶に残っている回のひとつに、アメリカでガーシュインをやった回［第十八回。**表2**］があるのですが、アメリカは移民の国ですから、ロシア系の人たちもそうとういるわけです。別の切り口からみると、音楽家にはユダヤ系ロシア人の割合がものすごく高い。私たちがアメリカ音楽だと認識している音楽も、じつはルーツをたどるとロシアにたどり着いたりします。ガーシュイン、レナード・バーンスタイン、アーロン・コープランドは完全にそのケースですね。ラフマニノフはアメリカで成功した作曲家ですが、もちろんロシア人です。あのときは、グレブ［・ニキティン］というロシア人のコンサートマスターが、リハーサルの休憩時間にニヤニヤしながらやって来て、「今回のプログラムはアメリカ音楽だけれど、実はロシア音楽だよ」と言われて、ロシア人の彼に言われるとそういう見方もあるなぁとおもしろくなりました。国と作曲家とを見ていくと、それぞれに興味がどんどん増してきます。また作曲家と作曲家の結びつきも、たとえば、ブラームスとドヴォルザークを取り上げたときも楽しかったですね。

――各年度のテーマを振り返って、どう思われますか?

基本的なテーマは三年サイクルで回すようになりました。具体的には「音楽を構成する要素」として、リズム、ハーモニー、メロディ、形式をとりあげます。もうひとつは「楽器紹介」、そして「国などのカテゴリー」です。この三つの基本テーマを三年ごとに使いながら、「自然と音楽の結びつき」といった副題との組み合わせで毎年のプログラム作りをしてきたのです。

01:20:40–01:27:59	第８曲：ジョン・ウィリアムズ《スター・ウォーズ》から〈王座の間〉〈エンド・タイトル〉（７分）
01:29:51–01:30:02	おはなし（スーザは行進曲で有名な作曲家）（１分）
01:30:08–01:33:33	アンコール：スーザ《星条旗よ，永遠なれ》（３分）
–01:35:03	指揮者退場

プログラム：オーケストラ質問箱／音楽の国，第２回，アメリカ編／もっと知りたい楽器の魅力，金管楽器編［各奏者が愛用の楽器を写真入りで紹介］

音楽の実験は、私なりにずいぶん苦労して考えました。A—B—Aの三部形式の説明のときは、有田さんがうまく考えてくれました。どうして多くの楽曲やソナタ形式がA—B—Aになっているのか。Aがあって、少し違うBの展開部があって、またA′に戻ってくる。これはどうも理屈ではなくて、どうやら人間がこういうことが好きみたいなのです。安心するのですね。有田さんが「朝、家から出かけていって、学校へ行ったり仕事に行ったりして、夜、家に帰ってくるとホッとする、それと同じです」とアイディアを出してくれて、これはいい表現だなあと思いました。理屈ではなくて、自然に人間がもっている感性です。これは三分の歌謡曲でも、一時間かかるシンフォニーのソナタ形式でも、だいたいそういうふうにできている。そのほかロンド形式とか、ヴァリエーションで変化していく形とかもやりましたね。

日本の作曲家の現代曲をやった回［第二六回。**表3**］は、自分でも特におもしろかったし、手ごたえがあったし、ひじょうにうれしかったコンサートですね。数多く紹介してきたクラシックのスタンダード曲であっても、多くの子どもたちにとっては初めての曲ばかりでしたから、さらに日本人の現代作品を聴いて子どもたちがどんな反応をしてくれるか、おもしろが

表２　第18回こども定期演奏会のタイムライン（作成：津上智実）
東京交響楽団＆サントリーホール「こども定期演奏会」
第 18 回「《音楽の国》～音楽の街めぐり～アメリカ～ニューヨーク・ボストン・ニューオリンズ」
2006年７月22日（土）11 時開演，サントリーホール 大ホール
管弦楽：東京交響楽団，ピアノ：伊藤恵
指揮＆おはなし：大友直人（東京交響楽団常任指揮者）

00:30–00:51	指揮者入場
01:00–02:00	加藤旭「こども定期演奏会 2006」テーマ曲（１分）
02:14–04:23	おはなし（挨拶／ 18 回目／出演者紹介／今日はアメリカ／バーンスタインは指揮者として有名）（２分）
04:29–08:55	第１曲：バーンスタイン《キャンディード》序曲（４分）
09:12–11:40	おはなし（ウェストサイドの映画も観て／アンダーソンもボストン交響楽団の作曲家）（２分半）
11:46–14:17	第２曲：アンダーソン《舞踏会の美女》（２分半）
14:32–15:44	おはなし（次はジャズ・ピッツィカート／ジャズはアフリカ系の音楽に起源をもち，発祥の地はルイジアナ州のニューオリンズ）（１分）
15:50–17:35	第３曲：アンダーソン《ジャズ・ピッツィカート》（２分）
17:49–29:30	おはなし（ジャズ風の楽器サキソフォーン／国際色豊かなオケ。アメリカ人奏者２人のインタビュー／まだ 230 年の歴史の浅い国。1776 年独立／次の曲はジャズをクラシックと結びつけた最初の成功作／ガーシュインは 39 歳で没）（12 分）
29:53–47:27	第４曲：ガーシュウィン《ラプソディ・イン・ブルー》（18 分）
49:11–51:44	おはなし（伊藤恵さん，世界的なピアニスト。高校時代の同級生，即興で弾くのが得意だった／ガーシュウィンの歌曲を爪弾くのが好き）（２分）
52:17–54:29	休憩／第２部開始／おはなし（後半に移ります／コープランドの説明／バーンスタイン，ガーシュイン，コープランド／３人ともロシア系）（２分）
54:31–57:41	第５曲：コープランド《市民のためのファンファーレ》（３分）
58:14–01:00:15	おはなし（ブラスと打楽器のアンサンブル）（次の曲，弦楽四重奏を作曲者本人が編曲／映画でも／アダージョ，ゆったり，たいへん静かに始まる，ぜひ耳を澄ませて聴いて）（２分）
01:00:56–01:08:59	第６曲：バーバー《弦楽のためのアダージョ》（８分）
01:09:27–01:10:48	おはなし（それぞれ個性がある）（次の曲／組曲からの１曲／アメリカでもっとも有名な景勝地／理屈抜きに聴いて楽しめる曲）（１分）
01:11:21–01:18:56	第７曲：グローフェ 組曲《グランド・キャニオン》から〈山道を行く〉（７分）
01:19:34–01:20:35	おはなし（ヴァイオリン・ソロは大谷康子さん／最後の曲／ジョン・ウィリアムズは映画音楽で有名）（１分）

01:13:19–01:16:37	おはなし（釜洞祐子さん／《夕鶴》は国外でも／《忠臣蔵》の初演／《愛艶》／日本語を歌う，言葉をはっきり，日本語が美しい）（次は坂本龍一／アカデミー賞を受賞）（３分）
01:16:48–01:21:36	第９曲：坂本龍一《戦場のメリークリスマス》（５分）
01:22:00–01:23:03	おはなし（懐かしい）（最後は40代の作曲家，千住明／昨年の大河ドラマの音楽）（１分）
01:23:12–01:26:06	第 10 曲：千住明『風林火山』テーマ（３分）
01:27:46–01:30:50	おはなし（今日は武満徹と日本の作曲の世界／画期的なプログラム，めったにない，自慢できる／今の時代はよい音楽を書けば世界中の人に愛される／積極的に聴く／新しい作品を作って弾いて未来を築いていく）
01:30:54–01:32:52	アンコール：外山雄三《管弦楽のためのラプソディ》（２分）
–01:34:14	指揮者退場

プログラム：日本の作曲の世界，大友直人さんに聞く／みなさんの質問にお答えします／リーマンブラザーズ証券株式会社の社会貢献活動

ってくれるかというところに興味がありました。想像以上に自然に受け止めて、おもしろがってくれて、たくさんの感想も言ってくれて、いちばん楽しかった演奏会のひとつですね。

――子どもたちの感想はどんなふうでしたか？

年に一回ですけれども、終演後に交流会をやっていました。サントリーホールの小ホール［ブルーローズ］で、子どもたちのなかから抽選で当たった何十人かが集まって、簡単な質問コーナーと歓談をしました。たまたま日本人作曲家の回の後が交流会になり、「今日の演奏会どうでしたか？」「みんなどれがおもしろかった？」と聞くと、小さな子どもたちが大きな声で「ミヨシー」とか「ホソカワー」とか答えてくれて、子どもたちがすごく楽しそうに感想を伝えてくれて、うれしかったですね。「今年の夏休みはサントリーホールで細川［俊夫］さんのハープ・コンチェルトを聴いてきましたと学校で先生に

表３　第26回こども定期演奏会のタイムライン（作成：津上智実）

東京交響楽団＆サントリーホール「こども定期演奏会」
第 26 回「《偉大なる作曲家》〜武満徹と日本の作曲の世界」
2008 年 7 月 26 日（土）11 時開演，サントリーホール　大ホール
管弦楽：東京交響楽団，ソプラノ：釜洞祐子，ハープ：吉野直子
指揮＆おはなし：大友直人（東京交響楽団常任指揮者）

00:41–01:03	指揮者入場
01:11–02:35	佐藤麻里亜：「こども定期演奏会 2008」テーマ曲（１分）
02:49–06:40	おはなし（挨拶／第２回／出演者紹介／今日は日本の作曲家／洋楽渡来から約130年／山田耕筰，1886年生，1965年没，オーケストラ活動の創始者／第１曲，あえてピアノ伴奏で）（４分）
06:59–09:33	第１曲：山田耕筰《赤とんぼ》（３分）
10:11–12:45	おはなし（オペラも）（次は伊福部昭／大正生まれ／教育者としても／ゴジラ／北海道在住／神秘的な響き）（２分）
13:00–17:10	第２曲：伊福部昭《SF（＝Symphonic Fantasia）交響ファンタジー第１番》から（４分）
17:23–19:43	おはなし（独特の音の世界）（次は伊福部の弟子の芥川也寸志／大正生／文化人／芥川作曲賞／米国でも）（２分）
19:55–25:09	第３曲：芥川也寸志《交響管弦楽のための音楽》から第２部（６分）
25:34–28:01	おはなし（CD 多数）（次は三善晃／1933年生／天才／東大仏文／独特のサウンド／あらゆる楽器がものすごいスピード感と歌心をもっていろいろな音楽的性格を表現／一人ひとりの奏者がめいっぱい名人芸を披露する）（３分）
28:14–31:27	第４曲：三善晃《管弦楽のための協奏曲》から第３楽章（３分）
32:33–33:05	休憩
33:05–36:00	おはなし（後半／細川俊夫／50代前半／世界的オケからも委嘱／尾高賞受賞の曲を演奏／長い曲なので後半のカデンツァから／耳をすませて）（４分）
36:12–45:12	第５曲：細川俊夫《ハープ協奏曲「回帰」》から（９分）
46:10–50:17	おはなし（初演も吉野直子さん／アムステルダムのハープ会議で４日前にも演奏してきた）（小さな音から広がる／武満徹の代表作／世界中でもっとも知られる日本人の作曲家／弦楽のみ／不思議な世界）（４分）
50:28–59:40	第６曲：武満徹《弦楽のためのレクイエム》（９分）
01:00:05–01:02:08	おはなし（ベートーヴェンなどとまったく違う音の世界）（次は冨田勲／シンセサイザー／放送と映画）（２分）
01:02:20–01:06:39	第７曲：冨田勲《新日本紀行》（４分）
01:07:00–01:08:30	おはなし（今も活躍）（次は三枝成彰／60代半ば／オペラ）（１分半）
01:08:55–01:12:20	第８曲：三枝成彰 オペラ《忠臣蔵》からお艶のアリア〈この女はあんた一人のもの〉（４分）

言ってみたら、きっと先生びっくりしますよ」といった話をしたことを覚えています。

このシリーズに関しては、東京交響楽団とサントリーホールがたいへん力強く、不経済な企画を通してくれたことは確かです。曲ごとに編成が次々と変わったり、合唱入りの大編成の曲を入れたり、ソリストを招いたりと、贅沢《ぜいたく》なプログラムを組むことができました。時期によっていろいろでしたけれども、東京の場合、最初はNTTドコモから始まり、リーマンブラザーズ、バークレイズ証券と、スポンサーも変遷《へんせん》を重ね、経済的には必ずしも安定した時期ばかりではありませんでしたが、基本的には楽団とサントリーホールが必要な予算を確保してくれました。ありがたかったですね。それに対して、当時京響は完全に市の直営オーケストラでしたから、残念ながら予算的には限界があったことも事実でした。

――とりわけ心に残っている演奏会があればお聞かせください。

マーラーの九番のフィナーレを子どもの演奏会で取り上げるのはチャレンジングだったと思います。むずかしいとかむずかしくないとか、わかるとかわからないとかは、大人の価値観ですから、子どもの感性を信じてプログラミングするのは楽しかったですね。反対は特に出ませんでした。もちろん編集はしています。全曲ではなくて、少しカットして縮めて聴きやすい長さにしたのです。

それから、二〇〇三年にやった、ベートーヴェンの第九を全曲聴いてみようというプログラムも思い出深いものです。日本では基本的には入門編では、声楽の入る第四楽章しかやりませんからね。第一楽章から四回に分けて全曲を聴いてみようというプログラムでした。

イギリスものもよくやりました。これは、もしかしたら個人的な趣味かもしれません。好き嫌いを言わずに、垣根を取り払って、なるべく幅広い音楽を聴いてもらおうというポリシーで選曲をしていましたが、いわゆる無調性の現代音楽はほとんどやっていないのです。日本の作曲家の前衛的な作品、細川俊夫さんとか三善晃さんとか、武満徹さんとかの作品を取り上げはしましたが、残念ながらウェーベルンやベルク、十二音音楽になってからのシェーンベルクなどの作品はとりあげていません。ピエール・ブーレーズもやっていないんですよ。それは歯抜けではないのですかと聞かれると、そうですねと言わざるをえないのですが、しかし、このへんは私の価値観という部分もあって、少し偏りがあったかもしれませんね。ベルク、ウェーベルンはチャンスがあれば入れたかったのですが。

個人的な思いかもしれませんが、二十世紀というのは不思議な世紀です。このシリーズで取り上げているブラームス、ドヴォルザーク、ワーグナー、マーラー、リヒャルト・シュトラウス、このあたりの時代から後の時代が見方によってはプツンと切れているのですね。言い方を変えれば、実にさまざまなスタイルの作曲家が混在する時代が始まったのです。このあたりまでの作曲家は先輩や後輩、同時代の作曲家のことを意識して、みんなで情報交換しながらひとつの音楽の方向性、スタイルは違っても同じ方向を向いていたと思います。たとえばブラームスは作曲の大事なポイントとして、「口ずさめること、歌えること」を弟子たちにアドヴァイスしています。口ずさむことができるのが音楽でいちばん大事なことだというメッセージに、ドヴォルザークなども影響を受けています。そういう音楽に対するアプローチの仕方や作曲の基本というものからはずいぶん外れた試み、音楽の実験が二十世紀にはされてきました。

私は単純に演奏家として、演奏しがいがあるかどうか、それからおもしろいかどうか、自分が演奏していてほんとうに感動できるかどうか、というようなことを選曲のひとつの基準にしています。現代音楽には興味深く、よくできている音楽も実はたくさんあります。しかし、この感動をどうしても人に伝えたいと思う音楽なのか、人の心を癒す音楽なのか、人を勇気づける音楽なのかというような基準で見ると、残念ながら、思いのほか心からとりあげたいと思う作品が少ない。そういう意味ではイギリス音楽は、クラシックの音楽の本流からは少し外れたところに位置づけられることがありますが、すぐれた作品が多いと思います。

――シリーズのあちこちでイギリスの音楽を取り上げていますね。

ロンドンが国際都市で、七つの海を支配した大英帝国の首都ですから、モーツァルトやベートーヴェンの時代から、情報源としては圧倒的な情報都市であったと思います。ですからロンドンの聴衆というのは、居ながらにしてヨーロッパ中の音楽の情報をオンタイムで享受できていたのでしょうね。ハイドンもそうですが、ヨーロッパのこれはという音楽家をロンドンに呼び寄せて、コンサートをさせて、滞在させて、そこで活動させるというパワーがあった国なのでしょう。音楽史的にイギリスにはたいした作曲家がいないとしばしば言われていますが、つねにヨーロッパ中の最先端の音楽がロンドンで奏でられていたことは間違いありません。ですからクラシック音楽のなかでロンドンというのはとても大事な音楽の拠点であったといえると思います。

フランスもイタリアもイギリスも東欧も、それぞれに音楽に特徴があります。そうして見ると歴史や地理にまでどうしても興味が広がっていくし、音楽をひとつのきっかけとして地球といろいろな国や地域の歴史を見るのはおもしろいことだと思うのです。

——子どもたちと音楽の未来のためにメッセージをお願いします。

自分の活動としてもっとも力を注ぎ、これからも考えが揺るがないと思うのは、現在進行形の新しい音楽を創造する現場にできるだけ参加したいということです。過去の偉大な作曲家や音楽家の先輩たちが創り上げた遺産を、じゅうぶんに享受しながら継承していくのはすばらしいことで、それこそがクラシック音楽の歴史でもあるのですが、忘れてはいけないのは、やはりつねにいま、創造されている音楽の現場がいちばんおもしろく、自分たちの時代にとって、社会にとっていちばんやりがいのある現場であるということです。それがクラシックの未来につながります。「クラシック」は文字どおり「古典」「スタンダード」の集積ですから、未来のクラシックを創るのは「いま」であるというそのことは、多くの音楽家が皆少なからず思っているものですが、もっと真剣にそのことに取り組むべき時代ではないでしょうか。あえて言えば、作曲家に限らず演奏家も含めて、自分自身の、あるいは自分たちの時代の感性に、自信と誇りと興味をもって、どんどん自分たちの感性を磨き、自分たちの感性を信じて、自由自在な活動をしていってもらいたいと思います。

日本におけるクラシック音楽は、ずっとその始まりから（当然といえば当然ですが）ヨーロッパの音楽を輸入して、ヨーロッパにならって、それに追いつくということを大きな目標としてきています。尊敬する小澤征爾《おざわせいじ》さんが日本経済新聞の「私の履歴書」という連載〔『おわらない音楽』、日本経済新聞出版社〕で、最後に、僕の人生は東洋人として、西洋の音楽がどこまでできるかということに対する挑戦の人生であって、それはまだ続いていると締めくくっておられました。まさにそのとおりだと思います。しかしこれからは東洋人として、アジア人としてどこまででできるかということへのチャレンジをさらに超えたところで、自分たちの音楽を創造するという喜びや興奮やおもしろさというものを表現していける世界にならないかぎりは、日本人による西洋音楽というのは、つねに二番手、三番手の後進国、あるいはつねにコンプレックスをもった人種や地域によるチャレンジの域を出ないのです。

音楽の未来、そして子どもたちには、自分たちの感性と才能とに自信をもって、自由自在に、自分の音楽なり能力なり才能なりをぞんぶんに伸ばしていってほしいと思います。驕《おご》りではなく、深い意味での自信、自分たちの存在意義、価値、才能に対するゆるぎない自信をもって音楽を奏でていくこと、これに尽きると思います。

私は、語学がけっして得意ではありませんが、外国語を恥じらうことなく話す度胸はあります。ネイティブではないのだから、訛っていてもあたりまえだと思うからです。ネイティブのように話せるのが理想ではあるけれど、やはりその人が何を語るのか、何を考えているのかということがいちばん大事で、言葉よりも大事なことは、何かアイディアがあるのかということです。同じ日本人でも、ほんの少しのアクセントの違いで、関西の人だとか東北の人だとかわかることがありますよね。同じように、私たちがドイツ人のようにブラームスを弾いているつもりでも、向こうの人たちから見ると少し違うとか、ちょっと何か足りないとか思うことがあるかもしれません。しかしいまの時代は、それをコンプレックスに感じることはない時代だと思いますし、音楽の世界自体がこの二十年くらい、特にここ十年、音を立てて変質してきています。この現実をいいとか悪いとか言っていられないと思うのです。

私自身も、子どものころから身についた音楽の価値観には強いものがあります。私が育った時代のオーケストラや、世界から来た指揮者や音楽家、たとえば私が指揮研究員として現場に立ち会っていた時代のN響に来ていた指揮者などと、いま来ている人たちはぜんぜん違います。まったく違う。ヴォルフガング・サヴァリッシュ［一九二三〜二〇一三］とか、オットマール・スウィットナー［一九二二〜二〇一〇］とか、ギュンター・ヴァント［一九一二〜二〇〇二］とか、ロヴロ・フォン・マタチッチ〔一八九九〜一九八五〕とか、フェルディナント・ライトナー〔一九一二〜一九九六〕とか、そういったマエストロたちがブルックナーやベートーヴェンをドイツ風のスタイルでがっちり練習するのを見ていて、それが身体に沁みこんでいたようにも思うのですが、いまは世界中からそういう時代の音楽のスタイルは驚くべき速さでほとんど消えてなくなってしまっています。ベルリン・フィルでもカラヤン時代とはまったく違うサウンドになっています。それを懐かしんで「昔はああだったなぁ」とか「あれが本物だったのだ」とか言っても、もう時代と現実の現象自体が変わってしまっています。それが世間というものだろうし、時代の流れというものなのかも知れません。日本の相撲界でもいまでは横綱はみんな外国人であるように、もうこだわりようがないというか、現実はそうではないと認識しなければならない時代なのかもしれません。

であればこそ、世界でクラシックの音楽を担っている人が、自分の感性を信じて、いろいろな情報を縦横無尽にじゅうぶんに吸収して、そのなかから、自分にとっていちばん自然な音楽の創り方を発見し、音楽を創っていくということが、やはり大切なことではないでしょうか。

一月に《滝の白糸》という新しいオペラ〔二〇一四年一月初演〕を初演しました。千住《せんじゅ》明さんの作曲、黛まどかさんの台本です。原作は泉鏡花《いずみきょうか》が二十歳のときの作品ですが、驚くのはこの原作が実に格調高いけれど、今から見るとなんとも古い日本語であるということです。さらにこの作品は、明治中期の新聞の連載小説だったのです。新聞の連載小説で使われていた日本語が、わずか百数十年でまったく違う印象の言葉ともいえるほどに変化してきたということです。いま、私たちが泉鏡花の作品を読むと、言葉づかいもむずかしく、格調の高さは感じながらも、そう簡単には読み進めません。現代の新聞小説とはまったく違う日本語です。日常の言葉が百数十年間でこんなにも変わるのですから、音楽の世界も、その本質は変わらなくとも、常に変わり続けていくのでしょうねえ。そう思います。

（二〇一四年三月二五日、東京・神宮外苑にて）

第2章 「こども定期演奏会」の十二年
——子どもたちと社会が作った演奏会

有田 栄

日本で初めておこなわれる、子どものための本格的な「定期演奏会」。次はどんな曲が聴けるかな。その次はどうかな……。そんなふうに一年間、音楽を心待ちにしながら、お気に入りのホールや劇場に、いつもの「自分の席」を確保する。ホールや劇場に行くことが、日常生活の一部になる。——この、「予約演奏会」と呼ばれるスタイルがヨーロッパに生まれ、音楽を楽しむ場が一般の市民に向けて開かれるようになって、まだ二百年ちょっとしか経っていません。それまではごく限られた特権階級だけの楽しみだった本格的な演奏会が、だれでも楽しめるようになったことによって、音楽の世界には「聴衆」という、新しい音楽文化の担い手が育っていきました。こうした「演奏会の歴史の原点」に立ちもどって、未来の聴衆を育てたい、という思いは、この演奏会の立ち上げに関わった、サントリーホールや東京交響楽団のすべての関係者の中にあふれていました。

子どもたちが、「サントリーホールには僕の席、私の席があるんだ」と思ってくれたらいいなあ。いつもよりちょっとばかり背伸びをした感じで、よそ行きの服を着て、もう一人前だよ、という顔をして、誇らしげにホールに入ってくる子どもたちを見たいなあ。演奏会が終わったら、家族でご飯を食べて、赤坂アークヒルズで過ごす、そんな土曜日を子どもたちも、大人たちも、楽しみにしてくれるようになるといいなあ。そして、子どもたちが大きくなったら、忙しい仕事の合間にも、ほんのひととき、音楽を楽しむことを忘れないでいてくれて、そして自分の子どもにも、音楽を好きになるチャンスをあげたいと思ってくれたらいいなあ。そうですね。そうなるといいですよね。――そうした会話が、いくど交わされたことでしょうか。「こども定期演奏会」のアイディアは、演奏者にも、オーケストラやホールの事務局といった演奏会の作り手たちにも、楽しい夢を与える企画でした。

この章では、サントリーホールと東京交響楽団による「こども定期演奏会」の十二年を紹介していきますが、ほんとうは、東京交響楽団やサントリーホールの方々には、ここにはとても言えない、たとえ言っても言い尽くせない、たくさんの苦労があったと思います。仕事の遅い私自身が、そのご苦労の一端であったことも事実です。しかしスタッフの皆さんは、まさに水面下の足の猛烈な動きを悟らせずに優雅に泳ぐ白鳥のごとく、いつもにこやかに、晴れやかに、本番の日のホールでお客様を迎えていらっしゃいました。もちろんプロなのですから、「楽屋裏を見せない」のはあたりまえなのですが、もしこの本を読んでくれる若い人たちのなかに、そういう「演奏会を作る仕事」「演奏会を支える仕事」に興味をもってくれる人がいたら、たくさんの苦労がすばらしい音楽として鳴り響く、その一瞬の喜びを体験したいと思う人がいたら、ぜひこの「作り手たちの夢」を受け継いでいってほしいと思います。そんなひそかな希望もこめて、十二年を振り返ってみましょう。

♪ 二〇〇一年度――わくわく、ドキドキ、予告編

年に四回の本格的な定期演奏会が始まるのに先立って、二〇〇一年の夏休みにおこなわれたのが、このプレビュー・コンサートです。まるでテレビ・ドラマの常套句《じょうとうく》のような言い草ですが、この演奏会が十年以上も続くシリーズとなり、これほどの存在感をもつものになろうとは、当時は思ってもみませんでした。

「パイロット版」ということもあって、曲目は、バッハ、モーツァルト、ベートーヴェンをはじめ、いわゆる子どものための演奏会の定番が並んでいます。バッハの《トッカータとフーガ》ニ短調から〈トッカータ〉、モーツァルトの《アイネ・クライネ・ナハトムジーク》から第一楽章、ベートーヴェンの交響曲第五番から第一楽章といった王道中の王道に加えて、チャイコフスキーの《くるみ割り人形》から〈花のワルツ〉、エルガーの《威風堂々》第一番、ラヴェルの《ボレロ》、サラサーテの《ツィゴイネルワイゼン》も演奏されました。サラサーテ

の曲のソリストは、当時、神奈川県鎌倉市立七里ヶ浜小学校の五年生だった小林美樹さんでした。「こどもソリスト」第一号です。目を引くのは、ここにすでに芥川也寸志《あくたがわやすし》の《交響管弦楽のための音楽》から第二楽章という、日本の作曲家の作品が入っていることです。

曲目だけ見ると、「なんだ、わりに普通の子どもの名曲コンサートだな」と思われるでしょうが、この曲目解説を依頼されたとき、オーケストラの事務局やホールの企画の方から「これは、巷《ちまた》によくあるいわゆる『夏休み子どもコンサート』ではない。会場で子どもが走り回ったり騒いだりするなかで、ワイワイ、ガヤガヤやる演奏会ではなく、『本格的な演奏会』をめざしているのだ」と何度も念を押されたことをよく覚えています。

当日の配付プログラムに書かれた大友さんの言葉には、「音楽を楽しむということは、とてもプライベートなこと。(日常のなかの)プライベートな時間を大切にする、そんな感性を子どものころから大事にしてもらいたい」とあります。とても控えめな表現ながら、このメッセージのなかに、大友時代の「こども定期演奏会」を貫いていた重要なメッセージが、端的に表れています。

この日の演奏会のテーマは、「響って?? 違いを聴いてみよう」。第一部は「響きの実験」、第二部は「サントリーホールは音楽の玉手箱」と題されており、後半の最初には、その後の演奏会でも時折おこなわれた「響きの実験」が組み込まれています。またプログラムには、東京交響楽団の似顔絵イラスト付きメンバー表や、コンサートマスターのグレブ・ニキティンさんのインタヴューも載っています。会場では、「音楽」をテーマにした子どもたちの絵の展示もありました。チラシのデザイン画として募集されたものですが、この絵の展示ものちに定番となりました。こうして、「こども定期演奏会」のプロトタイプとなる要素が、このプレビュー・コンサートにほとんどすべて詰まっていたように記憶しています。

当日、大友さんは、とてもフレンドリーな柔《やわ》らかい調子でていねいにお話をなさり、演奏会の進行としては、少し時間が押し気味でした。そこで翌年に本シリーズが始まるときには、タイムキープの意味と、全員が演奏会の進行を確実に把握するという意味で、進行台本を作ることになったのでした。そのほか、「オモテ」（お客様から見える、会場や舞台の部分）にも、「ウラ」（お客様には見えない、バックステージの部分）にも、やってみて初めてわかるいろいろな反省点がありましたが、「新しいことが始まるのだ」という期待に満ちた予感が、多かれ少なかれ皆の心の中にあったように思います。

♪ 二〇〇二年度

いよいよ、定期演奏会としての「こども定期演奏会」のシーズンがスタートしました。この年のチラシのイラストは、東京都港区立御田《みた》小学校五年生の池澤早紀さんによるものです。大きな「ハテナ?」マークのついた箱から、陽気なかたつむりのようなホルンや、クマのようなピアノや、ちょっと気合の入った顔に見えるティンパニなどの、かわいい楽器と音符がつぎつぎと踊るように飛び出してくるこの絵を見ると、池澤さんが音楽を、演奏会を、心から楽しみにしていてくれたことがわかります。これこそ、われわれの元気と「やる気」の素です。

その年の「こども定期演奏会」の顔となる「テーマ曲」を、子どもたちのなかから募集して、毎回必ず演奏会の冒頭に演奏する、という企画も、最初のこの年から始まりました。初年度は四人の応募があり、記念すべきテーマ曲第一号に選ばれたのは、埼玉県富士見市立関沢小学校四年生、出口実祈さんでした。ヴァイオリンを勉強しているという出口さんにとって、初めての「音楽を作る」経験だったといいます。奇《く》しくも「初演」の当日が誕生日だというので、本人がとても喜んでいたのを思い出します。メロディを口ずさみ、お母さんがそれを楽譜に書く、という親子の共同作業で生まれたこの曲、実際に演奏するためのオーケストラ編曲は、作曲家の小室《こむろ》昌広《まさひろ》さんが担当し、すてきな曲に仕上げてくださいました。

この年の大きなテーマは、音楽の魅力を作る四つの要素、すなわち「ハーモニー」「リズム」「スタイルと形式」、そして「メロディ」でした。もうひとつの「隠しテーマ」として、世界のさまざまな国の音楽を聴く、という要素も加わり、最終的には以下のような並びになりました。第一回（四月六日）

は、「ハーモニーって？――ロシア、東欧、北欧」と題して、シベリウス、グリーグ、ドヴォルザーク、ショパン、チャイコフスキー、スメタナの作品。夏休みの最後におこなわれた第二回（八月三一日）は、「リズムって？――イタリア、フランス、スペイン」と題して、ビゼー、ベルリオーズ、ファリャ、ヴィヴァルディ、ヴェルディ、ラヴェルの作品。第三回（十月五日）は、「音楽スタイルって？――ドイツ、オーストリア」と題して、シューベルト、ベートーヴェン、メンデルスゾーン、バッハ、モーツァルト、ワーグナーの作品。そして第四回（十二月十四日）は「メロディーって？――イギリス、アメリカ、日本」がテーマで、スーザ、ガーシュウィン、バーンスタイン、ヘンデル、エルガー、芥川也寸志、ヴォーン・ウィリアムズ、ホルストの曲が並んでいます（詳しくは、巻末付録**表1**のプログラム一覧参照）。

単発の演奏会とは異なり、一年間四回の演奏会を通して見てわかったことがたくさんありました。当初、「こども定期演奏会」のシリーズは、メイン・ターゲットとなる聴衆層を小学校高学年、つまり五、六年生と想定していました。そこにいくらかは中学生や高校生も加わってくるだろうと……。ところが、蓋《ふた》を開けてみると、実際には小学校の低学年・中学年が多い印象だったのです。そこで、当初はこのプログラミングで大丈夫だろうか、こんなに小さい子たちがおとなしく聴いていられるだろうか、ハーモニーや形式のお話はむずかしくないだろうか、という心配の声もありましたが、あにはからんや、子どもたちは実に静かに、真剣に、熱心に、演奏にも大友さんの話にも聴き入っていたのです。

もうひとつの驚きは、「こども定期演奏会」といいつつ、子どもを連れない大人の方々、特にややご年配の方がご夫婦でいらっしゃるのが目についたことです。漏《も》れ聞こえてきたところでは、どうやら、普通のクラシックの演奏会はむずかしくて気が張るが、この演奏会は曲目もわかりやすくヴァラエティに富んでいるし、長さも適切、しかも大友さんの解説や実験までついている。かといって、いわゆる「子どもコンサート」とは違う本格的なスタイルだということで、クラシックを気軽に楽しみたいと思っていた方々のニーズに的中したようなのです。サントリーホール企画室の方々の触角が「ピピッ」と動いたのが見えた気がしました。こうした、実にうれしい誤算が、いろいろと明らかになった一年でした。

♪二〇〇三年度——楽器の楽しみ

二年目のシーズンのチラシには、神奈川県藤沢市明治小学校四年生の関口彩さんの絵が選ばれました。おうちでミドリガメを飼っていたのでしょうか。関口さんが音楽を聴いているとき、カメがまるで音楽に合わせるように首を振る様子を見たのかもしれませんね。カメがご機嫌でスイングしながらヴァイオリンを奏でている絵には、実に表現力がありま

す。テーマ音楽《お友だちができた》の作者は、同じく明治小学校四年生、小林つかささんです。ちょうどこのころ、多摩川にアゴヒゲアザラシの「たまちゃん」が現れ、子どもたちを夢中にさせていました。全国の子どもが「うちのほうにも来ないかな……。そしたらなんて名前にしようかな……」と思っていたはずです。小林さんは白いアザラシのぬいぐるみを持っていて、そのぬいぐるみの「ゴマちゃん」のために曲を作っていたので、そのなかの一曲を選んで応募してくれたとのことでした。

二〇〇三年のテーマは「楽器」です。第五回（四月十二日）「管楽器の響き」、第六回（八月三十日）「打楽器、ハープ、鍵盤楽器の驚き」、第七回（十月十一日）「弦楽器の美しさ」、そして第八回（十二月二十日）「声の彩り」。オーケストラの楽器と、それらが音楽のなかでどんな役割をもち、どんな効果を生み出しているかを知ってもらおう、ということで、各回のプログラム冊子には詳細な楽器の説明も付けられました。

この年には、重要で野心的な試みが二つありました。ひとつは、ベートーヴェンの交響曲第九番を「全曲」聴いてみようというもの。一年目の実績から、子どもたちは本格的な音楽を聴くにじゅうぶんな集中力をもっている、という手ごたえを得て、普通の子どもコンサートではけっしてできないこと、「これぞ、こども定期演奏会！」ということをやってみようではないか、ということになったのです。さすがにひと晩で第九を全曲演奏するわけにはいきませんから、楽章ごとに四回に分けて演奏することになりました。

当初これについては、ひとつの曲を分けてしまってよいのか、特にベートーヴェンの場合、一曲のなかにストーリーのような「流れ」があるのに、バラバラに演奏したのでは意味がないのではないか、という疑問の声もありました。しかし歴史的にいえばこれはまったく問題ない、むしろベートーヴェン当時の聴き方の習慣にかなっているではないか、ということになったのです。ベートーヴェンの時代は、シンフォニーの規模が一気に巨大化した時期でもあり、内容もそれ以前のものにくらべてはるかに重く、シリアスなものになっていくので、当時の聴衆もけっして一曲を全部通して聴いていたわけではありません。シンフォニーやオペラのような大きな作品は、楽章のあいだ、幕のあいだに、コンチェルトや歌などの「軽い箸休《はしやす》め」になる曲を挟《はさ》んで演奏されるのがつねでした。音楽を楽しむという習慣が、ごく一部の限られた、教養ある聴き手のためのものから、広く聴衆に開かれたものになっていく過渡期の時代、「聴衆」というものが育っていく時代のこの演奏習慣こそ、むしろわれわれの「こども定期演奏会」にふさわしい、ということで、「第九を全曲聴く」という試みは決行され、各所で話題となりました。

もうひとつの試みとして、プログラム冊子のなかで、演奏会がどのようなしくみで成り立っているのかを子どもたちに知ってもらおうということがありました。「こども定期演奏会が開かれるまで」と題して、四月にはコンサートの企画から本番までの製作の流れを示す図をプログラムに載せ、コンサートの実現にはたくさんの人が関わること、だからたくさんの費用がか

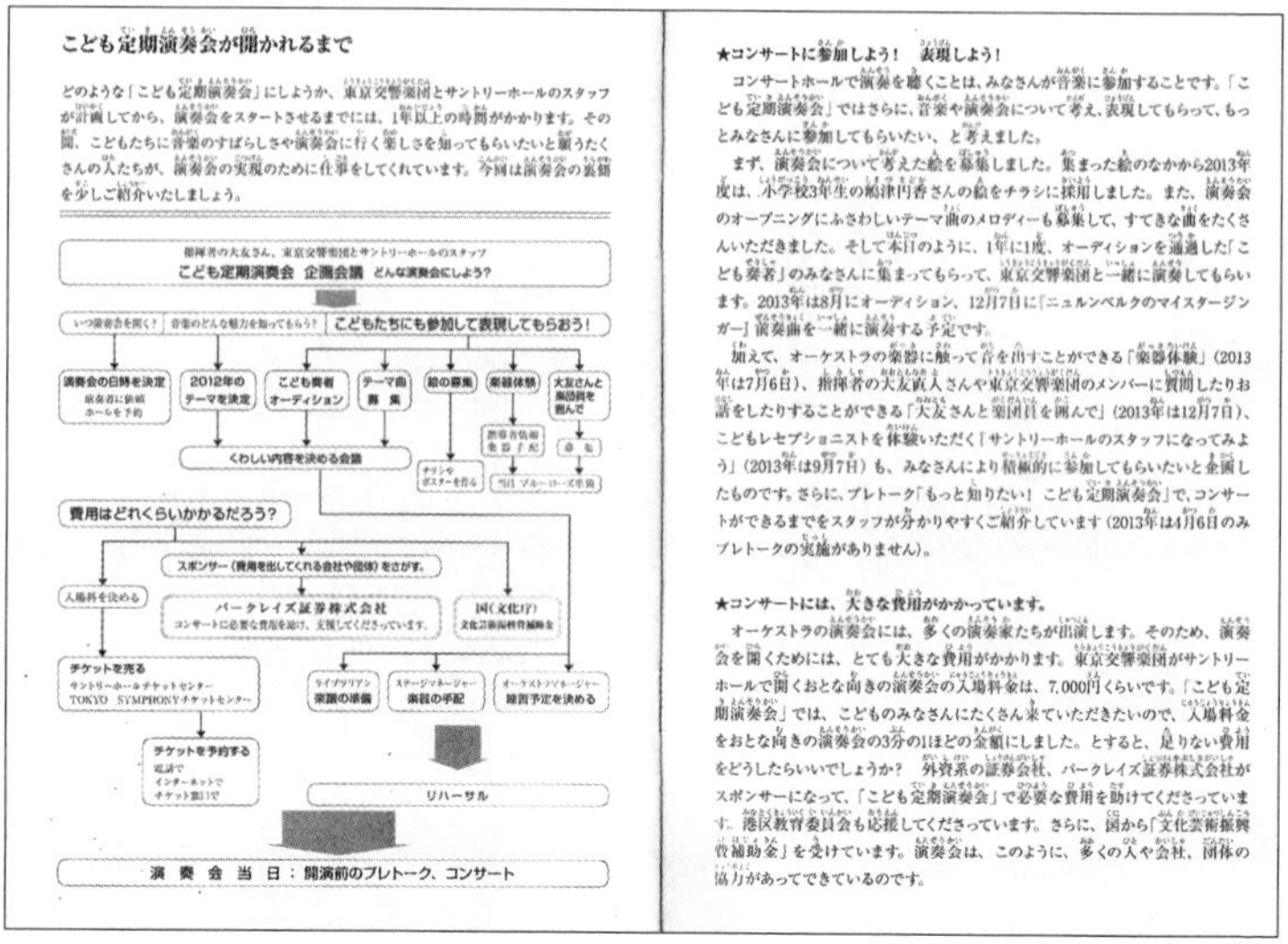
こども定期演奏会が開かれるまで

どのような「こども定期演奏会」にしようか、東京交響楽団とサントリーホールのスタッフが計画してから、演奏会をスタートさせるまでには、1年以上の時間がかかります。その間、こどもたちに音楽のすばらしさや演奏会に行く楽しさを知ってもらいたいと願うたくさんの人たちが、演奏会の実現のために仕事をしてくれています。今回は演奏会の裏側を少しご紹介いたしましょう。

★コンサートに参加しよう！ 表現しよう！

コンサートホールで演奏を聴くことは、みなさんが音楽に参加することです。「こども定期演奏会」ではさらに、音楽や演奏会について考え、表現してもらって、もっとみなさんに参加してもらいたい、と考えました。

まず、演奏会について考えた絵を募集しました。集まった絵のなかから2013年度は、小学校3年生の嶋津円香さんの絵をチラシに採用しました。また、演奏会のオープニングにふさわしいテーマ曲のメロディーも募集して、すてきな曲をたくさんいただきました。そして本日のように、1年に1度、オーディションを通過した「こども奏者」のみなさんに集まってもらって、東京交響楽団と一緒に演奏してもらいます。2013年は8月にオーディション、12月7日に「ニュルンベルクのマイスタージンガー」前奏曲を一緒に演奏する予定です。

加えて、オーケストラの楽器に触って音を出すことができる「楽器体験」（2013年は7月6日）、指揮者の大友直人さんや東京交響楽団のメンバーに質問したりお話をしたりすることができる「大友さんと楽団員を囲んで」（2013年は12月7日）、こどもレセプショニストを体験いただく「サントリーホールのスタッフになってみよう」（2013年は9月7日）も、みなさんにより積極的に参加してもらいたいと企画したものです。さらに、プレトーク「もっと知りたい！ こども定期演奏会」で、コンサートができるまでをスタッフが分かりやすくご紹介しています（2013年は4月6日のみプレトークの実施がありません）。

★コンサートには、大きな費用がかかっています。

オーケストラの演奏会には、多くの演奏家たちが出演します。そのため、演奏会を開くためには、とても大きな費用がかかります。東京交響楽団がサントリーホールで開くおとな向きの演奏会の入場料金は、7,000円くらいです。「こども定期演奏会」では、こどものみなさんにたくさん来ていただきたいので、入場料金をおとな向きの演奏会の3分の1ほどの金額にしました。とすると、足りない費用をどうしたらいいでしょうか？ 外資系の証券会社、バークレイズ証券株式会社がスポンサーになって、「こども定期演奏会」で必要な費用を助けてくださっています。港区教育委員会も応援してくださっています。さらに、国から「文化芸術振興費補助金」を受けています。演奏会は、このように、多くの人や会社、団体の協力があってできているのです。

図1　2012年度のプログラムに掲載された「こども定期演奏会が開かれるまで」

かることを説明しました（**図1**）。子どもにお金の話をする、ということに抵抗がなかったわけではありませんが、これはむしろ社会教育として重要なことだ、自分の買ったチケットが、まさにそのお金が、演奏会を支えていることを教えるべきだということで、皆が一致したように記憶しています。八月の回では、「コンサートを楽しむには??――みんなで考えてみよう!!」と題して、チケットの買い方や、コンサートでのさまざまなマナーについて解説しました。服装は？ チケットを忘れたら？ 遅刻したら？ 演奏中に気分が悪くなったら？ 写真を撮ってもいい？ 演奏者のサインがほしい、演奏者に感想を伝えたい、そんなときどうする？――こうした、大人だって訊きたいけれどもなかなか訊けない、素朴な疑問に答えています。マナーについては、大友さんの話のなかで説明してはどうかという案もあったのですが、演奏中は音楽に集中してもらいたい、頭ごなしに「教育的」に教えるより、親子で一緒に考えてもらえるようにしたほうがよい、ということでこのかたちになりました。「こども定期演奏会」では、こうした一つひとつのことをスタッフ全員の知恵を持ち寄って決めていたのです。

十月の回では、まさにそのことを伝えるため、「コンサートができるまで――どういう人たちが働いているの？」というテーマにしました。ステージマネージャー、ライブラリアン、レセプショニスト、そして事務局のふだんの仕事の様子を写真付きで紹介しました。これは、実は子どもたちにむけた「キャリア教育」でもあります。音楽の仕事は、舞台の上でスポットライトを浴びて演奏することだけではない、むしろ舞台の外に、ふだん見えないところに、たくさんの重要な仕事があるのだということを知ってもらう意図がありました。そして十二月の回では、「スポンサーについて――コンサートの費用を助けてくださる方々」と題し、「こども定期演奏会」のスポンサーがいったいどのような意図で演奏会を支えているかを説明しました。こうした演奏会の場を、社会教育の場として意識させる試みは、「こども定期演奏会」が誇る取り組みのひとつでした。

♪ 二〇〇四年度——オーケストラ音楽の世界

チラシの原画は東京学芸大学附属世田谷小学校五年生の松野あかねさん。鳥たちのマーチング・バンドでしょうか。音符の形に隊列を組んでいます。指揮のペンギンの誇らしそうなことといったら！　テーマ曲《My First Melody》は東京学芸大学附属小金井中学校一年生の久保田響さん、オーケストラ編曲は長山善洋《よしひろ》さんです。久保田さんは中学生だけあって、すでに自覚的に作曲を志しているようでした。尊敬するモーツァルトのように、音符が踊り出すかのような楽しく軽やかな曲、映画『ニュー・シネマ・パラダイス』のエンニオ・モリコーネが書く音楽のように、世界中の人を感動させるような曲、自分が弾いていて涙が出てしまうような曲を作りたい、とコメントを寄せています。「こども定期演奏会」のファンの年齢が少しずつ上がってきたことを感じさせました。

二〇〇四年は、前年に引き続き、オーケストラを知るための名曲を取り上げました。第九回（四月十七日）「胸躍る管弦楽曲」では、バッハ、モーツァルト、ブラームス、ムソルグスキーの音楽を、また第十回（八月七日）「協調と対話の協奏曲」では、モーツァルトのホルン協奏曲、チャイコフスキーのピアノ協奏曲のほかに、ヴィヴァルディの《四つのヴァイオリンとチェロ

のための協奏曲》や、プーランクの《オルガン、弦楽とティンパニのための協奏曲》など、子どもの演奏会としてはめずらしいラインナップ。第十一回（九月十一日）「美しいオペラ＆バレエ音楽」はヘンデル、モーツァルト、ビゼー、ワーグナー、プッチーニのオペラ・アリアや、チャイコフスキーとストラヴィンスキーのバレエ音楽をとりあげました。そして第十二回（十二月十二日）「交響曲って?・」では、モーツァルト、ベートーヴェン、ドヴォルザークのほか、なんとマーラーの交響曲第二番から第五楽章の抜粋を聴かせるにいたったのです。子どもにマーラーを聴かせるなんて、まったくもって前代未聞！　大友さんは、マーラーとベートーヴェンの繋《つな》がりを説明し、「第九を思い出しながら聴いてください」と語っていますが、こうした聴き方は、豊かな音楽体験が積み重なって初めて可能になるもので、大人でもむずかしいことです。子どもたちの、聴衆としての成熟を感じさせる曲目でした。これだから子どもは侮《あなど》れないのです。

この年のプログラム冊子では、オーケストラのメンバーを、四回に分けて全員顔写真付きで紹介する試みもおこなわれました。小学生のころどんな夢をもっていたか、どんなきっかけで楽器を始めたかなど、全員がひとことずつコメントを添え、子どもたちに「オーケストラの顔」が見えるように、という工夫が凝《こ》らされました。また、前年と対になるように、こんどは演奏者の立場から「すてきなコンサートをつくるために」というシリーズが設《もう》けられ、「ステージ衣装」「食事」「体調管理」について取り上げました。そして最後に、当時の楽団長だった金山茂人さんが、「音楽は国境を越えて」という一文を寄せています。教科書の記述をめぐって日本と中国や韓国とのあいだにわだかまりがあった時代にも、韓国の人々と音楽によって心を通じ合わせることができたという自らの経験のことや、東京交響楽団にはたくさんの外国人の演奏家がいるが、音楽家たちは「いい演奏をする」という目的のもとにひとつにまとまり、お互いを尊重しあっていることについて述べ、「みなさんもまわりの人に対して、そういう気持ちを忘れないでください」と語りかけました。大切だとわかっていても、普段はなかなか子どもに伝えることがむずかしい話題です。しかし、こうした直球のメッセージを、ことあるごとに送り続けていったことも、「こども定期演奏会」の特徴のひとつといえるのではないかと思います。

♪二〇〇五年度――音楽のまち

頬《ほお》を赤らめ、目を潤《うる》ませて笛を吹くリンゴ。神奈川県藤沢市立中里小学校三年生の佐藤陸さんのイラストです。少し大人びて、人生の甘酸《あまず》っぱい味を知りはじめる、おしゃまな年頃ならではのチャーミングな絵ですね。音楽の中に、以前とは違ったさまざまな感情が聴こえはじめ、それを理解できるようになる年代ではないでしょうか。そしてテーマ曲は、東京都杉並区立高井戸第四小学校六年生の高田賢樹さん。作曲の勉強をしている高田さんは、今回、先生といっしょにあみだくじを作り、主題となる七つの音を決めて作曲したそうです。この方法は、現代音楽の作曲家がときどき使う「偶然性の音楽」の手法です！　将来は地球環境を守るために役立つような音楽を書きたいという、堂々たる作曲家の卵です。

　二〇〇五年は、「音楽のまち」をテーマにしました。第十三回（四月九日）「パリ――色彩あふれるハーモニー」、第十四回（七月二日）「ロンドン――伝統とメロディー」、第十五回（九月三日）「ウィーン――心躍る音楽形式」、第十六回（十一月二六日）「サンクトペテルブルク――歴史に息づくリズム」というラインナップです。フランス、イギリス、オーストリア、ロシアという「国」にせず、あえて「街」としたのは、ただでさえ見知らぬ外国を抽象的にとらえるのではなく、音楽家たちが生まれ育ち、学校に行ったり友だちと遊んだり、泣いたり笑ったりしながら人生を送っていったその光景を、身近に感じてほしいということのほかに、各土地の生活や歴史や言語と結びついた音楽文化をクローズアップする狙いもありました。曲目にも、しだいに「こども定期演奏会」のカラーが強く出てきました。ショスタコーヴィチやブリテン、シェーンベルクなど二十世紀の作品が取り上げられているのも、特筆すべきことでしょう。

　プログラム冊子には、「音楽のまちの風景」と題して、オーケストラの外国人奏者や留学経験のある日本人奏者に、そ

れぞれの街を紹介してもらうコーナーを設けています。パリはクラリネットのエマニュエル・ヌヴーさん、ロンドンはヴァイオリンの大和田ルースさん、ウィーンはクラリネットの小林利彰さん、モスクワとサンクトペテルブルクは、コンサートマスターのグレブ・ニキティンさんです。

この年はまた、各回に「オーケストラ質問箱」を設けて、子どもたちの実にさまざまな疑問に大友さんやオーケストラのメンバーが答える、という企画がありました。「《ボレロ》のリズムをずっと数えていたら、九十回くらい聞こえましたが、飽きませんか」（ほんとうはもっとたくさんですが……）という質問から、「ティンパニのばちを変えるのはどんな意味があるのですか」「タンバリンには何通りの叩き方がありますか」など、子どもたちがオーケストラの一挙手一投足を、とても注意深く観察していることがわかる質問もありました。

またこの年も、引き続きオーケストラ・メンバーのインタヴュー・コメントや、スポンサーである日本財団の事業の紹介のほか、「こども定期演奏会がひらかれるまで」も再掲されました。

♪ 二〇〇六年度――音楽の国～音楽の街めぐり～

チラシの原画は東京都小金井市立小金井第一小学校四年生の森田ひたちさん。虫たちの音楽会を描いています。自然の声に耳を傾けることを知っている、心優しいお子さんだということがすぐにわかる絵です。テーマ曲は神奈川県大井町立上大井小学校一年生、加藤旭さんです。加藤さんは、三歳でピアノを習い始めたころから、クレヨンで五線と音符を書いていたといいます。「今ではだいぶん細い五せんふノートにもおんぷを書けます。ピアノをひいているときや、どこかへでかけたときなどにしぜんにメロディが生まれます。書き始めるともっと曲がわいてきて止まらなくなります。夜はねないといけないのでいつもじかんがたりません。……早く自分でオーケストラのがくふを書きたいです」というコメント、まるで子どものころのモーツァルトそのものではないですか！　「こども定期演奏会」から、楽器の奏者だけでなく、作曲家が育っていったら楽しいね、とスタッフが話していたのを思い出します。

さて、二〇〇六年は、前年度に続き「音楽の国——音楽の街めぐり」です。第十七回（四月十五日）「イタリア——ローマ、ミラノ、ヴェニス、ナポリ」、第十八回（七月二二日）「アメリカ——ニューヨーク・ボストン・ニューオリンズ」、第十九回（十月二一日）は「五周年記念ガラ・コンサート」、そして第二十回は（十二月九日）「ドイツ——ベルリン・ミュンヘン・ライプツィヒ・ドレスデン」でした。

プログラム冊子では、「音楽の国」と題して、オーケスト

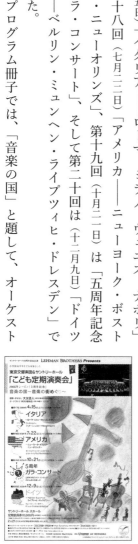

ラのメンバーによる街の紹介が続きます。イタリアは、「イタリアが大好き」という理由で（！）なぜかスペイン人の首席トランペット奏者アントニオ・マルティさん。アメリカは、サンフランシスコ出身のチェロ奏者アデル・亜貴子・カーンズさんとフロリダ出身の首席ホルン奏者ジョナサン・ハミルさん。ドイツは、ハノーファーとベルリンに留学経験のあるオーボエ奏者の篠崎隆さん。それぞれ、子どものときの思い出や、それぞれの街での生活を語っています。このほか、オーケストラ質問箱、オーケストラのメンバーによる楽器の紹介、スポンサーの紹介も引き続き掲載されました。また、十月のガラ・コンサートの回には、「東京交響楽団のクラブ活動紹介」という、大人のオーケストラ・ファンでもなかなか知らない「耳より裏情報」も載っており、子どもたちの心をくすぐる絶妙な仕掛けがなされています。音楽に興味をもってもらい、音楽文化を支える人を育てるには、「人」に興味をもってもらうことから、というスタンスは、この後も変わりません。

♪ 二〇〇七年度――音楽の情景

チラシのイラストは、これはまた実に楽しいひよこたちのオーケストラ。作者の東京都渋谷区立幡代小学校四年生の坂本絢佳さんは、きっとひよこを飼ったことがありますね。たしかに、みんなでひしめきあって、てんでに鳴いているひよこたちは、オーケストラのようですから。

テーマ音楽は東京都千代田区立富士見小学校三年生の円光門さんと、埼玉県春日部市立粕壁《かすかべ》小学校六年生の白石詩音さんでした。この年のテーマ曲は、なかなか一曲に絞《しぼ》りこめず、会議のときにとても困ったのを覚えています。最終的に、二人の曲の個性の出ている部分をいっしょにして、ひとつの曲にしたらさらにすばらしいものになるのではないかということで、はじめての「合作」となりました。

この年は、サントリーホールが上半期に改装工事で使えなかったため、秋の二学期からのスタートになりました。テーマは「音楽の情景」。音楽のなかに描かれたさまざまな情景や物語に耳を澄まそうというプログラムです。第二一回（九月一日）「アルプスの峰より、清らかな水」、第二二回（十月十三日）「海を越える握手」、第二三回（十二月八日）「白鳥」、第二四回（二〇〇八年三月一日）「森のささやき」というラインナップです。

この年のプログラム冊子では、ふたたび「すてきなコンサートをつくるために」というテーマで、まずは新しくなったサントリーホールの紹介、そして指揮者の大友さんへのインタヴュー、第三回は「楽器の準備、手入れについて」としてヴァイオリンやオーボエのメンテナンスの話を載せています。演奏家たちが、自分の楽器をどれほど大切にしているか、ということをつうじて、物を大切にする気持ちがよい音楽に繋

がっていくことを伝えています。また、ソリストとして登場した福島明也さんへのインタヴューや、子どもたちから福島さんへの質問も掲載され、声楽家としての生活や心がまえ、音楽家としてどんなことを大切にしているかなどを伝えていただきました。そして最終回には、日本財団とリーマンブラザーズ証券株式会社のサポートについても取り上げ、「こども定期演奏会」への支援についてお話しいただいています。こうしたことをくりかえし伝え続けることが重要だというのも、演奏会のスタッフの考えでした。

♪二〇〇八年度――偉大なる作曲家

チラシのイラストは東京都新宿区立戸山小学校四年生の藤山春陽さん。これは海の音楽会です。海の中はどうなっているのか見えないからこそ、われわれの想像力を掻《か》き立てますよね。たしかに、エビがはさみを振っている様子は指揮者のようですし、たくさんの太鼓をかっこよく叩きまくっているティンパニ奏者の役は、八面六臂《ろっぴ》、いや「八臂《はっぴ》」のタコにふさわしい……。このイラストのシリーズを見ていると、子どもたちが、身のまわりの物事をほんとうによく観察している、ということがわかります。テーマ曲は国立音楽大学附属小学校四年生の佐藤麻里亜さんでした。テーマ曲に応募してくる子どもたちのなかには、しだいに作曲の勉強に興味があったり、実際に作曲の勉強をしているという子どもが増えてきました。佐藤さんも、「サントリーホールの客席に音楽の大好きな人たちがたくさん集まり、コンサートの始まりを幸せな気持ちで迎えてもらえるように三拍子のワルツ風の曲にしました。美しいストリングスが楽団をリードしながらメロディを奏でてくれる、そんなイメージを私は持っています」と自分のイメージを明確に伝えています。

この年は、「作曲家」にスポットライトを当てた年でした。第二五回（五月十日）「ラヴェルとフランスの薫り」、第二六回（七月二六日）「武満徹と日本の作曲の世界」、第二七回（九月六日）「チャイコフスキーとロシアの大地より」、第二八回（十一月二二日）「ベートーヴェンと取り巻く人々」というテーマです。全体的にオーソドックスな曲目が並ぶなかで、やはり特筆すべきは、日本の作曲家の回でしょう。山田耕筰、伊《い》福部《ふくべ》昭《あきら》、芥川也寸志、三善晃、細川俊夫、武満徹、冨田《とみた》勲《いさお》、三枝《さえぐさ》成彰《しげあき》、坂本龍一、千住《せんじゅ》明の作品が取り上げられました。武満徹は《ノヴェンバー・ステップス》が音楽の教科書の鑑賞教材としても取り上げられていますのでまだよいとして、三善晃や細川俊夫が子どもの演奏会で取り上げられるというのは、これまた前代未聞ではなかったでしょうか。しかしわれわれをほんとうに驚かせたのは、子どもたちが、ベートーヴェンやモーツァルトの音楽とまったく同じようにこれらの音楽を聴き、まったく同じように音楽のおもしろさを堪能《たんのう》していたことでした。

「三善の曲はよかった」という感想を聞いて、大人たちはノックアウト。恐れ入りました！「耳慣れない現代音楽でも、先入観をもたずに聴いてほしい」というわれわれの願いがむしろ「肩透かし」に感じられるほど、子どもたちはそもそも「先入観」をもっていませんでした。「先入観」はまさに大人がもつもの。自分自身が音楽を心からおもしろいと思っていた、子どものころの初心を思い出させられました。「負うた子に教えられる」とはまさにこのことだな、と感じ入った回でした。

♪二〇〇九年度――偉大なる作曲家Ⅱ

チラシのイラストは東京都世田谷区立烏山《からすやま》小学校四年生の林尚吾さん。雨上がりの蛙《かえる》たちのオーケストラです。キラキラした雨粒が音符になって、虹を映し出しているなんて、すてきな光景ですね。絵から音楽が聴こえてくるようです。そしてテーマ曲は神奈川県大井町立上大井小学校四年生になった加藤旭さん。なんと二度目の登場です。会場で姿を見かけたので、「本当に作曲家になってね！」と声をかけると、まだあどけなさのある笑顔でうなずいていたのをよく覚えています。

「作曲家」シリーズはこの年にも引き継がれ、第二九回（五月二三日）「プッチーニ＆ヴェルディ――イタリアオペラの楽しみ」、第三十回（七月二五日）「バーンスタイン＆ガーシュウィン

——アメリカ発ザッツ・エンターテイメント」、第三一回（九月二一日）「ブラームス＆ドヴォルザーク——ロマンの森の香り」、第三二回（十二月十二日）「エルガー＆ブリテン——イギリス音楽への誘い」、というプログラムでした。

この年は、ソリストやオーケストラのメンバーの方々に、作曲家について語ってもらうコラムを掲載しました。また、「オーケストラ質問箱」は、ますます踏みこんだよい質問がたくさん出るようになりました。自分でも楽器を弾いている子どもたちからの質問が増え、質問の内容も驚くほど専門的になってきているのがわかります。演奏者が直接質問に答え、音楽に専門的な興味をもち始めた子どもたちにも満足のいく、直球勝負の回答が掲載されています。なかには、サントリーホールのスタッフに興味をもち、「コンサート・ホールのスタッフになるにはどうしたらいいですか」という質問もありました。コンサートにやってくる子どもたちの目と耳が、まさに全方向に向いているのを実感しました。子どもの目からは、どんなことも逃れることはできませんよ！

そうした状況を受けて、この年から、「こどもレセプショニスト」が始まりました。十人の子どもたちが、実際にホール・スタッフの仕事を体験する企画です。このためにひとりひとりあつらえた制服に着替え、ネームプレートを付けて、あいさつやお辞儀の練習から始め、皆で息を合わせてド

アをスムーズに開け、プログラムを配り、アナウンスをし、最後にお客様をお見送りする。おそらく子どもたちは、細かいところにまで徹底的にこだわって働いているプロの仕事を体験して、多くのことを学んでくれたに違いありません。「プロ意識」をもつことは、勉強にも、仕事にも、また音楽の勉強にも共通する大切なこと——そのメッセージを体感してくれたように思います。それは、彼らの姿を見たほかの子どもたちにも伝わったに違いありません。こうして「こどもレセプショニスト」は、毎年とても人気がある企画のひとつになりました。

♪ 二〇一〇年度——オーケストラのすばらしい世界

チラシのイラストは東京都杉並区立沓掛《くつかけ》小学校五年生の今田大河さん。森の動物たちの演奏会です。某童話で、ぐるぐる回ってバターになったり、ラッパの取り合いをしてゾウに踏んづけられた猛獣たちがいましたっけ。やっぱりトラは、ピカピカのラッパが好きでしょう。ソロを吹いているところですね。誇らしげに、しっぽがピンと立っています。テーマ曲は東京都杉並区立杉並第二小学校三年生の吉平花織さんです。夏休みの自由研究として作った曲を送ってくれました。

この年は、ふたたびオーケストラをテーマにしています。第三三回（四月二四日）「美しき弦楽器の響き」、第三四回（七月三日）「色彩あふれる管楽器の煌き」、第三五回（九月十一日）「心躍る打楽器＆鍵盤楽器の迫力」、第三六回（十二月十一日）「胸躍るオーケストラのマジック」。プログラム冊子では、各回のソリストが、楽器の魅力や演奏する曲の魅力についてじっくりと語っています。演奏家の言葉がこれだけストレートに聴衆に届けられるということもなかなかないと思いますが、どの演奏家もほんとうに真摯《しんし》に語ってくださいました。これもまた「こども定期演奏会」ならではの特徴となっています。

♪二〇一一年度――音の情景

イラストは茨城県つくば市立竹園西小学校五年生の阿久澤裕香さん。これはまた楽しい、スモール・ワールドの演奏会。子どもたちが帰ったあとの学校の音楽室では、きっと毎日こんな光景が繰り広げられていますよ。テーマ音楽は埼玉県さいたま市立本太《もとぶと》小学校四年生の山口睦紀さん。初めて「こども定期演奏会」で生のオーケストラを聴き、その音の迫力にびっくりした経験や、サントリーホールに来るまでがとても

楽しみで、途中に乗っている電車の音や、コンサートに人が集まってくる賑《にぎ》やかな音にワクワクするひとときの時間を音楽にした、というコメントがありましたが、これを読んだスタッフは思わず膝《ひざ》を打ったことでしょう。コンサートに来るという時間を楽しんでほしい、というのが、この演奏会の企画者たちのいちばんの願いでしたから……。こうして、われわれのメッセージが確実に子どもたちに伝わり、それがこんどは子どもたち自身の言葉でわれわれに返ってくる。それは、なによりうれしく、やりがいのあることでした。

この年は「音の情景」がテーマ。第三七回（四月三十日）「海・空」、第三八回（七月二日）「まつり」、第四十回（十一月二十六日）「四季」、そして第三九回（九月十日）は「十周年記念ガラ・コンサート」でした。ガラ・コンサートでは、これまで「こども定期演奏会」に出演したたくさんの「こどもソリスト」や「こども奏者」のなかから、五人の奏者がふたたび舞台に帰ってきて演奏してくれました。当時小学生だったリトル・ミュージシャンたちが、もう高校生や大学生になり、それぞれに若き音楽家としての道を歩んでいる、というのを目の当たりにするのは、ほんとうにうれしいことでした。「こども定期演奏会」を始めたときに、「将来、この子たちがプロの演奏家として戻ってきたらすばらしいじゃないか」ということをしばしば皆が口にしていましたが、まさにそのとおりになり、「こども定期演奏会」がひとつの役割を果たした、という実感がありました。

♪ 二〇一二年度――オーケストラの魅力

チラシのイラストは神奈川県横浜市立南山田小学校二年生の桑原尚史さん。楽器庫や楽器ケースのなかでおとなしく眠っているはずの「楽器たち」による、夜の演奏会といった風情《ふぜい》です。きっと人間のいないところで、自分たちだけで楽しんでいるのではないかと、私もつねづね思っていました。テーマ曲は、国立音楽大学附属中学校二年生になった佐藤麻里亜さんがふたたび登場、彼女が東日本大震災の後に何かできないかと考えて作った《希望》という曲と、千葉大学教育学部附属小学校六年生の藤垣美南さんが、プラネタリウムで惑星探査機ＨＡＹＡＢＵＳＡを見て感動した思いをかたちにした《ＨＡＹＡＢＵＳＡ〜感動よ、ふたたび》をひとつにしたもの。ひさびさの合作によるテーマ曲です。

十一年目に突入したこの年は、初心に返る意味で、もういちど音楽の要素をテーマに選んでいます。第四一回（四月七日）「花咲く季節――メロディーの美しさ」、第四二回（七月七日）「七夕《たなばた》の夜空へ――ハーモニーの彩り」、第四三回（九月二二日）「秋風にのって――リズムの躍動」、そして第四四回（十二月八日）「冬の深まり――スタイル（形式）の面白さ」です。

最初にこのテーマを取り上げた十年前には、子どもたちがこ

うしたことを理解できるだろうか、理屈っぽすぎないだろうかという懸念がありましたが、すでにそれは消え、オーケストラ音楽の魅力として理解してもらえるようになっていました。

プログラムには、ソリストとして登場する方々の読み応えのあるインタヴューが掲載されました。

♪ 二〇一三年度——オーケストラの楽器たち

大友さんの担当の最後の年となる二〇一三年。チラシは筑波大附属小学校三年生の嶋津円香さん。まるでホルストの《惑星》が聴こえてくるかのようです。こんな狭い画面に、無限大の宇宙の音楽を描くことができるとは、芸術の奥義《おうぎ》に触れるかのような絵ですね。テーマ曲は神奈川県川崎市立生田小学校五年生の斎藤碧さんの《星座の旅——ワシ座の背に乗って》と、桐朋女子中学校二年生の松澤ひかるさん《喜びのワルツ》の合作でした。大友さんが最後の年ということを聴いて、夏休みに星空を見ながら大好きなワシ座の音楽を作って送ろうと思ったという斉藤さんの曲は、はからずもチラシのイラストと呼応するようでした。また、「音楽は私の生活の中で大切な部分を占めています」と

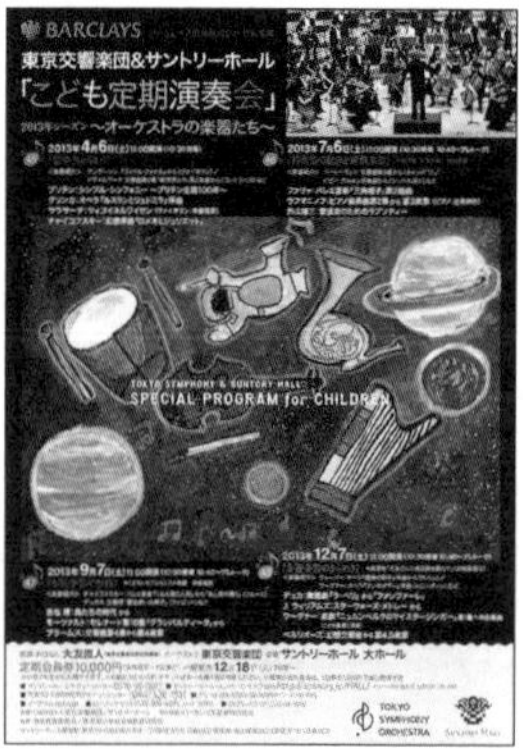

いう松澤さんの言葉は、強い思いを抱いてこの演奏会を率いてこられた大友さんへの、まさに最高のはなむけの言葉となったと思います。

この年は、第四五回（四月六日）「弦楽器の調べ」、第四六回（七月六日）「打楽器の競演と鍵盤楽器」、第四七回（九月七日）「木管楽器の妙技」、第四八回（十二月七日）「金管楽器のきらめき」がテーマです。いまや定番となったオーケストラ・メンバーによる楽器紹介と、ソリストのインタヴューが掲載されました。

♪「こども定期演奏会」を支える社会

こうして十二年、プレビュー・コンサートから数えて十三年の年月を振り返ってみると、演奏会に関わる皆が、大切なことをくりかえし、くりかえしメッセージとして発信し続けている、ということがわかります。子どもたちは成長していき、社会は変化していきますが、くりかえし伝えようとするわれわれ自身の姿勢から、「大切なことはけっして変わらないのだ」ということを理解してもらえるのではないか、たとえ今は明確に意識できなくとも、心や頭のどこかにその「大切なこと」を持ち続けていてくれるのではないか……。そうした関係者一同の思いがあったように思います。

音楽が人間のためにできることは何だろうか。いや、そもそも音楽のような「儚《はかな》いもの」が、人間のためにできることなど、あるのだろうか。どんなに好きでやっていても、長く仕事を続けていると、そうした迷いに一度ならずとらわれることがあります。とりわけ、戦争や、災害や、そのほか日常にあふれているたくさんの悲惨な出来事に向き合うたび、音楽家の誰もがそう思うことでしょう。自分はここでいったい何をやっているんだろう、とすら思うこともあります。でも、できるのです。音楽が人間のためにできることは、あるのです。それはまさに、時代や人々の価値観がどんなに変わっても、けっして変わらないことがこの世にはあるのだということを、次の世代に伝えていくこと。形のあるものは必ず壊れて滅びるが、音楽は「儚いもの」だからこそ、何人もそれを壊すことができないのだということを、この「儚いもの」の強さを、未来に伝え続けていくこと。それこそが音楽の仕事だと私は思っています。

最後に、「こども定期演奏会」を支えている重要な要素について記しておきたいと思います。それは「お金」です。夢のあることを言ったその舌の根も乾かないうちに、「お金」ですか！と思われるでしょうか。そう、でも「お金」のことです。音楽家のあいだでは、よく「笑い話」として出る話なのですが、演奏会に来られるお客さんから、「プロのオーケストラ奏者のみなさんは、ふだんは何の仕事をなさっているんですか？」という質問をされることがあります。――念のため言っておきますと、もちろん、「プロ」なのですから、ふだんも「演奏」をしているのです!!　普段は別の仕事をしていて、演奏会のときだけ燕尾服《えんびふく》を着ているわけでは、ありませんよ。……あくまで念のため……です。しかし「笑い話」とはいっても、実はまったく笑えない話で、これは「音楽家」が「ちゃんとした職業」「ちゃんとした生業」として認知されていない、あるいは実際に生業として成り立たせるのがむずかしい、という現代日本の状況をよく表しています。

芸術は、「生み出すこと」以上に、「維持すること」そのものに、おそらく多くの人々の想像以上のお金がかかります。そのことをご存知でしょうか。欧米には、古い文化財の修復をする職人や、劇場の衣装係や道具係に（もちろん生活はけっして楽でなくても）ちゃんとした居場所（仕事）がつねにあり、芸術を支えるたくさんの人々やコミュニティが、水面下の氷山のような厚い層になって存在しています。この層の厚さこそが、実は文化の「重み」なのです。富裕層は芸術文化を経済的に支える「義務」がある、芸術にお金を出すのは富裕層の仕事の一部である、という考え方も浸透しています。その代わり、彼らは芸術家たちが質の悪いものを提供したり、さぼったり、芸術のための芸術に走って社会のニーズとあまりにかけ離れた自分勝手な創作活動をしたりしないように、つまり自分たちの出したお金がきちんと社会還元されるように「監視」する役割も担っています。これが「パトロネージュ」と呼ばれる仕組みです。パトロネージュは、一歩間違うと、特権階級による芸術の私物化や、表現の自由を奪う方向に行ってしまいますから、第三者としての公衆が、パトロンと芸術家の両者を正しく評価することが不可欠です。また、公衆自身が芸術のパトロンとなり、芸術を守る意識をもつことも重要です。こうした機能がきちんとバランスをとって健全に働いてこそ、芸術文化が成熟していくのです。私自身、こうしたしくみが機能し、音楽家が音楽で食べていける（演奏だけしていればよい、という意味ではありません）日本社会、音楽が「仕事」になり、「生活」になる日本社会を作るためにはどうしたらよいかと、いつも考えています。

この十三年間の企業協賛や公的助成のあり方を見ていると、それはまさに日本の社会の状況の変化と重なっていることがよくわかります。この時代の経済状況はとても厳しく、「子どもたちのためだから」といっても、また趣旨にどんなに賛同できるからといっても、たとえ大企業とはいえ右から左にはお金が動かせないというのが現実でした。企業のなかに作られた「社会貢献室」やそれに類する部署は、ことごとく縮小または廃止を余儀なくされていきました。まずは初期の「こども定期演奏会」を支えてくださったNTTドコモが、そして二〇〇八年のリーマン・ショックにより、特別協賛で長いあいだ支えてくださったリーマン・ブラザーズがスポンサーを降り、また二〇〇九年には、東京交響楽団のスポンサーであったすかいらーくが楽団のスポンサーを降りる、といった無念の事態があいつぎ、事務局のスタッフは「明日の演奏会を開くため」のスポンサー探しに、文字どおり東奔西走《とうほんせいそう》していました。どの企業も、ギリギリの努力をしてくださった結果ですが、残念ながら、これが日本の現状なのです。しかし**表4**を見ていただくと、そのような状況のなかでも、さまざまな志ある方々が、まるでバトン・リレーのようにしてこの「こども定期演奏会」を支えてきてくださったことがわかります。ここに挙げた公的機関や企業以外にも、いろいろなかたちで応援してくださった人々が、みな

「こども定期演奏会」の育ての親です。「音楽」が、社会と、そこに暮らす多くの人とつながっていることを、そして演奏会に足を運ぶことは、その社会のつながりに参加することだということを、子どもたちにはぜひ知ってもらいたいと思います。

また、東日本大震災のときは、ほんとうに演奏会ができるのかという心配もあり、次にいつ地震が起きるかわからないときにホールに人をたくさん入れて大丈夫なのかという懸念が、最後の最後まで皆の頭から離れませんでした。ことに東京交響楽団は、本拠地であるミューザ川崎シンフォニーホールが地震の被害で使用できなくなるという、たいへんな事態になっていました。しかし、そのなかで演奏会が続けられたのは、「子どもたちに音楽を届けたい」という、演奏会関係者の思いの強さ、そしてなにより、音楽会を心から楽しみにしていてくれる子どもたちの「音楽を欲する力」だったのだと思います。私たちが子どもたちに教えたのではありません。本当に大切なことは、すべて子どもたちが教えてくれたのです。

年　度	協賛・講演・助成など
2011	特別協賛：バークレイズ・キャピタル証券株式会社 後援：港区教育委員会 平成23年度文化芸術振興費補助金（トップレベルの舞台芸術創造事業） ＊この年度は東京交響楽団65周年記念公演／サントリーホール25周年
2012	特別協賛：バークレイズ・キャピタル証券株式会社 後援：港区教育委員会／東京都小学校音楽教育研究会 協力：朝日小学生新聞（４月） 平成23年度文化芸術振興費補助金（トップレベルの舞台芸術創造事業）
2013	特別協賛：バークレイズ・キャピタル証券株式会社 後援：港区教育委員会／東京都小学校音楽教育研究会 協力：朝日小学生新聞（４月） 平成 23 年度文化芸術振興費補助金（トップレベルの舞台芸術創造事業）

表4 「こども定期演奏会」を支えた企業・公的助成など（年度別，作成：有田栄）

年　度	協賛・講演・助成など
2001	協賛：NTTドコモ 後援：港区教育委員会
2002	協賛：NTTドコモ 後援：港区教育委員会 平成14年度文化庁芸術団体重点支援事業
2003	協賛：NTTドコモ 助成：日本財団 後援：港区教育委員会（12月） 平成15年度文化庁芸術団体重点支援事業
2004	協賛：NTTドコモ 助成：日本財団 後援：港区教育委員会 平成16年度文化庁芸術団体重点支援事業
2005	特別協賛：カルビー株式会社（７月） 助成：日本財団 後援：港区教育委員会 平成17年度文化庁芸術創造活動重点支援事業
2006	特別協賛：リーマン・ブラザーズ証券会社 助成：日本財団 後援：港区教育委員会 平成18年度文化庁芸術創造活動重点支援事業 ＊この年度は東京交響楽団60周年記念公演／サントリーホール20周年記念公演
2007	特別協賛：リーマン・ブラザーズ証券会社 助成：日本財団 後援：港区教育委員会 平成19年度文化庁芸術創造活動重点支援事業 ＊この年度はサントリーホール　リニューアル記念公演，９月開始
2008	特別協賛：リーマン・ブラザーズ証券会社 後援：港区教育委員会 平成20年度文化芸術振興費補助金（芸術創造活動重点支援事業）
2009	助成：三井住友銀行ボランティア基金（９月，12月） 衣装協力：株式会社ナルミヤ・インターナショナル　エンジェルブルー（９月） 後援：港区教育委員会 平成21年度文化芸術振興費補助金（芸術創造活動重点支援事業）
2010	特別協賛：バークレイズ・キャピタル証券株式会社 助成：三井住友銀行ボランティア基金（９月） 後援：港区教育委員会 協力：ヤマハ株式会社（７月） 平成22年度文化芸術振興費補助金（芸術創造活動重点支援事業）

第3章　子どものためのコンサートの歴史

津上智実

過去十年ほどのあいだに子どものためのコンサートが続々と増えて、今では百花繚乱《ひゃっかりょうらん》といえるほどになっていることは、夏休み前にコンサート・ホールなどで配られる演奏会のチラシの束をひとわたり見ればすぐに実感できることですが、このような催しはいったい、いつごろから、どのようなかたちで始められるようになったのでしょうか。前章では「こども定期演奏会」の十二年間を振り返りましたが、そもそもこのような子どものためのコンサートというものは、どのような歩みをもっているのでしょうか。この章ではいったん世界に広く目を向けて、その歴史を概観してみましょう。

演奏会の成立と歴史については、すぐれた研究がなされていて、日本語の研究だけを見ても、渡辺裕『聴衆の誕生――ポスト・モダン時代の音楽文化』（春秋社、一九八九／中公文庫、二〇一二）、宮本直美『教養の歴史社会学――ドイツ市民社会と音楽』（岩波書店、二〇〇六）、吉成順『〈クラシック〉と〈ポピュラー〉――公開演奏会と近代音楽文化の成立』（アルテスパブリッシング、二〇一四）などがあります。

ところが、「子どものためのコンサート」の歴史というのは、まだほとんど書かれていないに等しい状態です。世界中でもっとも信頼されている『グローヴ音楽事典』を見ても、「コンサート」という項目のなかの小見出しの八番目に（六番目の「プログラム・ノート」と七番目の「コンサート・マネジメント」に続いて）「チルドレンズ・コンサート」という十行ばかりの記述があるのみです（オックスフォード・ミュージック・オンライン〔Oxford Music Online〕で二〇一五年六月十日閲覧）。しかもその前半は子どもが出演したコンサートの話であって、本書のテーマである「子どものためのコンサート」の話はわずか四行しかありません。そこには次のように記されています。

子どものために企画されたコンサートで大人の奏者たちが出演するものは、さらに発展が遅かった。一八五八年にオハイオ州のシンシナティで「ヤング・ピープルズ・コンサート」がおこなわれたという例もあるが、（ロンドンのロバート・マイヤー・コンサートのような）教育的な演奏会シリーズは概《おおむ》ね二十世紀初頭に成立したもので、とりわけニューヨーク、ロンドンとヴィーンのものが著名である。　　　　［筆者訳］

『コンサートの文化史』（〈ポテンンティア叢書〉、上尾信也・網野公一訳、柏書房、一九九四）を書いたドイツの音楽学者ヴァルター・ザルメンは、「児童・少年コンサート」の節で、「児童・少年は音楽を楽しむ側に参加することをかつては許されず、紳士淑女が優雅に招待されるときは常に言い添えられて、子供はお連れにならないでください、とあった」（二六二頁）が、十九世紀末から「年若い聴衆向けの配慮もされるように」なって、「十九世紀に成人の間で衰えたコンサートへの興味を再び呼び起こすのに役立った」として、次のように論じています。

コンサート企画者と音楽家は若い聴衆と難解で大仰な上演演目との間に次第次第に広がっていく「溝」があるのに気づき始めた。そこで彼らは子供たちの受容力に合わせた「青少年コンサート」を通じて聞き手の能力とのずれに対処した……入場料がたった二十五セントという青少年コンサートが一八五八年七月四日、シンシナティーのフィルハーモニー協会の主催で催され、のちにニューヨーク、ベルリン、ヴィーンで同様の企画が試みられた。

（二六八頁）

これを見ると、青少年コンサートはアメリカの地方都市から始まって、しだいに大都会や文化の中心地に拡がっていったように読めます。『コンサート――17世紀から19世紀までの公開演奏会』（〈人間と音楽の歴史〉、音楽之友社、一九八六）を書いたハインリヒ・W・ジュヴァープは、ボストンで「少年少女コンサート（Juvenile Concerts）」という取り組みがあり、その始まりは一八三〇年代に遡《さかのぼ》ると指摘しています。

ニューヨーク・フィルハーモニックの「ヤング・ピープルズ・コンサート」の初代指揮者を務めたアーネスト・シェリングについての博士論文（アメリカ・カトリック大学、一九七〇）において、著者のトマス・ヒルは、「娯楽のためであれ教育のためであれ、子どもと若者のためのシンフォニー・オーケストラのコンサートは、あらゆる証拠に照らして、アメリカで発展したものである。このような活動の先例はヨーロッパにはまったく見られない」（一五七頁）と述べています（Thomas Hill, *Ernest Schelling (1876-1939): His Life and Contributions to Music Education through Educational Concerts*, The Catholic University of America, D. M. A. 1970.）。

そこで、この章ではアメリカ、イギリス、ヨーロッパ大陸、そして日本という順で手短かに見ていくことにしましょう。

♪ アメリカ

アメリカではバーンスタインの「ヤング・ピープルズ・コンサート」が大きな社会的現象となったこともあって、「子どものためのコンサート」の研究が比較的よく進んでいます。

コロラド大学に一九七五年に提出された博士論文「シンフォニー・オーケストラによる青少年コンサートの音楽教育における役割」（ジェームズ・スノーデン著）は、この分野で特に功績のあったセオドア・トマス、ウォルター・ダムロッシュ、レオポルド・ストコフスキー、リリアン・ボールドウィン、レナード・バーンスタインの五人を取り上げて、その活動を論じています（James Snowden, *The Role of the Symphony Orchestra Youth Concert in Music Education*, University of Colorado, 1975）。

一人目のセオドア・トマス（Theodore Thomas）（一八三五〜一九〇五）はドイツ出身の指揮者で、アメリカの人々にすぐれた音楽をもたらそうと、次々と新しいコンサート・シリーズを立ち上げました。それらを列挙してみましょう。

・一八六五年　ニューヨーク・ガーデン・コンサート
・一八七三年　シンシナティ・フェスティヴァル
・一八七九年　シカゴ・サマー・ナイト・コンサート
・一八八三年　ヤング・ピープルズ・コンサート（婦人団体からの要請でニューヨークで三回実施）
・一八九一年　シカゴ・ヤング・ピープルズ・コンサート

彼の「ヤング・ピープルズ・コンサート」の典型的なプログラムは、序曲に始まり、交響曲のひとつの楽章、オーケストラ・レパートリーからの短くて軽い曲を数曲、それにしばしばオペラのアリアが加わるという構成でした。

次に、同じくドイツ出身でアメリカで活躍した指揮者のウォルター・ダムロッシュ（Walter

Damrosch）（一八六二〜一九五〇）は、一八九一年に初めての子どものためのオーケストラ・コンサートをおこないました。一八九六年にはウォルターの兄のフランク・ダムロッシュ（Frank Damrosch）（一八五九〜一九三七）がニューヨークで「ヤング・ピープルズ・シンフォニー・コンサート」を開始し、これがシリーズ化されて、ウォルターが引き継ぎます。ダムロッシュは子どもの年齢グループに応じた特別プログラムを開拓したパイオニアであると同時に、オーケストラ音楽のラジオ放送によって国際的な名声を得ました。ラジオ放送は一九二五年に実験的に始められ、翌年にはＮＢＣの毎週放送の番組「音楽鑑賞の時間（Music Appreciation Hour）」（年間二十回シリーズ）となって、十四年間も続く長寿番組となりました。アメリカとカナダでこの放送を聴いた人は毎回一千万人におよんだと推計され、影響力の大きさがうかがわれます。

一九二九年の実施例を見ると、ダムロッシュはトピックとして次のものを取り上げています。

・五・六年生用のプログラム……序曲、古典派の組曲、近代の組曲、ラウンドとカノン、マーチ、弦楽器、木管楽器、金管楽器、打楽器、音楽の動き、音楽のユーモア、音楽の情動

・七・八・九年生（日本の中学二・三年生と高校一年生）用のプログラム……序曲、メヌエットからスケルツォへ、メヌエットからワルツへ、ラウンドとカノン、ギリシア神話に霊感を得た音楽、伝説に霊感を得た音楽、歴史に霊感を得た音楽、異国のダンス、組曲、交響曲Ⅰ、同Ⅱ、交響詩

このように、小学生に対しては楽器そのもののおもしろさから入って、比較的簡単な構成の曲を選ぶ一方、中学生向けにはより本格的なジャンルを選んでいます。

三人目のレオポルド・ストコフスキー（Leopold Stokowski）（一八八二〜一九七七）はイギリス出身の指揮者でおもにアメリカで活躍しました。ストコフスキーは新し物好きで、放送、映画、商業録音にも早くから取り組み、現代音楽を積極的に取り上げています。一九三〇年には初めてスポンサー付きのかたちでオーケストラ音楽のラジオ番組を開始し、これはヨーロッパや南米、アジアでも放送されました。映画出演ではウォルト・ディズニーの『ファンタジア』（一九四〇）が有名ですが、それ以前にもストコフスキーは『一九三七年の大放送』（ミッチェル・ライゼン監督、一九三六）といった映画に出演してオーケストラを指揮しています。一九三三年には十三歳から二五歳までの若者のためのコンサート・シリーズを開始し、若者たちを運営や演奏に巻き込んで大きな成果をあげました。一九三九年のフィラデルフィアのユース・コンサートは、チケットが販売開始二時間で完売し、当日は三千人の若者が会場に押し寄せたといいます。

四人目のリリアン・ボールドウィン（Lillian Baldwin）（一八八八〜一九六〇）は、オハイオ州グレイター・クリーヴランドの公立学校における音楽鑑賞のスーパーヴァイザー（監修者）として重要な仕事をしました。生徒たちが「ミュージカル・リテラシー（音楽の基礎知識）」を身につけて、シェイクスピアやワシントンと同様にベートーヴェンがどんな人物かがわかるようになって卒業できることをめざして、四年生から高校生までの七年間継続される教育的なプログラムを構築したのです。教室での事前学習をじゅうぶんに積んだうえで、生徒たちはクリーヴランド管弦楽団の「子どもコンサート」の年間シリーズに臨みます。一九五四年には一日二回公演を五日間おこない、各回二千人の生徒が耳を傾けたと報告されています。ボールドウィンは一九二九年から五六年まで四半世紀以上にわたって活躍し、一九四八年には鑑賞の手引きとして『リスナーの音楽精華集（*A Listener's Anthology of Music*）』という大部の二巻本を出版しています。

五人目のレナード・バーンスタイン（Leonard Bernstein）（一九一八〜一九九〇）は、アメリカ人として初めて世界的な指揮者になった人物ですが、彼はまず一九五八年に開始された「ヤング・ピープルズ・コンサート」のテレビ放送によって全米的な名声を確立しました。「配管工や大学教授、小さな子どもたちやお年寄りからたくさんの手紙が来た」とバーンスタイン自身が語り、これによって「アメリカのカジュアルな音楽聴取者の一世代全体を熱心な音楽愛好家へ転向させた」とジャック・ゴットリープは一九六二年の著書で述べています（Jack Gottlieb, *Introduction to Leonard Bernstein's Young People's Concerts*, Rev. and expanded ed., Milwaukee, WI: Amadeus, 2005, xi）。

「ヤング・ピープルズ・コンサート」は一九七二年まで十四年間継続し、その間に放送された番組は五三本にのぼります。これらは全米のみならず、世界四十カ国以上で放映されて大きな影響を与えました。バーンスタインは多くの音楽家からの尊敬も勝ち得ましたが、それは聴衆に合わせて話のレヴェルを下げることをしなかったのが一因だと、ジョン・ブリッグズは一九六一年の著書（John Briggs, *Leonard Bernstein, The Man, His Work and His World*, Cleveland: The World Publishing Company, 1961, p.173）で分析しています。

バーンスタインが取り上げたテーマは、「音楽とは何か」（第一回）、「オーケストレーションとは何か」（第三回）、「メロディーとは何か」（第二一回）、「ソナタ形式とは何か」（第二八回）といった音楽の中身に関するものから、マーラー（第八回）やコープランド（第十一、十三、五十回）、ストラヴィンスキー（第十八回）、ヒンデミット（第二六回）、シベリウス（第三一回）、ショスタコーヴィチ（第三四回）、アイヴズ（第三八回）といった作曲家にスポットを当てたもの、さらに民俗音楽（第十五回）やラテン・アメリカの音楽（第二三回）、ジャズ（第二七回）にまでおよびます。「若い演奏家たち」を取り上げた回（全九回）では、チェロのリン・ハレル（第十四回、当時十六歳）やコントラバスのゲーリー・カー（第十九回、当時二十歳）、指揮の小澤征爾（第十九回、当時二六歳）、ピアノのアンドレ・ワッツ（第二三回、当時十六歳）らが抜擢《ばってき》されていちやく脚光を浴びました。

「ヤング・ピープルズ・コンサート」に先立って、バーンスタインは一九五四年から五八年までCBSの芸術番組「オムニバス」に七回出演し、「ベートーヴェンの第五シンフォニー」や「ジャズの世界」「指揮法」「現代音楽入門」などのレクチャー・コンサートをおこなっています。一九五八年にニューヨーク・フィルハーモニックの音楽監督となったバーンスタインは、この番組を発展させるかたちで「ヤング・ピープルズ・コンサート」をスタートさせたのでした。ちなみに、「オムニバス」の七回も、「ヤング・ピープルズ・コンサート」の五三回も、今ではＤＶＤとして販売されています。「オムニバス形式による七篇のテレビ用台本」は『音楽のよろこび』（吉田秀和訳、音楽之友社、一九六六）として日本語訳が出されていますし、「ヤング・ピープルズ・コンサート」のためにバーンスタインが書いた手書きの台本（一七七本）もアメリカ議会図書館（Library of Congress）の「レナード・バーンスタイン・コレクション」のサイト（http://www.loc.gov/collections/leonard-bernstein/?q=Young+People's+Concerts+Scripts）で公開されていて、誰でも見ることができます。

ところで、**図2**のチラシを見るとわかるように、ニューヨーク・フィルの「ヤング・ピープルズ・コンサート」初代指揮者はアーネスト・シェリング（Ernest Schelling）（一八七六〜一九三九）です。シェリングは一九二四年三月二七日に第一回の「ヤング・ピープルズ・コンサート」をおこない、その後、ニューヨークのみならず、ボストン（一九二五〜三二）、フィラデルフィア（一九二六〜三二）、サンフランシスコ（一九三三〜三七）、さらにはオランダのユトレヒト（一九三四）などでも同様の

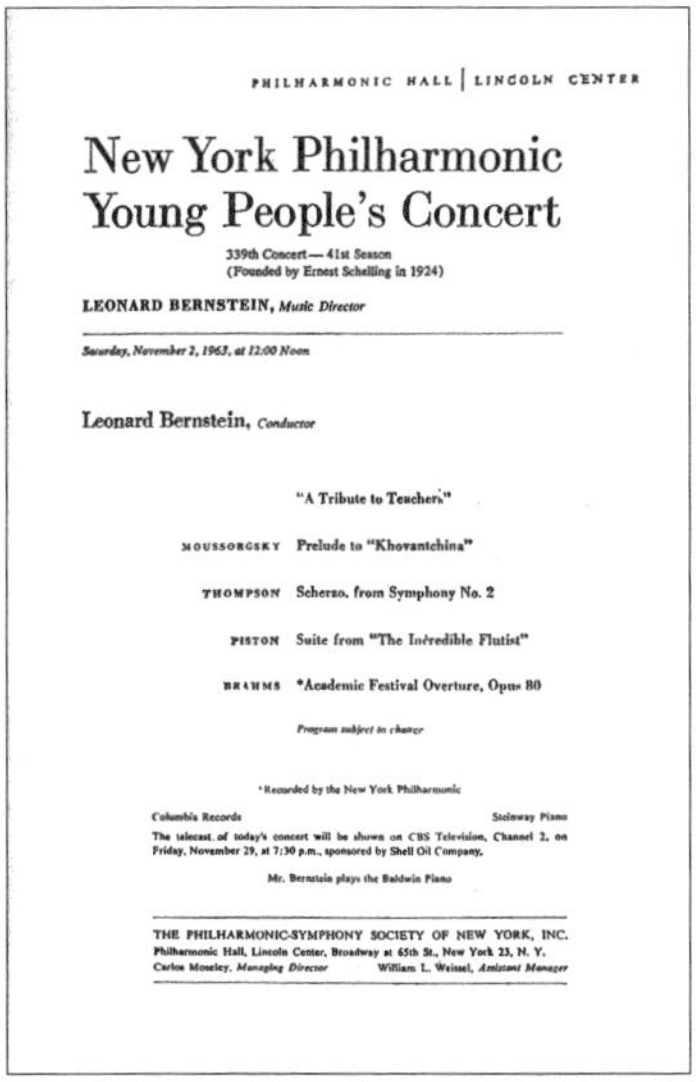

PHILHARMONIC HALL | LINCOLN CENTER

New York Philharmonic
Young People's Concert

339th Concert — 41st Season
(Founded by Ernest Schelling in 1924)

LEONARD BERNSTEIN, *Music Director*

Saturday, November 2, 1963, at 12:00 Noon

Leonard Bernstein, *Conductor*

"A Tribute to Teachers"

MOUSSORGSKY Prelude to "Khovantchina"

THOMPSON Scherzo, from Symphony No. 2

PISTON Suite from "The Incredible Flutist"

BRAHMS *Academic Festival Overture, Opus 80

Program subject to change

*Recorded by the New York Philharmonic

Columbia Records Steinway Piano

The telecast of today's concert will be shown on CBS Television, Channel 2, on Friday, November 29, at 7:30 p.m., sponsored by Shell Oil Company.

Mr. Bernstein plays the Baldwin Piano

THE PHILHARMONIC-SYMPHONY SOCIETY OF NEW YORK, INC.
Philharmonic Hall, Lincoln Center, Broadway at 65th St., New York 23, N. Y.
Carlos Moseley, *Managing Director* William L. Weissel, *Assistant Manager*

図２　バーンスタインが指揮した1963年の「ヤング・ピープルズ・コンサート」のチラシ。タイトル下に「アーネスト・シェリングによって1924年に創設」と記されている。

図３　「ヤング・ピープルズ・コンサート」の終演後，子どもたちと交流するアーネスト・シェリング

青少年向けのレクチャー付きのコンサートをおこないました。

　アーネスト・シェリングの「ヤング・ピープルズ・コンサート」の特徴は、スライドが活用されたことです。指揮者が子どもたちに語りかける内容のほとんどが、舞台上のスクリーンにカラー・スライドで示されましたし、七五分から九十分のコンサートの終わりに、聴衆は立ち上がって、スクリーンに写し出された歌詞と楽譜を見ながらオーケストラの伴奏で歌を歌うのが定番となっていました（一回のコンサートで使われるスライドの数は四十から六十枚で、シェリングの遺したスライド・コレクションは四七一五枚にのぼります）。年四回シリーズの最後の回では、そのシーズンに演奏した曲目の中から、子どもたちの人気投票で選ばれた作品が再度演奏されました。専用のノートがシーズン始めに子どもたちに配布され、質問に答えたり感想を書いたりした後、シーズン終わりに回収されて、すぐれたノートの書き手にはメダルやリボンが授与されるというご褒美《ほうび》もありました。シェリングの担った十六シーズンの間、この基本形がずっと守られたことを、上述のトマス・ヒルの研究は明らかにしています。

　シェリングは、「自然の美しさを味わうことも、われわれの多くにとっては閉じられた本でしかなく、知的な理解によって初めて開かれることがしばしばである。響きと音楽の世界は抽象的な世界であり、注意深いリーダーシップによって説明される必要がある」と一九二四年に述べています（トマス・ヒル、前掲書、二三二頁）。音楽を知的に聴くことを教えることによって、シェリングは意義深い美的な体験を、音楽的才能のある子どもだけでなく、できるだけ多くの子どもと若者とにもたらそうと努めたのでした（図3）。

ニューヨーク・フィルの「ヤング・ピープルズ・コンサート」は、六歳以上の子どもとその家族を対象として今でも継続されています。また、学校のクラス単位での参加用に「ヤング・ピープルズ・コンサート・フォー・スクールズ」が小学校用と中学校高等学校用の二種設けられ、さらに三歳から六歳の子どもを対象とした「ヴェリー・ヤング・ピープルズ・コンサート」もおこなわれています。その様子の一端はウェブで公開されていて、誰でも観ることができます（http://nyphil.org/vypc）。

このようにアメリカでは、オーケストラ音楽を身近なものとするための試みが、まずはヨーロッパ出身の指揮者たちによって次々と展開され、その蓄積の上で、バーンスタインの「ヤング・ピープルズ・コンサート」がテレビの力もあずかって世界的な名声を得るという流れがあったことが浮き彫りになりました。

♪ イギリス

イギリスでは、一九二三年にロバート・マイヤー（Sir Robert Mayer）（一八七九～一九八五）がロンドンで「子どものためのオーケストラ・コンサート」を創始しました。ロバート・マイヤーはドイツのマンハイム生まれで、マンハイム音楽院でヴァインガルトナーに二年間師事したのち、八歳で最初のピアノ・リサイタルを開き、十一歳でブラームスに紹介されたほどの才能の持ち主でしたが、両親の意向で実業界に進み、金属産業で莫大《ばくだい》な財産を築いた人物です。一九一九年にニューヨークを訪問して、ウォルター・ダムロッシュの指揮する土曜朝の「子どもコンサート」を聴いたのが「人生を変える経験」となったと後年語っています（Sir Robert Mayer, *My First Hundred Years*, 2nd Ed., Exeter: A. Wheaton & Co. Ltd., 1979, p.18）。ロンドンに戻って、一九二三年三月二九日にウェストミンスターのセントラル・ホールで最初の「子どものためのオーケストラ・コンサート」（**図4**）をおこなって、シリーズをスタートさせました（指揮はエイドリアン・ボールト）。同年五月十七日の第二回コンサートには、このシリーズにヒントを与えたウォルター・ダムロッシュを指揮者に迎えています。一九二三年にロンドンでの三回のコンサートで始まった「子どものためのオーケストラ・コンサート」は、一九三八年には二五会場で六五回のコンサートを開くまでに発展します。参加希望者をできるだけ受け入れるために、午前二回、午後一回の公演をおこなうこともありました。この「子どものためのロバート・マイヤー・コンサ

CENTRAL HALL, WESTMINSTER

ORCHESTRAL CONCERTS
FOR CHILDREN

Inaugural Concert

Saturday Morning, March 29th,
At ELEVEN o'clock.

Programme

Mozart—" Serenade " .. .. Illustrating Stringed Instruments
Wagner—Introduction to Act III of the " Mastersingers " .. Illustrating Strings and Brass combined
Beethoven—" Rondino in E♭ " .. .. Illustrating Wood Wind
Tschaikowsky—" 3rd Movement of Symphony No. 4 " Illustrating Strings, Wood Wind & Brass alternating
Beethoven—" Overture Leonore No. 3 " Illustrating combined Strings, Wood Wind, Brass and Drums

Conductor - ADRIAN BOULT
(Who will introduce each item with a few explanatory remarks on the instruments and their uses).

Tickets (Tax free) - 1/- each; a few Reserved at 2/-
May be obtained at the BOX OFFICE, CENTRAL HALL, or of
Mme. LILY HENKEL, 72 HAMILTON TERRACE, N.W.8.
(All applications by post must enclose stamped and addressed envelope).
NO ADULT ADMITTED EXCEPT IN CHARGE OF CHILDREN.

The aim of these Concerts is recognized and approved by the following well-known educationalists:
Sir Hugh Allen
Miss Henrietta Adler, L.C.C.
Dr. John E. Borland
Sir Frederick Bridge
Sir Cyril Cobb, K.B.E.
Dr. Scott Lidgett, L.C.C.
Sir A. C. Mackenzie
Mr. Geoffrey Shaw
Dr. Arthur Somervell
Miss Kate Wallas, L.C.C.

GRAMOPHONE RECORDS of the Works to be performed are obtainable.

MINIATURE SCORES and PIANO VERSIONS of the Works to be performed are obtainable of Messrs. J. & W. Chester, Ltd., 11 Great Marlborough Street, W.1.

Teachers applying for not less than 10 tickets will receive gratis a programme with analytical notes by Dr. Boult.

図４（左）　ロバート・マイヤーの最初の「子どものためのオーケストラ・コンサート」のプログラム（1923年３月29日）。
図５（右）　ロバート・マイヤーの「子どものためのオーケストラ・コンサート」のプログラム（1937年４月６日）。王妃とエリザベス王女（後の女王）と妹のマーガレット王女の臨席がうたわれている。

ート」にはエリザベス女王も六歳のときから（**図5**）、チャールズ皇太子も四歳のときから出席し、ロバート・マイヤーは一九三九年に国王ジョージ四世によってナイトに叙されています。その後、一九八五年に一〇五歳で亡くなるまで、六十年にわたってこの活動を続けました。

一九二四年にエイドリアン・ボールト（Sir Adrian Cedric Boult）（一八八九〜一九八三）を指揮者に迎えて、バーミンガム市交響楽団も青少年コンサートを開始します。イギリス人の指揮者ボールトは一九二六年にドイツの音楽雑誌に書いた記事「英国の青少年コンサート（Jugendkonzerte in England）」（*Pult und Takt Stock*, Heft 5/6, Mai/Juni, SS.83-85）で、第一次世界大戦の被害から立ち直るにつれて、「英国の八つか十の主要都市で……子どもコンサート（Kinderkonzert）」が取り組まれるようになってきたと報告しています。ボールト自身がバーミンガムで実施しているプログラムの一端も紹介されていますので、その中身を見ておきましょう。

(1)オーケストラの木管楽器たち……同じ旋律を各種の木管楽器で聴かせた後、目を閉じさせて、どの楽器を吹いているかを子どもたちに当てさせたうえで、木管楽器が活躍する管弦楽曲を演奏する

(2)ストーリーのある音楽……メンデルスゾーン《真夏の夜の夢》のスケルツォと夜想曲、チャイコフスキー《くるみ割り人形》の抜粋、ハイドン《驚愕《きょうがく》交響曲》、ワーグナー《マイスタージンガー》第一幕への前奏曲などを演奏する

(3)音楽のサンドウィッチ……民謡やメヌエットを例に挙げて、「サンドウィッチ」をキーワードとして三部形式を説明する

対象は七、八歳から十七、八歳までと広い年齢層にわたっています。ボールトは、「たいていの場合、このコンサート・シリーズを連続した講義として組むことは不可能である。なぜなら、聴衆の大半は全部のコンサートに来るとしても、毎回必ず新しく加わる人たちがいるので、けっきょく、個々の演奏会を独立したものとしなければならない」と述べます。定期演奏会でな

ければ「連続した講義」は実現できないという限界を、ボールトがここではっきりと認識して表明しているのは注目されます。

ロンドン交響楽団（ＬＳＯ）では、一九八〇年代の終わりからオーケストラと教育活動とを組み合わせる試みが始められ、一九九〇年から具体的な取り組みが始まりました。「ＬＳＯディスカヴァリー」と名づけられた教育プログラムはすでに四半世紀の歴史をもち、今では年間六万人が参加する大きな取り組みとなっています。対象は子どもからお年寄りまで、さまざまなバックグラウンドをもった人々を含む幅広いものです（http://lso.co.uk/lso-discovery/about-lso-discovery）。一九九四年に開始された「ファミリーコンサート」は、七歳から十二歳を対象として各学期に一回、年間三回のペースで開催されており、コンサートの前後に楽器体験やワークショップが組み込まれるほか、聴衆とオーケストラとの合同演奏曲の楽譜が事前にウェブ上で公開されるなど、さまざまな工夫がなされていて注目に値します。セント・ルークスという古い教会を改造して、子どものためのガムラン教室や作曲スタジオを設け、音楽センターとして音楽活動の拠点としているのも特筆されます。

ロンドン・シンフォニエッタは、一九八三年に「英国初のオーケストラによるエデュケーション・プログラム」をスタートさせたと謳《うた》っています。ロンドン・フィルハーモニー管弦楽団も一九八七年から本格的にエデュケーション・プログラムに取り組み、その活動は五百校以上、一万五千人余りの子どもたちにおよびます。

英国オーケストラ連盟（Association of British Orchestras）では、加盟団体のエデュケーション・プログラムを取りまとめた報告書が折々に発行されてきました。二〇〇九年八月の報告書『ライヴ・ザ・エクスペリエンス――英国オーケストラ連盟加盟オーケストラによるイングランド内の学校生徒と青少年のためのコンサート、マッピング調査』（http://www.abo.org.uk/media/20113/ABO-LIVE-THE-EXPERIENCE-FINAL.pdf）によると、二〇〇七年四月に英国芸術評議会の助成を受けて策定された計画では、その後十年間にイングランド中のすべての学校生徒がフル・オーケストラのライヴ演奏を無料で体験できることが目標とされました。その実現に向けておこなわれた調査の結果、二〇〇七／〇八年のシーズンにイングランドでおこなわれた「子どものためのコンサート」は四百回、参加した子どもの数は約二五万人で、これは全在校生数の四十パーセントにあたると報告されています。この計画は現在も進行中で、二〇一七年に完結する予定です。

このようにイギリスでは、アメリカの先例にならうかたちで「子どものためのロバート・マイヤー・コンサート」がスタートして大きな成功をおさめ、その後の伝統の基盤を築きました。イギリスでは二〇〇一年にクリエイティヴ・パートナーシップという国家プロジェクトがスタートしたこともあって、オーケストラに限らず、各芸術団体がエデュケーション・プログラムに熱心に取り組むという流れがあり、今では他国の手本とされることも多いのは、興味深い逆転現象ということができるでしょう。

♪ヨーロッパ大陸

ヨーロッパ大陸については、近年ドイツで出版された『聴取の空間を開く、遊びの空間を作る、子どものためのコンサート』という本の一章に、コンスタンツェ・ヴィンマーの書いた「昨今の子どものためのコンサート、音楽伝達の歴史的ならびに現在の実践の展望」という短い概観があります（Constanze Wimmer, 'Konzerte für Kinder Gestern & Heute, Perspektiven der historischen und aktuellen Praxis in der Musikvermittlung', Ernst Klaus Schneider, Barbara Stiller & Constanze Wimmer herg., *Hörräume öffnen, Spielräume gestalten, Konzerte für Kinder*, Regensburg: ConBrio, 2011, SS.9-19）。

ヨーロッパでは、まず一八九八年四月三日にハンブルクのコンサート・ホールで、ハンブルクの教員合唱連盟による小学生のためのコンサートが開かれた記録が残っています。「芸術はすべての人のためにある。美的な素養は、知的な素養や倫理的な素養とまったく同等の重要性をもち、同じように注意深く教育することが必要である」とその主旨が謳われています。ハンブルク交響楽団ディレクターのリヒャルト・バルト（Richard Barth）（一八五〇～一九二三）の主導のもと、一八九八年から一九二一年まで、第一次世界大戦中の中断はあったものの、小学校高学年のためのコンサートが定期的におこなわれ、二七万人の小学生が参加しました。バルトは、芸術としての音楽の体験は学校ではなくコンサート・ホールでのみ可能との立場に立ち、「子

図6　ベルリンのフィルハーモニーでおこなわれたテッサ・グラードルの歌曲コンサート（1902年）

どものためのコンサート」は授業の真似であってはならず、「あふれんばかりの豊饒《ほうじょう》の角《つの》（ホルン）から真の愛と喜びをもって差し出される贈りもの」であるべきだと強く主張しました。この考えは、その後のドイツ語圏における「子どものためのコンサート」の発展に決定的な影響を与えます。

ちなみに、ジュヴァープの前掲書は「青少年コンサートと青少年オーケストラ」の項で、一九〇二年にベルリンのフィルハーモニーのコンサートホールでおこなわれた「青少年コンサート」を図版入りで紹介しています（一七八～一七九頁）。これはオーケストラによるものではなく、帝室オペラの元メンバーのソプラノ歌手テッサ・グラードルによる歌曲のコンサートで、当時の雑誌記事によると、子どもたちを前にグラードルは「まれにみる明確な発音で」、ブラームスの〈子守歌〉やモーツァルトの〈すみれ〉といった有名な歌曲をよく理解できるように歌ったといいます。その図版（図6）を見ると、身なりのよい子どもたちが客席の前方にたくさん座って熱心に聴いている様子を見てとることができます。

一九二〇年代から三〇年代にかけて、ドイツ中部の都市レムシャイトの音楽監督で指揮者、ケルン音楽大学教授でもあったフェーリクス・オーバーボーベック（Felix Oberborbeck）によって新たな「青少年コンサート」が展開されます。オーバーボーベックは上位進学課程だけでなく職業学校の生徒たちをも対象に含め、生徒たちが年三回から四回、定期的にオーケストラ・コンサートに通うかたちでシリーズを組みました。プログラムは基本的に、序曲、組曲、ワルツ、交響曲の個々の楽章で構成され、ソリストには若い奏者が起用されて、聴衆が自己投影できるよう配慮されました。オーバーボーベックも「青少年コンサート」を「見返りを求めない贈りもの」として捉え、「何ものも要求されることなく、すべてが君への贈りものだ」と力強くうったえています。

オーストリアについてはまだあまり研究がなく、前史は不明ですが、一九五二年にはハンス・スワロフスキー（Hans Swarowsky）（一八九九〜一九七五）指揮のもと、ヴィーン交響楽団が十一歳から十五歳の子どもを対象とした定期的なコンサートを開始しています。最初のコンサートは一九五二年一月十九日におこなわれ、ウェーバー《魔弾の射手》序曲、ハイドン《驚愕交響曲》、モーツァルト《アイネ・クライネ・ナハトムジーク》、ヨハン・シュトラウスのワルツ《ヴ

THEATER DER JUGEND

GROSSER MUSIKVEREINSSAAL

Konzert
der Wiener Symphoniker

Programm:

Carl Maria von Weber:
Ouverture zur Oper „Der Freischütz"

Joseph Haydn:
Symphonie G-dur (mit dem Paukenschlag)

Wolfgang Amadeus Mozart:
„Eine kleine Nachtmusik" (K. V. 525)

Johann Strauß d. J.:
„Wiener Blut", Walzer

Orchester: Wiener Symphoniker

Dirigent: Prof. Hans Swarowsky

Dieses für die Wiener Jugend der vierten Haupt- und Mittelschulklassen während der Unterrichtszeit stattfindende Konzert der Wiener Symphoniker ist ein

GESCHENK
vom
KULTURAMT DER STADT WIEN,
welches die gesamten Kosten dieser sechsmal wiederholten Veranstaltung trägt.

Programm frei

図７　スワロフスキー指揮ヴィーン交響楽団による子どものためのコンサートのプログラム（1952年１月19日）

ィーン気質》が演奏されました（図7）。一九五八／五九年のシーズンには二万二五〇〇人だった聴衆の数が、一九七四／七五年のシーズンには六万七〇〇〇人に膨《ふく》れ上がっているところから、この企画がどれほど歓迎されたかがわかります。

一九七八年からはヘルベルト・プリコパ（Herbert Prikopa）（一九三五〜）が、ヴィーンで「子どものためのコンサート」の新時代を開きました。「子どもたちと識者のための」シリーズが、指揮者であると同時に演劇人でキャバレー役者でもある人物プリコパによって率いられ、教育と娯楽とが巧みに融合されたかたちで展開されたのです。

ヴィンマーは、ヴィーン芸術大学の音楽教育学研究所で助手を務めるかたわら、オーストリアの文化機関で企画を担っている人物ですが、過去二十年ほどのあいだにグローバリゼーションの進展にともなって、「音楽伝達（Musikvermittlung）」と「コンサート教育学（Konzertpädagogik）」の分野でも国際交流が進み、英国で盛んな「レスポンス・メソッド」がドイツ語圏のオーケストラで広く用いられるようになってきたと指摘しています（前掲書、十六頁）。

ブレーメン芸術大学音楽学部教授のバルバラ・シュティラーが一九九九年にドイツ・オーケストラ連盟の協力を得ておこなったアンケート調査によれば（Barbara Stiller, 'Die Kinderkonzert Deutscher Orchster, Überraschende Ergebnisse einer Umfrage', *Das Orchester*, 9/1999, SS.22-25）、ドイツ全国の一四六のオーケストラのうち、一一四の団体からアンケートへの回答があり（回答率七八パーセント）、「子どもコンサート（Kinderkonzerte）」をおこなっているのは旧東ドイツ圏で九十パーセント、旧西ドイツ圏で八九・一九パーセント、ドイツ全体で八九・四七パーセントにのぼります（実施していないのは大半がラジオ放送交響楽団）。

その調査結果から、「子どもコンサート」の実施回数（**表5**）と開始時期（**表6**）とを取り上げてみましょう。

表5を見るとわかるように、旧西ドイツ圏のオーケストラの六割が一シーズンあたり六回の実施を上限に掲げたのに対して、旧東ドイツ圏のオーケストラの三割は、一シーズンに二十回から一二〇回の「子どもコンサート」をおこなっています。この違いは、学校訪問コンサートをおこなっているかどうかによるものです。

表6の「子どもコンサート」の開始時期は、旧西ドイツ圏のオーケストラでは一九七〇年代から八〇年代が圧倒的に多く、旧東ドイツ圏のオーケストラでは、早くも二十世紀中葉から取り組んでいるところと、一九九〇年のドイツ再統一後にあらためて開始されたかたちになっているものとが主流を占めています。

こうしたエデュケーショナルなコンサートをどのような名称で呼んでいるかという質問もなされました（**表7**）。コンサートの名称については、旧西ドイツ圏では「子どもコンサート」が多いのに対して、旧東ドイツ圏では「学校生徒コンサート」が多く、これには先述の東西における「学校訪問コンサート」の歴史の有無が関わっているのは、誰の目にも明らかです。

この調査をおこなったバルバラ・シュティラーは、二〇一三年十一月に南西ラジオ放送の

表５　１シーズンあたりの「子どもコンサート」の実施回数

回　数	旧東ドイツ圏（%）	旧西ドイツ圏（%）	ドイツ全体（%）
1回	5.56	11.11	9.09
2～6回	44.44	53.97	50.51
7～12回	19.44	23.81	22.22
13～23回	16.67	4.76	9.09
50～120回	13.89	6.71	9.09

表６　「子どもコンサート」の開始時期

開始時期	旧東ドイツ圏（%）	旧西ドイツ圏（%）	ドイツ全体（%）
1950–70	34.83	8.93	18.18
1971–89	12.50	51.79	37.50
1990–96	43.75	23.21	30.68
1997–98	9.38	12.50	11.36
1998–99	—	3.57	2.27

表７　「子どもコンサート」の名称

	旧東ドイツ圏（%）	旧西ドイツ圏（%）	ドイツ全体（%）
子どもコンサート (Kinderkonzert)	19.18	33.96	27.93
青少年コンサート (Jugendkonzert)	16.44	21.70	19.55
学校生徒コンサート (Schulerkonzert)	31.51	15.09	21.79
ファミリー・コンサート (Familienkonzert)	20.55	17.92	18.99
その他	12.33	11.32	11.72

インタヴューを受けていますが、その記事の記者は、いまや子どものためのコンサートをおこなわないオーケストラはドイツにはほとんど存在しない、だがその歴史はまだ書かれていないと総括しています。(http://www.swr.de/swr2/geschichte-der-musikvermitlung/-/id=7576/did=12406312/nid=7576/1jwawof/index.html)。

♪日本

日本のオーケストラ活動は歴史が浅く、今から百年ほど前に始まりました。東京音楽学校では一九〇〇年（明治三三）に職員生徒による管弦楽団の演奏がドイツ出身の外国人教師アウグスト・ユンケル（August Junker）（一八六八〜一九四四）の指揮で開始され（図8）、一九〇九年（明治四二）にはシューベルトの《未完成交響曲》とベートーヴェンの交響曲第三番（第一楽章のみ）の日本初演をおこなっています（牛山充「日本に於ける交響楽運動史」、『音楽芸術』第十二巻第四号、一九五四年、八〜十七頁）。

民間では、「東京フィルハーモニー会」（一九一五〜一六）が短命に終わった後、一九二五年（大正十四）に山田耕筰（一八八六〜一九六五）が「日本交響楽協会」を設立して、一九二六年に定期演奏会を開始しましたが、同年秋、近衛《このえ》秀麿《ひでまろ》らが脱退して「新交響楽団」を結成し、これが「日本交響楽団」を経て、戦後、「ＮＨＫ交響楽団」へと発展しました。

図８　アウグスト・ユンケルと東京音楽学校職員生徒のオーケストラ　所蔵：東京芸術大学附属図書館

日本のラジオ放送開始は一九二五年で、ちょうどこれと時期的に重なります。アメリカではラジオやテレビなどのメディアを活用した「ヤング・ピープルズ・コンサート」が社会的に大きな影響力をもちましたが、日本ではどうだったのでしょうか。日本では従来、後述のエロイーズ・カニングハムの青少年交響楽鑑賞会（一九三九年設立）が最初とされており、たとえば、小山文加「オーケストラ史にみる聴衆と芸術普及活動の変遷――歴史的背景から導かれる現代のエデュケーション・プログラムの機能とは」（『文化経済学』第六巻第三号、二〇〇九年、一五九～一七〇頁）は、「新響［新交響楽団］が一九三九年以降数回のみであるが出演した［カニングハム女史の］『若き人々のための交響楽演奏会』が、おそらく今日でいうところのE.P.［エデュケーション・プログラム］に相当する、最初期の芸術普及活動と言えよう」（一六一頁）と位置づけています。

しかし、一九二五年の放送開始からカニングハムの活動開始の一九三九年（昭和十四）まで、日本の放送人と音楽家たちが何もしなかったというのも不自然な話です。それまで、日本のオーケストラが子どもたちのために演奏するということはなかったのでしょうか。

♪朝日新聞の記事にみる「子ども&管弦楽」

そこで、朝日新聞社のデータベース「聞蔵《きくぞう》Ⅱ」をキーワード「子ども&管弦楽」で検索してみたところ（期間は明治・大正から昭和戦前まで）、一九一三年（大正二）から三八年（昭和十三）までの一四四件がヒットしました。

最初の記事「三越のオモチャ会」（一九一三年六月一日付）は、「三越の三階児童博覧会趾《あと》でオモチャ会主催の子供会が開かれ、養老一座の手品や松井松葉氏作の歌劇『富士巻狩』白虎隊の管弦楽も」あったと伝えています。往年の三越百貨店の先駆性がうかがわれますが、この「管弦楽」は楽隊によるものと推測されます。

一九二三年（大正十二）十一月十一日に日比谷公園で開かれた「平和記念大会」では、午後から音楽堂で少年少女大会が開かれて、「早大管弦楽部員の奏楽」もおこなわれたと伝えられています（一九二三年十一月十二日付）。現在も「ワセオケ」の愛称で知られる早稲田大学交響楽団は一九一三年の設立で、これは学生オーケストラが子どもたちのために演奏した初期の例です。

一九二七年（昭和二）には午後六時半からの「子供の時間」というラジオ番組で、「子供向きのオーケストラ」（七月十五日）、「子供向きの管げん楽」（七月二七日）が放送されました。後者は「アタゴオーケストラの演奏」ですが、それ以外の出演者は記されていません。前者では、演奏曲目に「田村虎蔵作曲、堀内敬三編曲の総合曲『むかしむかし』」が含まれ、これは「なじ

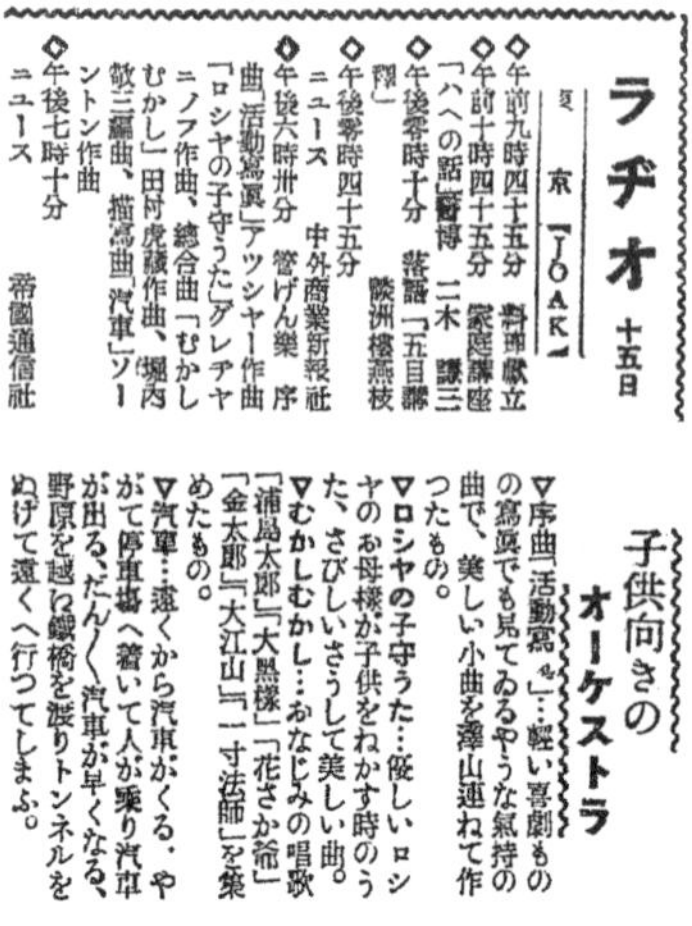
ラヂオ　十五日

東京【JOAK】

◇午前九時四十五分　料理獻立
◇午前十時四十五分　家庭講座「八への話」醫博　二木謙三
◇午後零時十分　落語「五目講釋」　談洲樓燕枝
◇午後零時四十五分　ニュース　中外商業新報社
◇午後六時卅分　管げん樂　序曲「活動寫眞」アッシャー作曲「ロシヤの子守うた」グレチヤニノフ作曲、綜合曲「むかしむかし」田村虎藏作曲、堀内敬三編曲、描寫曲「汽車」ソーントン作曲
◇午後七時十分　ニュース　帝國通信社

子供向きの
オーケストラ

▽序曲「活動寫眞」…輕い喜劇ものの寫眞でも見てゐるやうな氣持の曲で、美しい小曲を澤山連ねて作つたもの。
▽ロシヤの子守うた…優しいロシヤのお母樣が子供をねかす時のうた、さびしいさうして美しい曲。
▽むかしむかし…おなじみの唱歌「浦島太郎」「大黑樣」「花さか爺」「金太郎」「大江山」「一寸法師」を集めたもの。
▽汽車…遠くから汽車がくる、やがて停車場へ着いて人が乗り汽笛が出る、だん〱汽車が早くなる、野原を越え鐵橋を渡りトンネルをぬけて遠くへ行つてしまふ。

図９　朝日新聞（1927年７月15日付）の番組表

みの唱歌『浦島太郎』『大黒様』『花さか爺』『金太郎』『大江山』『一寸法師』」を集めたもの」と説明されています（図９）。作曲者の田村虎蔵（一八七三～一九四三）は一九二二年から翌年にかけておこなった海外視察をふまえて、一九二四年二月三日付の記事「子供の音楽が羨ましい、欧米の学校や家庭を視察して改善したい点、東京高師教諭、田村虎蔵」において、次のように報告しています。

児童生徒に音楽をよく理解させ、各種の音楽を批判させるので、従ってその鑑賞批判する知識、能力の程度は非常に進歩し発達しています。それで決して唱歌教授によって音楽家を養成するのでなく、音楽を批判理解する頭を作るので、之が国民の音楽教育の主眼とされ、それがよく実現されています。

そうした必要性が訴えられていたことが、このような番組がスタートした背景にはあったと理解されます。「きんたろう」や「うらしまたろう」などの言文一致唱歌で知られる田村虎蔵ですが、総合曲「むかしむかし」とこの新聞記事については、丸山忠璋『言文一致唱歌の創始者　田村虎蔵の生涯』（音楽之友社、一九九八）でも触れられていません。

「子供の時間」の演奏者や曲目については、巻末付録の**表11**「ラジオ番組『子供の時間』のオーケストラ演奏（1925～39年、朝日新聞掲載分）」にまとめましたので、参照してください。

一九三一年（昭和六）十一月十日の記事は「解説しながら聞かせる管げん楽」と題して、指揮の前田璣《たまき》（一八九九～一九七九）と解説の伊庭《いば》孝（一八八七～一九三七）の写真が掲載されています。音楽の知識のない子どもたちに聴かせるために、解説をつけるという工夫がなされ、指揮者とは別に解説者を立てたことがわかります。

一九三二年十月二六日には、山田耕筰のお話と指揮、東京ラジオオーケストラの演奏で、ムソルグスキー《展覧会の絵》から四曲を放送しています。これは指揮者がお話を受け持った日本で最初の例と思われます。巻末付録の**表11**を見るとわかるように、一九三〇年代には指揮者と解説者は別人が基本でしたから、山田耕筰はこの点でもパイオニアでした。

一九三二年からは日本放送交響楽団が、瀬戸口藤吉、篠原正雄、近衛秀麿、N・シフェルブラットらの指揮で、しばしば「子供の時間」に出演するようになります。当時は録音ではなく生演奏での放送で、初めは愛宕《あたご》山《やま》放送センターのスタジオから、一九三四年十一月からは「新交響楽団練習所より」の中継で放送されました。その後、ニコライ・シフェルブラット(Nicolai Schifferblatt)（一八八七～一九三六）の指揮でしばしば出演し、一九三六年には五回も放送が

図10　日本放送交響楽団の演奏会（指揮：篠原正雄，解説・弘田龍太郎，1940年１月１日）
© 文藝春秋／amanaimages

あって、熱心に取り組んでいた様子がうかがえます。曲目もハイドンやベートーヴェンの交響曲からの一楽章や、ベルリオーズやリムスキー＝コルサコフ、デュカースなどの色彩的なオーケストラ曲が取り上げられるようになっていきます。しかし、一九三六年の秋にシフェルブラットが退任した後は、一九三八年にユンケルの指揮で一度出演しただけで、この分野での活動は沈静化してしまったようにみえます。

　このようにラジオ放送というメディアを活用して、オーケストラが子どものために演奏するという試みが日本でも早くからおこなわれていたことが、今回の調査で明らかになりました。これは朝日新聞のデータベース「聞蔵Ⅱ」でヒットしたもののみにもとづいていますので（しかもこのデータベースには問題点が多く、特に音楽活動研究には難があることについては、津上智実「朝日新聞に見るピアニスト小倉末子～音楽家研究とデータベース」、『神戸女学院大学論集』第六十巻二号、二〇一三年、一三一～一四六頁を参照）、今後、他の新聞やメディアの調査が進めば、さらにその実態が明らかになるものと期待されます。たとえば、一九三四年八月五日付紙面の「朝の子供の時間」は「解説つきで管弦楽」と題して、「今月から月に二回位づつ子供の時間に管弦楽を放送しますが、そのうち一回はわかり易い解説をつけて（関屋のをぢさんがするはず）有名な音楽を紹介して行きます」と謳っていて、その実態がどうであったのか、今後の解明が待たれます。「関屋のをぢさん」とは、当時「子供の時間」で人気のあったお話し役の関屋五十二《いそじ》（一九〇二～一九八四）のことです。

また、「『解説付管弦楽』日響（指揮　篠原正雄）解説・弘田龍太郎［一八九二～一九五二］」という写真（**図10**）が残されており、それをよく見ると客席にはたくさんの子どもがいて、舞台下には数人立っている子どももいます。ある時期から「子供の時間」が公開収録されて、客席で生のオーケストラ演奏を聴くことができた子どもたちがいたことがうかがわれます。

♪ 青少年交響楽鑑賞会

エロイーズ・カニングハム（Eloise Cunningham）（一八九九～二〇〇〇）の「青少年交響楽鑑賞会（Young People's Symphony Concert Association）」は、日本の子どもたちにオーケストラの生演奏を聴かせる最初の組織立った取り組みと位置づけられます。

『エロイーズ・カニングハムの家』（白水社、二〇〇五）を書いた下重暁子によれば、エロイーズは一八九九年にアメリカのペンシルヴェニア州に生まれ、宣教師の両親に連れられて二歳で来日し、十七歳で帰米して高等教育を終えた後、二八歳で再来日し、アメリカン・スクールや学習院、東洋英和女学院などでピアノや英語を教えました。日本の子どもたちがオーケストラを聴いた経験がないことに驚き、そのような場を作ることに生涯にわたって情熱を注いだ人物です。

第一回演奏会は一九三九年（昭和十四）六月十七日、日比谷公会堂で「若き人々のための交響楽演奏会」と銘打って開かれました。演奏は新交響楽団、指揮は齋藤秀雄（一九〇二〜一九七四）、「会員券、八十銭に均一（税共）」でした（図11・12）。朝日新聞の記事「青少年へ音楽の贈物」（一九三九年六月十八日付）は、「青少年の情操教育に資すると共に交響楽鑑賞の機会を与えようと先に黒田清伯を名誉会長として結成された青少年交響楽鑑賞会では十七日午後二時半から日比谷公会堂で新交響楽団による第一回演奏会を開催、都下の男女中等学校生徒を始め各国大使館員家族、アメリカンスクール生徒等約三千名参集、円舞曲〝碧きドナウ〟や〝未完成交響楽〟の演奏に楽しい半日を過した」（図13）と伝えています。

翌年九月の同紙の記事「会衆一同へ音楽する試み、青少年交響楽鑑賞会」（一九四〇年九月二五日付）は、「参会希望者激増のため、今秋より同一プログラムにより二日づつ連続公演を行ふことになり……今回は特に新しい試みとして、従来の演奏鑑賞を更に一歩進めて聴衆各自に『音楽する』ことを経験させるため、ベートーヴェンの不朽の大作『第九』第四楽章中の『歓喜に寄する頌』を津川主一氏の指導で会衆一同に合唱せしめることになった」と伝えていて、この試みがどれほど歓迎されたか、また早くも聴衆参加型とされていることがわかります。

図11 「若き人々のための交響楽演奏会」（1939年６月17日，日比谷公会堂）

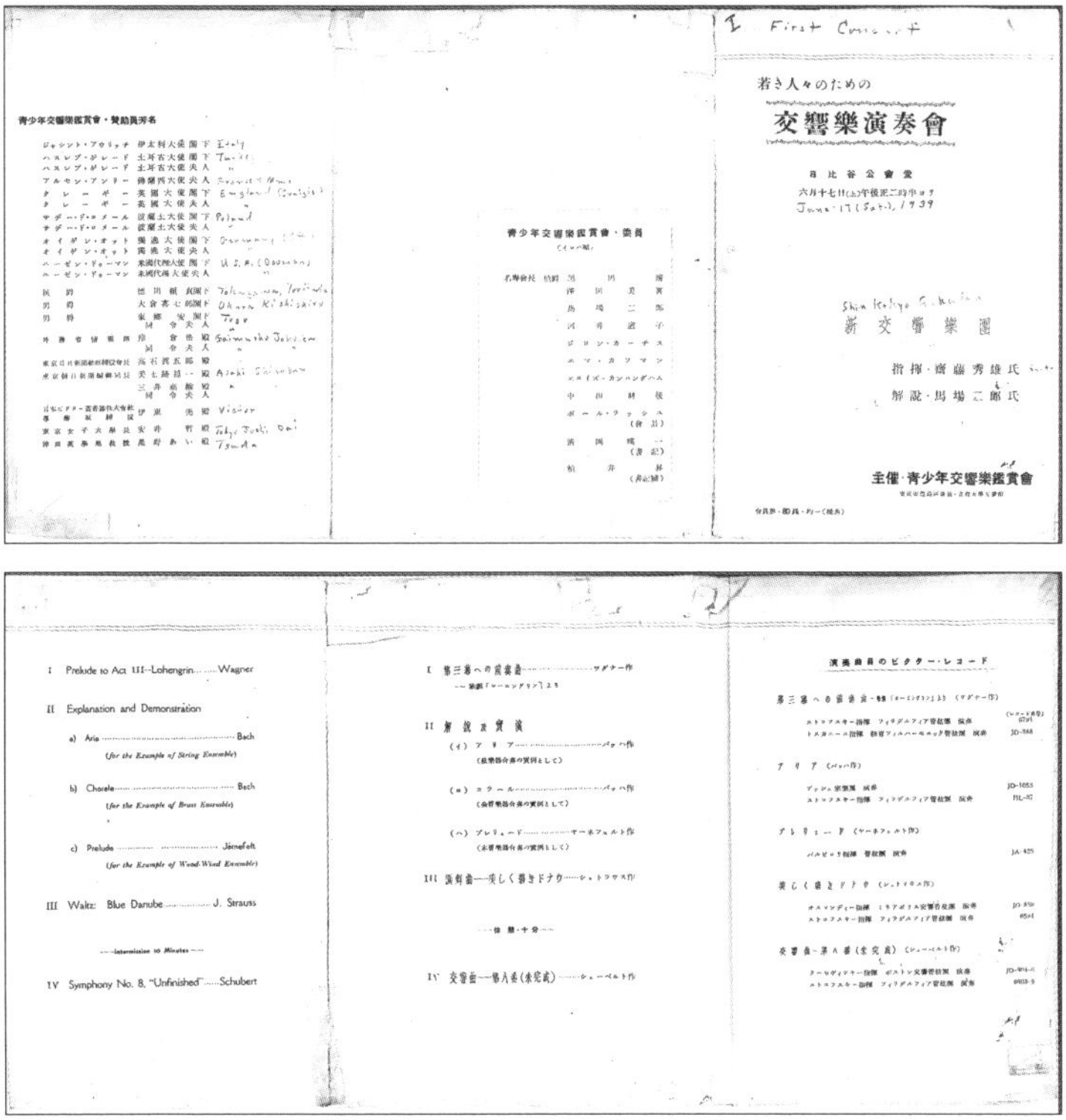

I First Concert

若き人々のための

交響樂演奏會

日比谷公會堂

六月十七日(土)午後第二時半ヨリ

June 17 (Sat.), 1939

新交響樂團

指揮・齋藤秀雄氏

解説・馬場二郎氏

主催・青少年交響樂鑑賞會

青少年交響樂鑑賞會・委員

青少年交響樂鑑賞會・賛助員芳名

I 第三幕への前奏曲……ワグナー作

――樂劇「ローエングリン」より

II 解說及實演

（イ）アリア……バッハ作

（絃樂器合奏の實例として）

（ロ）コラール……バッハ作

（金管樂器合奏の實例として）

（ハ）プレリュード……ヤーネフェルト作

（木管樂器合奏の實例として）

III 圓舞曲――美しく碧きドナウ……シュトラウス作

――休憩・十分――

IV 交響曲――第八番（未完成）……シューベルト作

I Prelude to Act III--Lohengrin……Wagner

II Explanation and Demonstration

a) Aria……Bach

(for the Example of String Ensemble)

b) Chorale……Bach

(for the Example of Brass Ensemble)

c) Prelude……Järnefelt

(for the Example of Wood-Wind Ensemble)

III Waltz: Blue Danube……J. Strauss

---Intermission 10 Minutes---

IV Symphony No. 8, "Unfinished"……Schubert

演奏曲目のビクター・レコード

図12（中・下）「若き人々のための交響楽演奏会」のプログラム（1939年６月17日，日比谷公会堂）

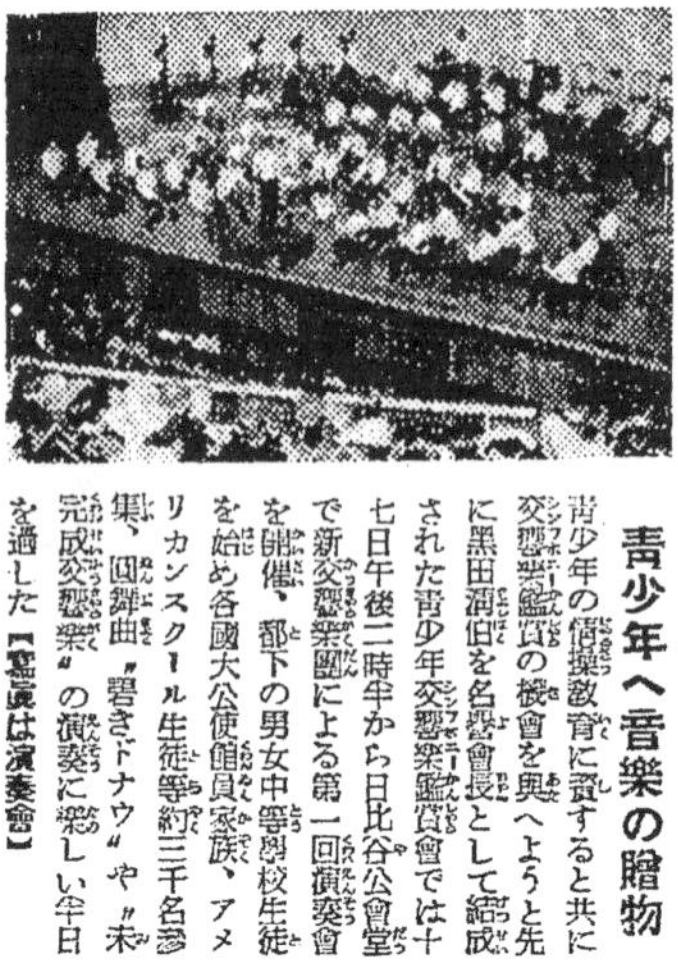
青少年へ音樂の贈物
青少年の情操教育に資すると共に交響樂鑑賞の機會を與へようと先に黒田清伯を名譽會長として結成された青少年交響樂鑑賞會では十七日午後二時半から日比谷公會堂で新交響樂團による第一回演奏會を開催、都下の男女中等學校生徒を始め各國大公使館員家族、アメリカンスクール生徒等約三千名參集、圓舞曲〝碧きドナウ〟や〝未完成交響樂〟の演奏に樂しい半日を過した【寫眞は演奏會】

図13　「若き人々のための交響楽演奏会」の様子を伝える朝日新聞の記事（1939年6月18日付）

その後、第二次世界大戦による中断といった困難を乗り越えて、終戦後に再来日したカニングハムは協会を復活させ、「青少年シンフォニーコンサート」と銘打った再開第一回コンサートを一九四八年（昭和二三）九月二五日に日比谷公会堂でおこないました（**図14**）。山田和男（一雄）指揮の日本交響楽団（新交響楽団が改名）の演奏、解説馬場二郎、曲目はベートーヴェンの交響曲第五番《運命》で、ＮＨＫから公開放送になりました。下重暁子は「六年生だった私もかすかに記憶に残っているが、このときラジオでオーケストラの演奏に接して感動した人は数知れない。この放送に感動して音楽家になった人も多いという」（八一頁）と記しています。

翌年のＮＨＫ交響楽団発行『フィルハーモニー』第二一巻八号（一九四九年九月号）に、東京芸大学教授の鳥居忠五郎（一八九八～一九八六）が書いた「青少年シンフォニー・コンサート」という記事があります（四三～四六頁）。

現在毎月最後の土曜の午後一時から日比谷公会堂で青少年シンフォニーコンサートの集り

が開かれているがこれに出席を希望する学校は、七月現在百二十校八千人の多数に達している……個々の楽器とその独特の音色について説明を加え、又楽曲のテーマを演奏前に部分的に解説して聞かせたりする。又聞くだけでなく、全会衆がオーケストラを伴奏として一緒に楽しく合唱する時間ともしている……毎月最後の土曜日の演奏曲目の解説は、それに先立って毎週火曜日の午前十時二十分から中学校高等学校の音楽鑑賞の学校放送として全国に中継されている。このような二段構えの学校放送企画はアメリカにもない日本独特のもので、方法としては理想に近いものである。

この記述から、このコンサートの人気の高さ、プログラムの多面的な工夫、学校放送と結んだ事前学習の充実と先駆性がよく伝わってきます。

一九六一年には「青少年音楽協会」として社団法人化され、その記念コンサート（十月二一日、東京共立講堂。**図15**）では渡辺暁雄指揮の日本フィルハーモニー交響楽団によって、「バーバー作曲『悪口学校序曲』、ガーシュイン作曲『ラプソディ・イン・ブルー』、小山清茂作曲『管弦楽のための木挽唄』、芥川也寸志作曲

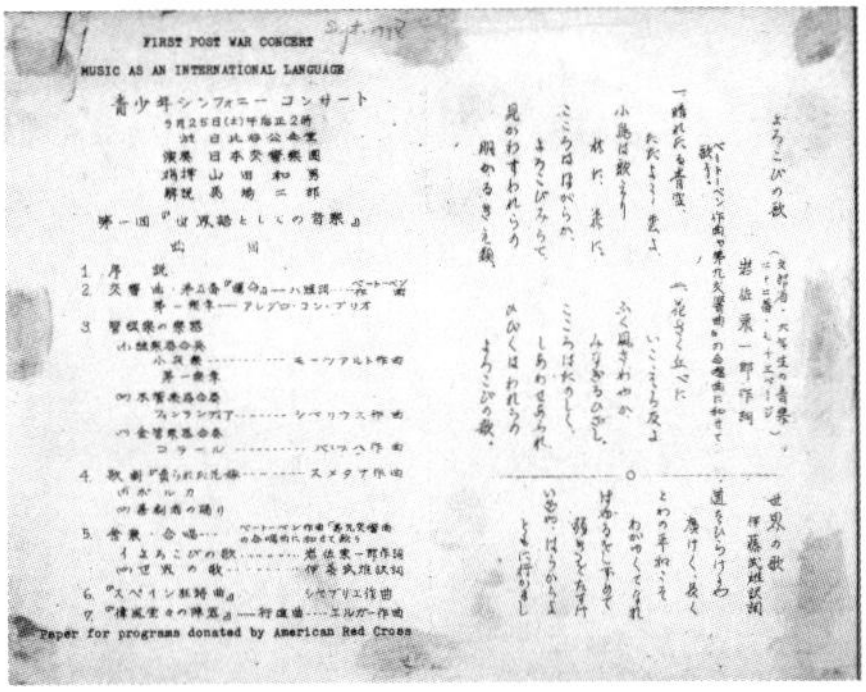
FIRST POST WAR CONCERT
MUSIC AS AN INTERNATIONAL LANGUAGE
青少年シンフォニー コンサート
Paper for programs donated by American Red Cross

図14　戦後第１回公演となった「青少年シンフォニーコンサート」のプログラム（1948年９月25日，日比谷公会堂）

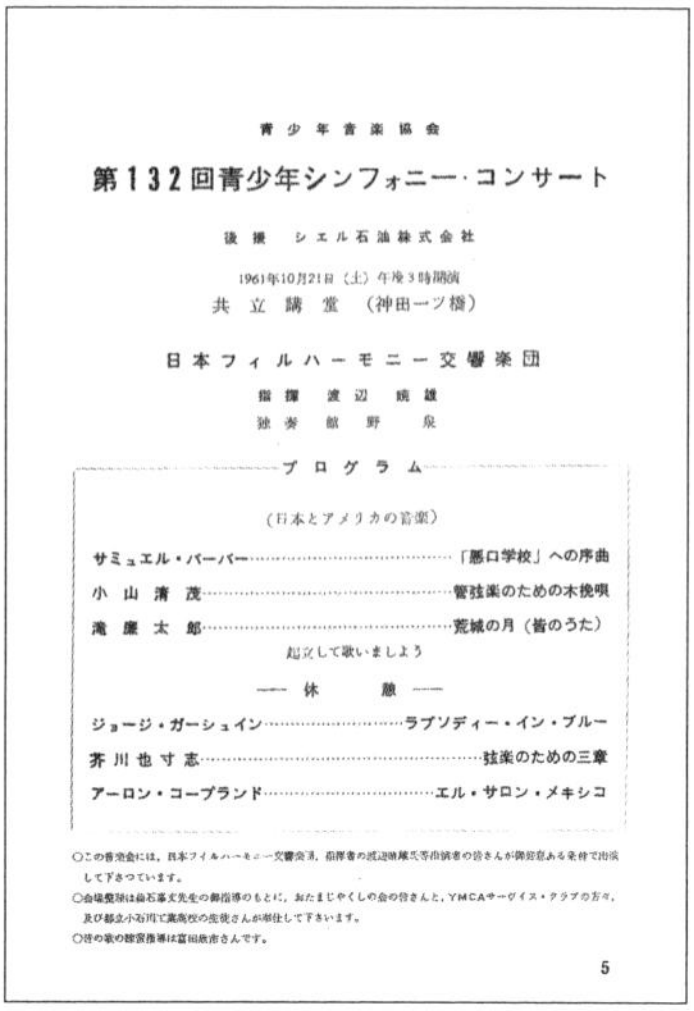

図15　社団法人化の記念コンサートのプログラム（1961年10月21日）

『絃楽のための三章』その他日米の作曲家の作品を演奏、フジテレビで中継されるほか、東京の姉妹都市ニューヨークでも青少年のためのコンサートとしてアメリカ全土に紹介する計画を進めている」と報じられています（朝日新聞、一九六一年十月十三日付）。

一九六四年（昭和三九）の二五周年記念演奏会はシリーズ第一五一回で、戦後の参加者数は三六万五〇〇〇人以上、新人リサイタルも一三五回を数え、二百人以上の新人に演奏の機会を与えたといいます。そのなかには、中村紘子《ひろこ》、海野《うんの》義雄、外山滋《とやましげる》、小林道夫、友竹正則、黒沼ユリ子、徳永二男《つぎお》、フジコ・ヘミング、潮田益子《うしおだますこ》、前橋汀子《ていこ》らが含まれます（下重暁子、前掲書、九七頁）。

エロイーズは米寿を迎えた一九八七年（昭和六二）に叙勲（勲四等瑞宝章）されましたが、これについて戦後最初にＮＨＫでエロイーズの「青少年のためのコンサート」を放送した増井敬二は、次のように記しました（同書、一五八～九頁）。

女史は文化の乏しかった戦前の日本で、青少年にナマのオーケストラの演奏を聞かせることが何より有用と考え、独力で青少年のための音楽会開催を始めた。一般にはまだオーケストラがめずらしかった昭和十四年から、紆余曲折はあったが四十数年後の今日まで、この地味でしかも大切な事業を自分の一生の仕事として、私財もなげうって万難を排し、変わらずに続けてきたのである。／後援者を募って基金を集め、低廉な入場料で、青少年向けのよい音楽を聞かせるというのが基本の事業であるが、女史はこの仕事をはじめるにあたり、わざわざアメリカに行って特別の専門教育を受けている。単なる社会事業としてだけでなく、真剣に日本の音楽教育に取組んできたのであって、我が国における過去の状況と今日の音楽の隆盛を考えれば、女史のこれまでの苦労と、その業績の大きさがわかるだろう。／女史が運営している青少年音楽協会が、昨年度までに開いたシンフォニー・コンサートの総数は二百十回、ほかのコンサートが二百五回、オペラ・バレエが四十二回あり、また特に新人音楽家として紹介した二百二名の大部分が、今日の日本を代表する音楽家として、世界の第一線で活躍している。

エロイーズ・カニングハムが二〇〇〇年（平成十二）に一〇一歳で没した後も、E・カニングハム記念一般社団法人青少年音楽協会（Music For Youth, Inc.）として活動が続けられています。協会のホームページ（http://www.mfy.or.jp）には、「音楽は心の栄養です」というエロイーズの言葉が掲げられ、「視覚障害者を含むあらゆる国籍の若い人達の人生を、すばらしい音楽を通して、豊かにすることに献身しています」と謳われています。

♪ 群馬交響楽団の移動音楽教室

群馬交響楽団は、日本で音楽鑑賞教室を創始した先駆的なオーケストラとして知られる存在です。戦後わずか三カ月で高崎市民オーケストラとして出発した群馬フィルハーモニーオーケストラ（一九六三年に群馬交響楽団と改称）は、一九四七年にプロ化して「移動音楽教室」を開始しました。

その経緯について、草刈津三《しんぞう》は『私のオーケストラ史――回想と証言』（音楽之友社、二〇〇四）で次のように回顧しています。

次に、高崎に群馬フィルハーモニー（現群響）が、関響〔関西交響楽団〕と同じ一九四七年に発足している……このオーケストラの丸山勝廣マネージャーに紹介され協力を命じられた……丸山さんは、まったく楽器はやらず音楽もあまり知っているとはいえなかったが、この高崎のアマチュア音楽家のまとめ役で、アイディアに富み、実行力のある情熱家であった。学校の音楽鑑賞教育といえば、今では、文部省でも、どこの地方自治体でも当たり前のことになっているが、当時は、役所や学校はもちろん、音楽家でさえ、オーケストラと子どもたちを結びつけて考えることに、気づく余裕がなかった。ところが丸山さんは、気づいたのである。そして移動音楽教室と称して、県下の小中学校をオーケストラで巡回することを考えたのである。もちろん、役所や学校ではなかなか理解されなかったが、持ち前の熱心さで次第に軌道に乗せて行く。／創立当時、群馬フィルは、レベル的にアマチュアの域を出なかったが、こういった特定の事業をおこなうことを目的として、地方自治体と接触をもち、幾多の困難を克服して成長していったことは誠にユニークで見事である。私たちも、高崎に行くと小型トラックの荷台に乗って県下の学校を廻ったものだった。／この丸山さんたちの苦労の話は、のちに映画『ここに泉あり』で報われることになり、群馬フィルの真のプロ・オーケストラとしての躍進の原動力となるのである。映画は一九五五年に全国で封切られ、群馬フィルの名は全国に知られることとなった。（五八～五九頁）

群馬交響楽団の生みの親で長らくマネジャーを務めた丸山勝廣《かつひろ》（一九一四～一九九二）は、その著『愛のシンフォニー——群馬交響楽団の38年』（講談社、一九八三）で、移動音楽教室の印象深い経験を語っています。とある山間部の会場に行ってみると、楽屋の屋根は抜け落ち、畳《たたみ》はぼろぼろで驚いたが、「しかし、生徒は本当に熱心にきいてくれた。最初の演奏が終わって外に出ると、分教場に帰る生徒がならんでいる。見ると腰に弁当を下げている……分校の子供たちで何里もの道、それも熊の出る道を歩いてきたという」（五二頁）、「忘れ得ぬこの日のでき事は、あの映画『ここに泉あり』の最も感動的なシーンに再現されている。分教場に帰る子供たちが遥かに歌う『赤とんぼ』、あれは利根郡新治村でのでき事である」（五三頁）というのです。

ＮＨＫが世紀の変わり目にあたって制作した番組『日本 映像の20世紀　第十一巻　群馬県』（ＮＨＫソフトウェア、二〇〇〇）でも、群馬県を代表する文化活動として群馬交響楽団が取り上げられています。そこでは丸山勝廣が、写真館経営でティンパニ担当から楽団マネジャーになった人物として紹介され、インタヴュー（一九八一年取材）で「毎日毎日もんぺはいて、暗い着物着てあったんが、音楽会だから、箪笥《たんす》の底から晴れ着を出してね、華やかに着飾って、女の人が集まりましたねえ。だから文化国家っていうより、やっぱり平和ってものはいいもんだなあと、私はそれを見てて、まざまざと実感しましたねえ」と述懐しています。移動音楽教室についても、「子どもが目を輝かせて聴き入っていたり、帰りにはいつまでも手を振ってくれたりするたびに喜びや誇りをもてた」とアナウンサーのナレーションで語られます。

しかし、草刈津三が前掲書で、「聴衆がオーケストラを作る……意味では、学校教育の一部として組み込まれた『音楽教室』では、子どもたちは、強制され選択肢を持たず聴衆たり得ないところがある」（二四一頁）と指摘しているように、音楽鑑賞教室には構造的な問題がありました。聴き手が主体的に聴かないかぎり、聴衆は聴衆たりえず、強制的に聴かされることによってかえって主体的に聴く姿勢を殺《そ》がれる場合があるという問題です。この点は、第1章で大友直人さんも自分自身の経験として語っているところです。子どもたちは、集めただけでは聴衆にはなりません。そんな子どもたちをいかにして聴衆ならしめるか、主体的に聴くことによって充実した時間をもてるようにするか、そこに音楽鑑賞教室の成否がかかっています。

群馬交響楽団は、その後、一九五〇年（昭和二五）には群馬県と高崎市からの補助金を、一九六一年には文部省から芸術団体としては初の補助金を得て、移動音楽教室を推し進めます。この活動は今も続けられています。具体的には、群馬県教育委員会との共催で、小中学校を対象とした公演を年間約八十回おこない、県内をくまなく回っているので、群馬県の子どもたちは三年に一度は必ず群馬交響楽団の演奏を聴くことができるかたちになっているのです。

♪ 東京朝日新聞文化事業団の音楽教室

戦後すぐにおこなわれた音楽鑑賞教室として、もうひとつ、指揮者の近衛秀麿（一八九八〜一九七三）によるものがあります。群馬交響楽団の場合と違って、こちらはあまり知られていないので、少していねいに紹介しておきましょう。まずは『教育音楽』第八巻十二月号（一九五一）に近衛が書いた「子供たちとオーケストラ」という記事から抜粋して掲げます（九三〜九四頁）。

元来、教育とは縁故の薄い私が小学や中学の学生の為に、管弦楽の指揮をしたり、その上、楽曲や楽器の解説までするることがあろうとは、終戦前には考えたこともない訳でした。それが、幼い学生の為の『音楽教室』（仮名が今日まで呼び名になっている）が企画、実行されてから、もう三年の間に数百回、日本の全国に亘って百万人近くも動員したらうと思う……始［ママ］めて聴く木管楽器の美しい和音やティンパニーのトレモロなどに見張る子供達の目、こんな純な美しいものは、私は他にないと思います。私はいつもそのまなざしで自分達の魂の中まで潔められるような気がします……丁度三年前に、東京朝日新聞の文化事業団の後援の元に、都下の小中学校の遍歴を始めたのが、今日の強力な組織化と隆盛を見るに至ったことには私はささやかな誇りと喜びを感じています……殆ど二管編成と選り抜きの絃楽部とからなる二十六人の小オーケストラですが、極く良心的に編曲と充分の練習をしたので、そうはずかしくない、美しい音がしていました。純真な児童にこそ、キズのない完璧なものを聴かせなくてはいけないという我々の主張は確かに正しかったと思います……私達がこの仕事をして見て、最も意外に感じたのは我々を迎えて音楽を楽しむ児童達の態度が遠隔の地に行けば行く程真剣で且つ純粋であることです。それで、何故我々がバスも通わないような信州伊那や木曾の山中や、佐渡島の奥や青森県や山口県の隅々までを喜んで出かけたかがお分かりになると思います。

ここで近衛は、小さい編成ながらも腕の立つ演奏者を集めたオーケストラを率いて、北は青森県から南は山口県まで、佐渡といった島々も含めて、津々浦々を演奏旅行して回ったこと、その際、「純真な児童にこそ、キズのない完璧なものを聴かせなくてはいけない」という信念をもって、「極く良心的に編曲と充分の練習」をして臨んだこと、自分たちの演奏に「見張る子供達の目、こんな純な美しいものは……他にない」「そのまなざしで自分達の魂の中まで潔められるような気が」したことを述べています。

近衛秀麿のこの活動については、朝日新聞に「都内巡回『音楽教室』」という告知（一九五〇年九月二四日付）があり、入場料は小中学生二十円、高校生三十円、一般五十円で、会場は「都内各区の学校講堂（収容人員千名以上）」「一日一会場で三回（午前九時、正午、午後二時半）の三回公演があり、主催は朝日新聞文化事業団、東京都教育団の後援により、第一回演奏は「二十五日、豊島区純文字高校講堂」で「各学校は鑑賞希望者をまとめ、当該区役所を通じて本団へ申し込んで下さい」とあります。

同じく朝日新聞の告知記事「特別音楽教室」（一九五一年四月八日付）では、四月十三日に日比谷公会堂でおこなわれる近衛秀麿指揮「音楽文化研究所所属楽団」の演奏会について、「曲目『スペードのクイーン』（ズッペ曲）『交響曲第四十一番ハ長調（ジュピター）』（モツアルト曲）『交響曲第八番ロ短調（未完成）』（シューベルト曲）『エグモント序曲』（ベートーヴェン曲）」に加えて「ほかに近衛氏の『オーケストラの話と楽器の解説』があります」と謳われています。

この時期、近衛秀麿は「音楽文化研究所」を設立して、オーケストラによるエデュケーション・プログラムに熱心に取り組んでいたことがうかがわれます。

近衛秀麿については、近年ようやく再評価が始まって、二〇〇六年に大野芳《かおる》『近衛秀麿——日本のオーケストラをつくった男』(講談社)が、二〇一四年には藤田由之《よしゆき》編『音楽家 近衛秀麿の遺産』(音楽之友社)が出版されました。前者では、近衛の作った「エオリアン・クラブは定期公演の合間に地方の小中学校や公民館などを回った。朝日新聞社の後援だから、演奏先の確保は容易だった。また『近衛』の名が放つ威光は、相変わらずだった。演奏会には知事や市長が出席し、終われば宴会である。食糧の乏しい時期、楽員たちは白米のごはんをたらふく食べたうえに、食糧を仕入れて帰るのである」(三六〇頁)と、また後者では「地方の小中学校や公民館などを回って演奏と近衛自身の音楽解説による『音楽教室』を行い、地方における西洋音楽の普及に力をそそいだ」(八六頁)と言及されていますが、それ以上の記述はありません。ここでも音楽家としての活動のメインは通常公演や海外公演、あるいは海外からの有名な来日演奏家との共演であって、教育的活動には紙幅が割かれてはいないという実態が明らかに見て取れます。

もっとも、同じような傾向は欧米の指揮者の場合にもみられます。たとえばセオドア・トマスの短い自伝では、「一八八三年から八四年の冬、多くの演奏会がニューヨークで開かれた。フィルハーモニック協会による演奏会に加えて、そのなかには青少年のための演奏会シリーズや、日曜の午後の労働者のためのシリーズがあった」と一言述べているだけで、それ以上、青少年コンサートについての記述はありません（セオドア・トーマス『すべての人々に交響楽を』津村光洋訳、今井出版、二〇一三、一〇一頁）。

なお、大野芳が指摘しているとおり、近衛はエオリアン・クラブを作ると同時に『オーケストラをきく人へ』と題した入門書を書き始めました。これは「楽器の名称と音の表現から世界の音楽家の紹介まで、初心者向けの啓蒙書」（三六〇頁）で、一九五〇年に婦人画報社から初版が出され、その後何度も版を重ねました。その「まえがき」に近衛は、「新しい若い聴衆層のために『オーケストラの聞き方』とでも題する、ほんのささやかな趣味の読物を、一冊書いてみようと思っていました……そこで、まずは中学校の生徒くらいを対象に『オーケストラの話』でも書くつもりで、じつは筆をとりはじめたのでした」と記しています。

♪ 日本フィルハーモニー交響楽団の「夏休みコンサート」

戦後の主だった取り組みから、次に日本フィルハーモニー交響楽団（一九五六年創立）の「夏休みコンサート」を取り上げます。これは、例年七月下旬から八月上旬にかけて首都圏の一都三県でおこなわれている主催公演シリーズで、一九七五年（昭和五十）に「親子コンサート」の名称で開始されました。スタート時の経緯について、当時の専務理事の田邊稔は、「『子どもだから』『飽きないように』などの議論もしたが、音楽として中途半端なコンサートには抵抗があった。そこで、美しく言えば、『子どもの感受性と音楽のもつ力を信じよう』という方向になり、ベートーヴェンの五番全曲をぶつけてみようということになった」が、実際にやってみると「子どもたちは寝ないで聴いていた。本物の力に自信をもった」と一九九八年（平成十）のシンポジウム「子ども・音楽・未来」で語っています（山岸淳子「日本フィルハーモニー交響楽団の『夏休みコンサート』三十五周年（A）」静岡芸術大学文化政策学部准教授　中尾知彦「アーツ・マネジメント・プログラムのカリキュラムに関する研究②」教材、二〇〇九年、四頁）。「子どもの感受性と音楽のもつ力を信じよう」という表現は印象深く、心に残ります。

日フィルの「夏休みコンサート」は四歳から高校生までを対象とするもので、その趣旨は次のとおりです。

フル編成のオーケストラが奏でる芸術性の高い音楽を、音響のよい身近な会場で多くの子どもと家族に聴いていただく。その〈豊かな感動〉の経験が、とりわけ子どもの人格形成によい影響をおよぼすことを期待するとともに、このコンサートを継続的に開催することにより、音楽を日常的に楽しむ習慣の定着、ひいては音楽文化の発展に寄与することを目指す。

二時間弱のコンサートは三部で構成され、第一部はクラシックの名曲をオーケストラで楽しむ「これがオーケストラだ！」（知識・鑑賞）、第二部はさまざまなジャンルとのコラボレーションで「見て聴く、深く聴く」（鑑賞）、第三部は歌のお姉さんのリードで日本の歌からポピュラー・ソングまで、三世代がともに歌える聴衆参加の「みんなで歌おう」（参加）コーナーで、ひとつのコーナーは四十分を超えないように工夫されています。

コンサートの事前プログラムとして、「オーケストラたんけん」（二〇〇四年開始）と「絵画コンテスト」（二〇〇八年開始）の二種があり、前者では二〇〇九年の場合、「プレ・コンサート」（室内楽による短時間のお話つきコンサート）、「バレエ・ダンサーに会おう」（バレエ体験とミニ・レクチャー）、「楽器体験」（楽員の指導による数種の楽器演奏体験）の三種がおこなわれました。終演後には「こんだん会」（指揮者、歌のお姉さん、コンサートマスターをはじめとする楽団員が子どもからの質問に直接答えるコーナー）と、即売コーナー脇での楽団員による「サイン会」も実施されました（同書、二頁）。

社団法人日本オーケストラ連盟の『日本のプロフェッショナル・オーケストラ年鑑二〇〇八』（二〇〇九）によれば、加盟二九団体中、エデュケーション・プログラムの専門部署を置いているのは日フィルのみであり、それだけ本腰を入れて取り組んでいるといえます。

今年（二〇一五年）、日フィルの「夏休みコンサート」は四十周年を迎えました。楽団のホームページには、「これまでに延べ百十万人を超える子どもと家族にクラシック音楽への『入門編』として愛され、子どもたちがオーケストラの楽しさに触れる機会を広げてきました」と記されています（http://www.japanphil.or.jp/community/summer/index.html、二〇一五年六月二十日閲覧）。定評ある夏の風物詩として、四十年目の今年もたくさんの子どもたちが集ったことでしょう。

♪ 近年の動向

近年の動向を、二〇〇九年（平成二一）十月に作成された報告書「日本のオーケストラと教育プログラム関連年表」（山岸淳子作成、静岡文化芸術大学平成二一年「アート・マネジメント研究（二）」報告書、十九頁）によりながら見渡してみましょう。それによると、一九六五年（昭和四十）に東京都交響楽団が創立された際、見直しの議論が起こって、都は「青少年への音楽文化の普及」を楽団の目的と位置づけ、音楽鑑賞教室を年九十回開催しました。一九九九年（平成十一）には読売日本交響楽団が「驚きの博物館」を、二〇〇〇年にはNHK交響楽団が「イケるジャン！　クラシック――若者のためのコンサート」（対象は中高生以上、二五歳以下）を、新日本フィルハーモニー交響楽団が親子コンサート「オーケストラから飛び出すモンスターたち」シリーズを開始し、二〇〇二年にはチョン・ミョンフン指揮による東京フィルハーモニー交響楽団の「こども音楽・館」と、大友直人指揮による東京交響楽団＆サントリーホールの「こども定期演奏会」とがスタートしました。二〇〇七年にはミューザ・サマーフェスタで子ども向けプログラム「こどもフェスタ」が開始されています。このように「オーケストラが主催もしくは主導する、子どもを対象としたコンサートや各種プログラムは、一九七五年以降徐々に、とりわけ二〇〇〇年以降は急速に増加」し（五頁）、「中でもサントリーホールの『こども定期演奏会』（東京交響楽団との共催、二〇〇二年開始）は、子どもを対象とした初めての定期演奏会として広く話題を呼び、オーケストラにおける子どもの市場は一気に加速した」（六頁）と位置づけられています。

このほか、京都市交響楽団も一九九四年（平成六）から「夏休み親子コンサート」を自主公演としておこない、加えて「ふれあいコンサート」（初めは「巡回コンサート」の名称で開催）を楽団創設の一九五六年以来、毎年おこなうとともに、音楽鑑賞教室も年間二四公演程度をおこなっています。公立の交響楽団として地域への貢献が強く求められていることがわかります。二〇〇三年に「こどものためのコンサート」を開始し、二〇〇四年には市内各文化会館を巡回する「みんなのコンサート」をリニューアルして、「対象年齢とテーマが異なる三つの魅力あふれるプログラム」として、「キッズ向き：〇歳から会場にお入りいただけます」と「ティーンズ＆ヤング・アダルト向き：四歳から入場できます」と「ファミリー＆シニア向き：六歳から入場できます」の三種とするなど、新企画をつぎつぎと打ち出してきました。

九州交響楽団は、九州電力の提供による親子のためのコンサート「九電ふれあいコンサート」を一九八五年（昭和六十）から毎年夏休み期間中に、九州各地八カ所で開催してきました。企業メセナによる息の長い活動として特筆されるべき「九電ふれあいコンサート」も、三・一一後の厳しい状況によって、二〇一七年でその歴史の幕を閉じたのは惜しまれます。

♪ 文化庁による教育プログラム

こうした個々の団体による取り組みのほかに、国による組織的な取り組みが地道に積み上げられてきていることにも言及しておく必要があります。

現在、文化庁の「文化芸術による子供の育成事業」のひとつとして「巡回公演事業」が、全国を十ブロックに分割し、十四の公演種目（合唱、オーケストラ、音楽劇、児童劇、演劇、ミュージカル、バレエ、現代舞踊、歌舞伎、能楽、人形浄瑠璃《じょうるり》、邦楽、邦舞、演芸）を割り振って実施されていますが、この取り組みは一九六七年（昭和四二）に開始された十四歳から十九歳向けの「青少年芸術劇場」に遡ります。赤木舞の研究ノート「音楽分野の教育プログラムに関する一考察——文化庁『次代を担う子どもの文化芸術体験事業』を中心に」（『音楽芸術マネジメント』第六号、二〇一四、八七～九二頁）に「文化庁による教育プログラムの経緯」という簡潔なまとめがあり、そこにわかりやすい表がありますので、転載します（同、八八頁。**表8**）。

表8　文化庁による子どものための教育プログラムの経緯

開始年度	事業名	対象
1967（昭和42）	青少年芸術劇場	14–19歳
1971（昭和46）	移動芸術祭	実施地域の子ども
1974（昭和49）	こども芸術劇場	10–13歳
1984（昭和59）	中学校芸術鑑賞教室	中学校
2002（平成14）	本物の舞台芸術体験事業	小・中学校，特別支援学校
2010（平成22）	子どものための優れた舞台芸術体験事業	小・中学校，特別支援学校
2011（平成23）	次代を担う子どもの文化芸術体験事業	小・中学校，特別支援学校
2014（平成26）	文化芸術による子どもの育成事業	小・中学校，特別支援学校

このように文化芸術団体を派遣して全国の子どもたちに実演に接する機会を与えるという取り組みが、一九六七年から継続的に積み重ねられてきています。今年度（二〇一五年度）も、北は札幌交響楽団から南は沖縄歌舞劇団美までの一〇八の団体による巡回公演が予定されており、オーケストラに限っても、全国十のブロックで十八団体による二九八公演がおこなわれることになっています（http://www.bunka.go.jp/seisaku/geijutsubunka/shinshin/kodomo/yume_art/pdf/h27_kaisaiko_ichiran.pdf）。この取り組みも二〇一七年（平成二九）には創設五十周年を迎えます。それを機に、大規模な検証と総括がおこなわれるものと期待されます。

♪ まとめ

宮廷や劇場から管弦楽が発達したヨーロッパでは、社交の場は大人の世界として確立され、子どもは伝統的に排除されてきたという背景もあって、「子どものためのコンサート」が成立するのはむしろ遅く、アメリカからの刺激によってスタートした事例がほとんどです。

いっぽう、新大陸のアメリカでは、オーケストラは最初から市民のものとして生まれ、その市民に子どもを含めるという発想が早くから芽生えて、実行に移されました。なかでもバーンスタインとニューヨーク・フィルの「ヤング・ピープルズ・コンサート」は、テレビ放送と結びついて大きな影響を与えました。アメリカでは「国民的な名物番組となり、テレビのコメデ

図16　チャールズ・M. シュルツの漫画『ピーナッツ』にもバーンスタインへの言及がみられる（以下，大意）。
ルーシー（L）「いつもいつもベートーヴェンばっかり！　ベートーヴェンって本当はそれほど大したことなかったって思うわ，友達もいなかったのよ」
シュレーダー（S）「それ，どういう意味？」
L「ベートーヴェンが友達とゴルフしたって読んだことある？　え？　どうなの？　一緒にゴルフしなきゃ友達じゃないでしょ。ベートーヴェンが友達とゴルフしたって聞いたことある？　いいえ，ないわよね！」
S「もうとても耐えられない」
L「……レナード・バーンスタインは友達とゴルフしたことあるかしら？」

ィ番組でパロディの的にされたり、漫画『ピーナッツ』にとりあげられたりして不朽の名声を得ることになる。コンサートの模様をおさめたフィルムは十二カ国語に吹き替えられて四十カ国で放映され……ハンガリーでは『青少年コンサート』はハンナ＝バーベラのアニメ『強盗天国／原始家族』に迫る人気番組で、西部劇の『ボナンザ』を視聴率で上回るほどだった」といいます（ハンフリー・バートン『バーンスタインの生涯（下）』棚橋志行訳、福武書店、一九九四、三六頁。**図16**）。

アメリカでは現在、「教育／地域プログラムは定期公演と並ぶ活動の柱の一つであり、地方都市にある事業規模が小さいオーケストラであろうとも欠かすことのできない活動と位置づけられている」とされます（赤木舞「プロオーケストラの教育／地域プログラムにおける一考察――ヴァージニア交響楽団の事例研究を通して」、昭和音楽大学『研究紀要』第二九巻、二〇一〇年、三七頁）。

日本では、戦前のオーケストラ運動は「本物志向」が強く、エデュケーション・プログラムは後手にまわった感が強いのですが、ラジオ番組「子供の時間」ではシフェルブラットらの指揮で日本放送交響楽団をはじめとするオーケストラが出演する機会が設けられ、またエロイーズ・カニングハムの「青少年交響楽鑑賞会」が粘り強く継続されました。

戦後は、群馬交響楽団を嚆矢《こうし》として、音楽鑑賞教室に取り組むオーケストラが増え、なかでも東京都交響楽団の場合など、「芸術団体としてよりも子どもたちの教育に資する団体」として設立を認可されるという事態に立ちいたります。これは、エデュケーション・プログラムに取り組むことがオーケストラの財政基盤となり存在理由とされるケースが、アメリカのみならず日本でも出てきたことをものがたっています。

ちなみに、牛山充《みつる》によれば、東京交響楽団は「昭和二十六年〔一九五一〕二月以来青少年シンフォニー・コンサート協会主催の青少年のための交響楽演奏に毎月定期的に出演」して「交響楽の大衆化運動の先頭に立」ってきたという歴史を有しています。東京交響楽団は、エデュケーション・プログラムに早くから取り組んできた実績をもつオーケストラと位置づけることができます。さらに、一九七八年には「少年少女のための春休み・夏休みコンサート」を開始しており、これがのちの「こども定期演奏会」につながっていくことになります。

近衛秀麿は上述の『オーケストラをきく人へ』（婦人画報社、一九五〇）の「まえがき」に、次のように記しました。

この種の本は、ヨーロッパにはあまりないようです。三度の飯を節しても、オペラやコンサートは欠かすことのできない中欧や北欧の人たちには、こういう本の必要は全然ないのでしょう。しかし、音楽の新興国アメリカには、従来からも、また戦後の新刊書のなかにも『オーケストラ鑑賞の手引』といったようなものが数種あり、またイギリスでさえも小国民のための非常に親切な入門の小冊子がいく冊か出ているくらいなので、音楽の伝統、特にオーケストラに関する歴史を持たないわが国には『オーケストラをきく人のために』の書は当然なくてはならぬものだとさえ考えます。

近衛は欧米でのオーケストラ活動を広く見聞して、日本におけるオーケストラ活動を始動させた重要な人物であり、オーケストラ活動にとってのエデュケーション・プログラムの必要性と重要性を早くに見抜いていたものと理解されます。

ヨーロッパでは一九九〇年代後半から、日本では二〇〇〇年代から急速に増えてきた「子どものためのコンサート」は、オーケストラにとっても、その他の音楽家たちにとっても、今後ますます重要性を増していくことでしょう。こうしたエデュケーション・プログラムを、子どもたちにとっても音楽家たちにとっても意義深いものとするために、知恵を出し合うことが必要な時期に差し掛かっていると思います。

第4章 「こども定期演奏会」のプログラムはどのように作られていたのか

津上智実

真に語るすべを知る者がなくなれば、傾聴するすべを知る者もいなくなる道理である。

――テオドール・アドルノ『不協和音――管理社会における音楽』（平凡社、一九九八、十四頁）

この章では、「こども定期演奏会」のすぐれた点、学ぶべき点にはどのようなものがあるのかを考えます。演奏会はさまざまな要素が絡み合って構成され、ひとつの有機体を成しているため、個々の要素に分けるのはむずかしい面もありますが、できるだけ切り分けてみましょう。

♪ 累積的なプログラム構成

「こども定期演奏会」について、東京交響楽団のホームページには「二〇〇二年より年四回、サントリーホールとの共催で開催。指揮者、オーケストラ、サントリーホールのスタッフらがともにプログラムを企画しています。また、年度ごとに各演奏会の冒頭に演奏するテーマ曲やチラシに使うイラストを募集するほか、こどもレセプショニスト、こどもソリストも募集している参加型の演奏会です。子どもを対象とした『定期演奏会』としては日本初の試みであり、その企画内容と演奏により、各方面より高い評価をいただいております」と記されています(http://tokyosymphony.jp/pc/education/children.html)。

日本初の「子どもを対象とした定期演奏会」であることは、第2章と第3章でも触れましたが、単発のコンサートと違って「定期演奏会」には大きなメリットがあります。それは継続的かつ計画的に内容を積み上げていく「累積的なプログラム構成」が可能になることです。

「定期演奏会」は、たとえば大学オーケストラの定期演奏会のように、年に一度とか二度とか、その団体が時期を決めて定期的におこなう演奏会をさす場合もありますが、この場合、チケットはふつう一回ごとに単発で売られるため、聴衆は基本的に毎回入れ替わることになります。一度コンサートに来た人が、次のコンサートに来るかどうかわからないというかたちです。いっぽう、プロのオーケストラの場合のように、定期会員を募《つの》るタイプの定期演奏会では、その年の定期会員になった人は、年四回なら四回、すべての演奏会を聴くことが前提とされ、シーズン開始前に四回分のチケットをまとめて予約・購入することになります。「こども定期演奏会」の英語名が「Subscription Concerts for Children（子どものための予約演奏会）」とされているのも、そのためです。

東京交響楽団＆サントリーホール「こども定期演奏会」は年四回で組まれていますから、たとえば、一回目はハーモニー、二回目はリズム、三回目はスタイル、四回目はメロディというように、音楽の主要な要素を分けて順に組んでいくということができます。あるいは楽器別に「管楽器／打楽器／弦楽器／人の声」や「弦楽器／打楽器／木管楽器／金管楽器」としたり、音楽ジャンル別に「管弦楽曲／協奏曲／オペラとバレエ音楽／交響曲」としたり、さまざまな組み合わせで変化に富んだプログラムを組むことが可能になります。二〇〇五年度には「音楽のまち」という年間テーマのもと、パリ、ロンドン、ウィーン、サンクトペテルブルクとめぐり、その翌年度には「《音楽の国》——音楽の街めぐり」という年間テーマで、さらにイタリア、アメリカ、ドイツへと足を伸ばしました。「偉大なる作曲家」シリーズや、四季（春夏秋冬）と音楽の主要要素（メロディ、ハーモニー、リズム、スタイル）との組み合わせなどがあり、いずれにおいても一貫性と多様性が追求されています（詳細は巻末付録の**表1**を参照）。

なかでもベートーヴェンの交響曲第九番「合唱付き」を、一楽章ずつ春夏秋冬の四回（二〇〇三年度、第五回から第八回）に分けて演奏したのは「累積的なプログラム構成」の最たる例でしょう。これは年四回シリーズだからこそ可能なプログラム構成です（ちなみに、今でこそ交響曲や協奏曲は全楽章を通して演奏するのが普通ですが、昔は必ずしもそうではなく、各楽章のあいだに別の曲をはさんで演奏することもおこなわれていました。たとえばショパンのピアノ協奏曲第一番は、一八三〇年のワルシャワ初演の際、第一楽章と第二楽章のあいだに指揮者ソリバーが作曲した「合唱付きアリア」が歌われたことが知られています）。

これまでにも子どものための企画ですぐれた演奏会は多々ありましたが、このように計画的に積み上げていくプログラムを実現できたのは定期会員制ならではのことであり、「こども定期演奏会」で初めて可能になったこととといえます。一例を挙げれば、日本フィルハーモニー交響楽団の「夏休みコンサート」も毎年趣向を凝らして長年多くの聴衆に支持されてきていますが、やはりテーマをひとつの楽器群に絞りこむのはむずかしいでしょう。どうしても単発のコンサートとして、あるていどは総花的にならざるをえません。これは百年ほど前にエイドリアン・ボールトが指摘しているとおりです（第3章参照）。それに対して、もっと掘り下げたプログラム構成を保障するための枠組みとして定期会員制が活用されたのが「こども定期演奏会」です。

♪ 子どもの理解力に対する信頼――「子ども向け」でない作品の演奏

ベートーヴェンの第九交響曲もそうですが、「こども定期演奏会」ではいわゆる「子ども向け」でない作品が多数演奏されてきました。たとえば、マーラー（第十二回、第三三回）やショスタコーヴィチ（第十六回）、ラフマニノフ（第二七回、第四一回）やシューマン（第三一回）、エルガー（第三二回）らの交響曲、ブラームスの長大な変奏曲（第四四回）といった作品です。

一般に子ども向けのコンサートでは、チャイコフスキーの《くるみ割り人形》のような躍動感あふれる楽しいバレエ音楽、スメタナの交響詩《わが祖国》から〈モルダウ〉といったストーリー性のある描写的な音楽、ハチャトゥリヤンの〈剣《つるぎ》の舞〉やホルストの《惑星》といった子どもになじみのある曲、それにアンダーソンの〈トランペット・ヴォランタリー〉や〈タイプライター〉といった明るく楽しい小品などがよく演奏されます。ディズニーやジブリのアニメーション映画でヒットした曲などが選ばれることも多々あります。大人が安心して子どもに聴かせることができる曲、よく知られていて聴衆が喜んで聴きに来てくれることが確実な曲が選ばれるのは、当然のことといえます。

しかし、そうした曲ばかりでは子どもの体験を拡げることに繋《つな》がらず、逆に子どもはこうした曲でないとわからないものだという暗黙の了解を再生産して強める結果となってしまいます。それは結果的に、子どもの「聴く力」を低く見積もることになります。

この点で「こども定期演奏会」は、意欲的で積極的な選曲をおこなうとともに、いわゆる「子ども向け」でない作品をどのように聴いてもらうかという点で工夫を凝らしてきました。その工夫の第一点は、これから演奏する曲は重要な作品で聴くに値するものだと伝えること、第二点はその曲の聴きどころを伝えることです。

工夫の第一点の例として、たとえば、シューマンの交響曲第二番の第三楽章（第三一回）について、ロマン派の豊かさを説明したうえで、大友直人さんは「シューマンは特別な世界を作った作曲家」「子どものコンサートでこの曲を演奏することはおそらく今までなかった、ある意味ではとっても大人の音楽。シューマンのいちばん心の核心のような、ロマンティックな、ゆったりとした音楽の流れの世界を聴いて」と呼び掛け、それから一部をカットして六分ほどに短縮して演奏しました。

エルガーの交響曲第一番の第四楽章（第三二回）については、「たいへん立派な作品で、子ども向きのコンサートでエルガーの交響曲が演奏されるのは前代未聞、今までなかったと思いますが、今日はぜひ、そのエルガーの残した第一番の交響曲のフィナーレを聴いてください。たいへん美しい立派な音楽です」と紹介してから演奏に移りました。

マーラーの交響曲第二番《復活》から第五楽章の終結部（第十二回）については、まず編成の大きさを、ホルン六人、トランペット六人……と各パートの人数が通常のほぼ倍に増えていることを紹介し、舞台裏にもホルン四人とトランペット四人が控えていること（こういう別動隊の演奏グループを「バンダ」と呼ぶことも言い添えて）、さらに合唱とソプラノとメゾソプラノの独唱が加わることを、演奏に先立って説明しました。

次に、工夫の第二点の例として、ラフマニノフの交響曲第二番の第三楽章（第二七回）について、「ラフマニノフ自身の自信作でたいへん成功した作品」「全曲演奏すると一時間くらいかかる曲」「ひじょうに美しい旋律で知られる第三楽章の前半のみ」「ロマンティシズムにあふれた美しい音の世界を味わってください。始まってしばらく経つとクラリネットの美しいメロディが出てくる、首席奏者［エマニュエル・］ヌヴーさんの演奏を楽しみにしていてください」と聴きどころを示してから演奏に入っていきました。

同じ曲の第四楽章を取り上げた際（第四一回）には、テーマが「花咲く季節――メロディの美しさ」だったこともあり、「最後の曲は子どもの演奏会ではめったに演奏されない大曲」「ラフマニノフもすぐれたメロディ・メーカー」「少し長いけれどエネルギーにあふれた楽章。中間部にはほんとうに美しいメロディが、弦楽器のユニゾン、チェロ、ヴィオラ、ヴァイオリンが同じ旋律を延々と歌っていく場面が、前半と後半、二回出てきます。息の長い、何十小節にもわたってずっと歌を歌い続けるような長い旋律です。その長い旋律をぜひゆったりと大きな気持ちで楽しんで」とテーマとの関連で聴きどころを示しました。

ショスタコーヴィチの交響曲第五番の第四楽章（第十六回）については、「二十世紀を代表するロシアの作曲家ショスタコーヴィチのもっともよく知られた交響曲のフィナーレ」「この曲にはピアノも加わりますし、打楽器奏者も大勢、六人がステージの上に乗っています。打楽器はこのフィナーレのなかでもドラマティックなリズムを演奏してくれます。ことにこの楽章が始まってすぐにティンパニが、今日は奥田さんですが、大活躍しますから、楽しみにしておいてください」とポイントを演奏前に示しました。このときは名前を挙げられたティンパニの奥田昌史さんが会場のあちらこちらに向かって手を振ったので、会場からどよめきが起こって、客席とステージとの思いがけない交流が実現するというひとこまも加わりました。

ブラームスの《ハイドンの主題による変奏曲》（第四四回）については、「たいへん立派な大きな作品」「ブラームスの数ある作品のなかでも有名な作品」「大人向きの曲、おそらく子ども向きの演奏会では初めて演奏される」と紹介したうえで、「手品の種明かし」として次のように作品の構造に踏みこんでいきました。

のどかでわかりやすいハイドンのテーマがしばらく流れて、その後は八曲の変奏曲、ヴァリエーションで、これはブラームスの作曲。ブラームスが自分流に変奏曲を作っていった。最後にフィナーレ、大コーダがついているが、コーダになったときに、後ろに冒頭のハイドンのテーマが隠れている。フィナーレが始まったときには皆気がつかないけれど、よく聴いていると最初のテーマが後ろに聴こえてくるようになっている。

［演奏①：冒頭のテーマ。**譜例1—1**］

これが終わった後、ブラームスの独特の世界が始まっていく。

［演奏②：フィナーレの最初の十小節。**譜例1—2**］

最後のほうに堂々とテーマが出てくるが、最初のメロディがぴったりと合うようにちゃんとプランニング、計画してある［演奏③：フィナーレの最初の十小節にオーボエでテーマを重ねて］。

と部分演奏をしながら曲の全体構造を説明したうえで、「少し長い大人の曲だけれど、じっくり楽しんで聴いてください」と呼びかけて演奏に入りました。

このように、一般に子どものための演奏会では「絶対に演奏されない」「前代未聞」の作品をつぎつぎと「こども定期演奏会」の舞台に乗せたのは、きちんと備えをすれば子どもは聴く力をもっている、理解する力をもっているという、子どもの能力や可能性に対する信頼があればこそということができます。

♪ 音楽の力に対する信頼——すぐれた音楽はおもしろい

右で述べた「子どもの理解力に対する信頼」は、「すぐれた音楽はおもしろい」という「音楽の力に対する信頼」の裏返しということができます。特に子ども向けの音楽でなくても、ほんとうにすぐれた音楽の価値は子どもにもじゅうぶんに伝わるという信頼感によって裏打ちされているといえます。

じっさい、マーラーの交響曲第九番の第四楽章から（第三三回）について、「子ども向けのコンサートでは絶対に演奏されない、おそらく世界中で初めてかもしれない」としたうえで、演

Fl.
Ob.
Cl. (B)
Fg.
C. Fg.
Hr.
Vln. I
Vln. II
Va.
Vc.
Cb.
1.
p leg.
1. 2.
senza sord.
leg.

譜例１－１　ブラームス《ハイドンの主題による変奏曲》：冒頭主題（１–10小節）

譜例１－２　ブラームス《ハイドンの主題による変奏曲》：フィナーレの冒頭（361–370小節）

主題が重ねられるようにできている

奏後、次のように明かしています。

マーラーもほんとうに静かに聴いてくれて、私も感動しました。マーラーの交響曲は全部で九つあります。最近ではいろいろなオーケストラがマーラーのシンフォニーを演奏していますから、興味のある人はぜひ聴きに行ってみてください。私自身も、今の曲がすてきだなと思ったのは小学校四年生ぐらいのとき。四年生ぐらいのときにこの曲を聴いてすばらしいなあと思って、以来、現在にいたるまで、何か夢見るように今の曲になじんでいます。

「武満徹と日本の作曲の世界」（第二六回。本書038～039頁の**表3**参照）では、山田耕筰、伊福部昭、芥川也寸志、三善晃、細川俊夫、武満徹、富田勲、三枝成彰、坂本龍一、千住明、アンコールに外山雄三といった日本の作曲家たちの作品を演奏し、日本にもすぐれた作曲家のおもしろい作品があることを紹介しました。プログラムの最後に、大友さんは聴衆に向かって次のように語りかけました。

今日は「武満徹と日本の作曲の世界」ということで、日本人の作曲家の作品ばかりを聴いていただきました。これは若い人たちの音楽会としては画期的なプログラム。大人のコンサートでもこういうプログラムはめったにないので、今日聴いた人たちは自慢できる。学校に行って伊福部昭を知っているとか［客席から拍手が起こる］、三善晃の音楽を聴いたとか、細川俊夫を知っているとか言ったらそうとう自慢できると思います。

でも私はつねづね思っているのです、今の時代は、もう日本とかアメリカとかヨーロッパとか言っている時代ではない。武満さんも細川さんも世界的に有名なように、すばらしいよい音楽を書けば、日本人だろうが、中国人だろうが、アメリカ人であろうが、フランス人であろうが、世界中の人に愛される曲を作っていくということが大事なこと。

もっとすばらしいことは、今いっしょに暮らしている私たちの仲間の作曲家がこういうすばらしい音楽を書いて、それをみなさんが、その初めての演奏からその曲が何度も演奏されていくことまで、いっしょに経験していけるということ。今日私たちが演奏した曲のほとんどを作曲してくださった方は、日常的にわれわれといっしょに活動している人たちです。

ですからみなさんもこれから、今日は紹介できなかった作曲家の作品も含めて、日本の作曲家の作品があったら、ぜひ積極的に興味をもって聴いてみてください。そして好きな作曲家がいたら、どんどん応援してほしい。それが実は、われわれの活動のいちばんやりがいのある活動。今、われわれが新しい作品を作って、聴いて、また未来を築いていくということ、これができるというのがいちばんすばらしいこと。

この曲はこんなところがおもしろい、こんなところが作曲家のすごい工夫といった話を折々にしたのも、すぐれた作品はおもしろいという信念があればこそのことです。具体的にどんな話をしたのかがわかるように、この章では大友直人さんのステージでのお話をできるだけ織りこんで進めていきたいと思います。

♪「こども定期演奏会」の演奏曲

ここで「こども定期演奏会」で演奏された曲をざっと見渡しておきましょう。流れをつかみやすいように、作曲家の生年順に演奏曲目を並べた表を巻末に掲げますので参照してください（巻末付録の**表2**）。これを見るとわかるように、バロックの作曲家から、古典派とロマン派を経て、現代の作曲家にいたるまで、幅広く演奏されていることがわかります。ここには九十人の作曲家による二二四曲が取り上げられています（交響曲などの一楽章が単独で演奏された場合も一曲とカウント）。

なかでも演奏会で取り上げられた回数の多い作曲家は、モーツァルト（十五回）、チャイコフスキー（十四回）、ベートーヴェン（十二回）、そしてブラームスとワーグナー（十回）です。これに七回のベルリオーズとドヴォルザークとラヴェル、六回のメンデルスゾーンとヨハン・シュトラウス、サン＝サーンス、ドビュッシー、バーンスタインが続きます。バーンスタインは大友さんが指揮のレッスンを受けたこともあって、思い入れの深い音楽家です。逆に一回のみ取

表9　「こども定期演奏会」リピート曲一覧（3回以上のみ）

回　数	曲　名	演奏会番号
5	エルガー《威風堂々》第1番	Pre, 4, 14, 32, 39
5	ラヴェル《ボレロ》	Pre, 2, 13, 19, 34
3	ベルリオーズ《ローマの謝肉祭》	13, 19, 39
3	グリンカ《ルスランとリュドミーラ》序曲	7, 16, 45
3	メンデルスゾーン　ヴァイオリン協奏曲	3, 33, 39
3	ワーグナー《ニュルンベルクのマイスタージンガー》第1幕への前奏曲	3, 20, 48
3	ワーグナー《ローエングリン》第3幕への前奏曲	11, 36, 42
3	プッチーニ《ジャンニ・スキッキ》から〈いとしいお父さん〉	8, 17, 42
3	スメタナ《わが祖国》から〈モルダウ〉	1, 21, 36
3	ボロディン《イーゴリ公》から〈だったん人の踊り〉	16, 19, 42
3	ドビュッシー《牧神の午後への前奏曲》	5, 25, 42
3	ヴォーン・ウィリアムズ《グリーンスリーヴズの主題による変奏曲》	4, 14, 32

※下線を付した演奏会番号は「こども奏者」との共演を示す。
　Pre＝予告編のプレ・コンサート

り上げられた作曲家も四三人にのぼります。

多くの作曲家の多彩な作品が取り上げられてきたことがよくわかりますが、そのなかには好んでくりかえし演奏された曲もあります（表9）。予告編を含む全四九回中、五回演奏された曲が二曲あります。エルガーの《威風堂々》第一番とラヴェルの《ボレロ》です。

エルガーの行進曲《威風堂々》第一番は、予告編のオープニングの曲として、このシリーズの劈頭《へきとう》を飾った曲です。第十四回「ロンドン、伝統とメロディ」では最終曲として演奏されました。勇ましい行進曲の部分に挟まれた中間部のメロディがとりわけ美しく、「希望と栄光の国、自由の母よ。あなたから生まれた私たちは、あなたをどれほどほめたたえればよいだろう」という歌詞を与えられて「第二のイギリス国歌」ともいわれるとの紹介もおこなわれました。

第三九回でも「最後、オルガンも加わって壮大な響きを」と紹介されて、「十周年記念ガラ・コンサート」を華やかに締めくくるかたちで取り上げられています。あとの二回はこども奏者（後述）との演奏です。第四回では六人、第三二回では十人のこども奏者が加わって演奏しました。

いっぽう、ラヴェルの《ボレロ》は、予告編のフィナーレを飾った曲です。第十九回「五周年記念ガラ・コンサート」でも前半の最後に演奏されています。第二回「リズムって？」でも最終曲として演奏され、このときはリズムとそれを演奏する奏者と楽器に注目して、次のように説明されました。

ボレロというリズムは三拍子のゆっくりしたリズム。一度聴いたら忘れられないようなリズムに乗って、覚えやすいエキゾティックなメロディが二種類、次から次へと楽器を変えて出てくる曲です。

この曲が始まってから最後までリズムを刻んでいるのが小太鼓と下のほうの弦楽器のピッツィカートです。次に管楽器にメロディがどんどん移っていきます。客席に座っていると、音は聴こえても、どこに奏者がいるかわからないかもしれません。演奏する前に紹介しておきますので、どこで誰が演奏しているかを覚えておいてください。

小太鼓は新澤《にいざわ》［義美］さん、フルートは相澤［政宏］さん、次にクラリネットは十亀《とがめ》［正司］

さん、ファゴットは大埜《おおの》［展男《のぶお》］さん、Es（エス）管クラリネットは小林［利彰］さん、オーボエ・ダモーレは池田［肇《はじめ》］さん、トランペットは大隅《おおすみ》［雅人］さん、サクソフォン（テナーとソプラノ）、ホルンのジョナサン・ハミルさんとチェレスタとピッコロの高野［成之《しげゆき》］さん、その後、木管楽器がみんなで演奏して、ソロの最後はトロンボーンの荻野［昇］さん。

このように、それぞれの楽器の音色を説明して、演奏者の名前を含めて紹介しました。各演奏者のひと吹きの工夫が楽しく、団員の笑顔が印象的なコーナーとなりました。そのうえで、「どこでどの楽器が出てくるか、覚えられましたか？　今紹介したのがソロを吹く順番ですので、思い出しながら聴いてみてください。そして何といっても、もとになっているのは、今日のテーマのリズムです。それぞれの楽器がメロディを演奏したり、リズムを演奏したり、メロディとリズムの両方を演奏したり、すばらしい曲だと思います」と総括して演奏を始めました。

第十三回では、「この曲の終わりのほうにものすごく和音が変わる場所があります。最初から延々と同じことのくりかえしをしているのですけれども、終わる間際になると違う調子に変わって、そして盛り上がって終わるという、これは最後の最後までラヴェルがアイディアをあたためて、この曲の最後になって大きな仕掛けをしています。そういうところに注意をして、調性の変わるところを楽しんでいただけたら」と聴きどころを示しました。

第三四回では、さらに踏みこんで、この曲のハーモニーのおもしろさ、転調の工夫までを次のように説明しています。

この曲は基本的に最初からずっとハ長調の同じハーモニーが延々と続いていくのですが、エンディングの直前にたった一カ所だけラヴェルはハーモニー、調を変えています。この調性を変えることによって、この曲の盛り上がり、オーケストラ全体、そしてお客様全体がものすごい高揚感に包まれるというスポット、これがラヴェルが作曲家として出したアイディアのいちばん大事なポイントのひとつです。そこの部分だけ、演奏を聴く前に、実際にちょっとだけ聴いていただこうと思います。後半の終わりのほうで、この曲がずっとこういう調子で演奏されてきたという部分から聴いていただこうと思います。こういうハーモニーになっています［演奏①：練習番号17から四小節をハーモニーのみなさんだけで。**譜例2―1**］。

ずっとハ長調が続いているのですね。ところが一カ所、終わりのほうに転調、違う調に移ります。しかもそれがホ長調で、ちょっとびっくりするような跳躍をします。ジャンプするのですね。そこの部分を聴いていただきましょう［演奏②：練習番号17の終わり、フェルマータで終わる。**譜例2―2**］。

ここで不思議な音に入りますね。これでエンディング、コーダ、この曲がいよいよ終わるぞという感じにもっていくのです。そしてラヴェルは最後にもう一回ダメ押しで、ここまでジャンプしておいて、さらに最後にもう一回ジャンプして最初の調子に戻るのです。ここを

譜例２－１　ラヴェル《ボレロ》：練習番号17の冒頭（309–312小節）
ずっとハ長調で延々と

譜例2－3　ラヴェル《ボレロ》：練習番号18の7小節目から（333–335小節）
ハ長調に戻る

譜例２－２　ラヴェル《ボレロ》：練習番号17の終わり（323–327小節）

１カ所だけホ長調に転調する

聴いてください［演奏③：練習番号18の七小節目から三小節間。**譜例2―3**］。
最初のコードに戻る、これが最後に仕掛けた大仕掛けなのです。このことをご存じの方はあまりいないと思います。普段言われているラヴェルの解説より物知りになったと思っていただいてかまいません。そこの部分を楽しみに聴いてください。では、ほんとうに小さな音から始まるので、うんと耳を澄ませて静かな空気を作ってください。

このように第十三回で予示した《ボレロ》の和声のおもしろさを、第四三回で実際に解き明かしてみせたのです。

以上の五回に続いて、三回演奏された曲が十曲あります。それらを**表9**（本書151頁）に示しています。

このうち、ベルリオーズの序曲《ローマの謝肉祭》はとりわけ祝祭的で華やかな曲なので、第十三回「『パリ』――色彩あふれるハーモニー」と第十九回「五周年記念ガラ・コンサート」、さらに第三九回「十周年記念ガラ・コンサート」でもオープニングの曲として演奏されました。

グリンカのオペラ《ルスランとリュドミーラ》序曲は、「弦楽器が大活躍、ヴァイオリンからコントラバスまで同じ音型をものすごく速いスピードで演奏する有名な曲」として、第七回「弦楽器の美しさ」、第十六回「サンクトペテルブルク――歴史に息づくリズム」（こども奏者五名が共演）、第四五回「弦楽器の調べ」で取り上げられています。

ボロディンのオペラ《イーゴリ公》から〈だったん人の踊り〉は、合唱が加わって壮麗なフィナーレをかたちづくるので、三回（第十六回、第十九回、第四二回）のいずれもコンサートの最終曲として演奏されました。第十六回では「日本ではもうずっと韃靼人《だったんじん》といわれているけれど、この韃靼人というのは南ロシアの民族タタール人の中国読みで、原語ではポロヴェツ人というので両方覚えておくとよい」との紹介もされています。

ワーグナーのオペラ《ローエングリン》から第三幕への前奏曲も三回（第十一回、三六回、四二回）演奏されて、各回のテーマとの関連で次のように説明されています。

第十一回「美しいオペラ&バレエ音楽」では、

オペラは歌だけが演奏しているわけではなくて合唱が入ることも……オーケストラだけの場面もたくさんある。

オペラが始まる前に演奏される序曲……それぞれの幕の前に前奏曲……間奏曲といって、それぞれの場面のあいだに演奏するような曲にもすばらしい曲がたくさん。

この曲はたいへん華やか……次の幕で結婚式がおこなわれる……結婚行進曲に繋がっていく場面の最初に演奏される前奏曲。

第三六回「胸躍るオーケストラのマジック」では、

オペラやバレエを見るときには、実はオーケストラというのはオーケストラ・ピットという、ホールでいうと前の座席のこのへんが下に掘ってあって、舞台の下のほうにオーケストラは配置されて、舞台の上では歌手が歌ったりダンサーが踊ったりというのがオペラ。
ワーグナーはほんとうに大きな編成のオーケストラを歌の伴奏として使うようになった作曲家。ただ歌の伴奏というだけではなくて、オーケストラ自体が音楽的な主張をして、歌とオーケストラが渾然《こんぜん》一体となった新しいジャンル、楽劇というものを自分で創作しました。

［演奏後に］今の金管楽器、ホルン、トロンボーン、チューバ、かっこよかったですよね。私も子どものころにこの曲を聴いてほんとうにかっこいいなと思いました。いつか、今のホルンとか、トロンボーンとか、吹いてみたいと思う人もいるかもしれません。

第四二回「七夕の夜空へ——ハーモニーの彩り」では、

ハーモニー、調和という話をしました。音楽の世界も、独奏、室内楽、オーケストラといろいろありますが、もっとも大勢で演奏するのはオペラかもしれません。いろんな歌手が出て、コーラスが入って、オーケストラがあって、舞台の衣装があって、照明があって、演出があって、ほんとうに大勢の人が力を合わせないとオペラの公演はできない。
こんなに華やかな曲が壮大なオペラのなかにちょこっと出てくるのですね。ですからワーグナーのオペラのスケールの大きさというのをおわかりいただけたと思います。

このように言葉を添えました。

スメタナの〈モルダウ〉についても、取り上げるたびに説明が詳しくなりました。

第一回では、「ハーモニーの微妙な色合いの移り変わりがたくさん出てくる曲」「ダイナミックス、大きな音、小さな音、いろいろなダイナミックスも隠されている曲。ぜひ、それを味わいながら聴いて」と短く紹介して演奏しました。

第二一回では、「美しい大自然を描いたチェコの作曲家スメタナの〈モルダウ〉という曲」「チェコのプラハを流れるモルダウ川という有名な川」「この川が上流からだんだん水が沸き上がって、山の中を流れて、それから大都会を流れていくというような川の情景を描いた名作」と説明しています。

第三六回では、さらに踏みこんで次のように紹介しました。

モルダウというのは川の名前。チェコを流れる大きな川、そして首都プラハを流れる川。その川が、山の上流の小さな流れから、だんだん大きく旅を続けてプラハの町に流れ着いていく、そういう様子を描いた作品としてもよく知られています。

最初に、小さな川の流れがフルート、ハープ、それからクラリネットが加わって、小さな川の流れを目で見ているような感じで始まります。その流れがだんだん大きくなっていって、途中では村の刈り入れのお祭りの様子、踊りを踊る人の様子とか、月夜の水の妖精の場面、それからまた流れがどんどん大きくなってきて、プラハの町の岸壁《がんぺき》にある大きなお城が見えてきたり、実に鮮やかな絵を見ているような作品。

〔演奏後に〕この〈モルダウ〉という曲は実は六曲セットになっているのです。交響詩《わが祖国》という名前でスメタナはこのほかに五曲の交響詩を書いています。全部演奏すると一時間半くらいかかるたいへん立派な作品ですので、機会があったら、また他の作品も聴いてみてください。

舞台でのお話は、舞台転換の時間を埋めるという役割も果たしていて、前後の曲との関係で長短が変わってくるという面もありますが、こうやって並べてみると、回を重ねるごとに話が深まっていることがよくわかります。

ドビュッシーの《牧神の午後への前奏曲》も三回演奏されていますが、この曲については次節で詳しく触れます。

♪ 音楽の構成要素を理解するおもしろさ——ハーモニーなどの実験

「こども定期演奏会」では、子どもたちが音楽の内側に入っていくことができるように、音楽の主要な構成要素を取り上げて、その特徴や働きについて具体的な例を挙げて説明することがおこなわれてきました。「メロディ」「リズム」「ハーモニー」「形式」「楽器法、オーケストレーション」について、実際にどのような実験やお話がなされたかを追ってみましょう。

①メロディ

特徴的なメロディ、美しいメロディは魅力的で、耳を傾けるのにふさわしいものです。そうしたメロディの特徴を紹介して、子どもたちに注目して聴くよう呼びかけることがしばしばおこなわれました。

たとえば、ヴォーン＝ウィリアムズの《グリーンスリーヴズの主題による変奏曲》は、イギリスの民謡を使ったメロディの美しい曲として、第四回、第十四回、第三二回の三回、演奏されました。その際、「民謡というのは何が特徴かというと、楽譜がなかったということ、要するに楽譜を見なくても、みんなが耳で聴いて、覚えられて、歌っていける、そういうすてきなメロディが民謡のなかにはたくさんある」「このグリーンスリーヴズのメロディも古いイギリスの民謡のメロディ」「編成は小さくて、弦楽器とフルートが二人、それにハープというオー

譜例３　ヴォーン＝ウィリアムズ《グリーンスリーヴズの主題による変奏曲》：テーマ
ウィリアム・バレット『リュート曲集』（1580年ごろの手稿譜）より
出典：リリアン・ボールドウィン『リスナーの音楽精華集』第１巻（1948），460頁

ケストラとしては小さい編成の曲だが、味わいのある曲」「一度聴いたら忘れられないような、しみじみとしたすてきな曲」と説明して演奏しました（**譜例3**）。

また、ブリテン《青少年のための管弦楽入門》より〈フーガ〉（第九回）については、楽器法やフーガ形式も含めて、次のように紹介しています。

　最後の部分に華やかなフーガが使われています。この曲は楽器の紹介、いろいろな楽器をクローズアップするという作られ方もしていて、よく聴いていると、最初はピッコロから始まって、フルート、オーボエ、クラリネット、ファゴット、ヴァイオリン、ヴィオラ、チェロ、コントラバス、ホルン、トランペット、トロンボーンとか打楽器も入ってきて、いろんな楽器がつぎつぎに同じメロディを、同じリズムを追いかけっこして出てきます。そして最後にぜんぜん別の大きなメロディが重なって出てくるという、複雑な、よく書か

れている曲なので、そういうところを楽しんで聴いてみてください。

メロディの実験として、スーザの行進曲《星条旗よ、永遠なれ》（第四回）では、「後半の部分にたくさんのメロディが重なって出てきています。それを分解して聴いていただきましょう」と前置きして、曲を構成する主要なメロディを別々に聴かせてくれました（**譜例4**）。その手順を図示すると次のようになります。

演奏①：第一ヴァイオリンとチェロ。トリオ後半の主旋律
演奏②：ピッコロとフルート。対旋律とか副旋律とかオブリガートとか
演奏③：トロンボーン。内声部
演奏④：コントラバス、チューバ、ティンパニ。いちばん低い音、リズムを刻むがメロディにも聴こえる
演奏⑤：オーケストラで。いろんな声部が混じり合ってこういう音楽に

このように分解してそれぞれの旋律を聴いたうえで全体を聴くと、内声やバスの声部もくっきりと聴こえて、音楽のおもしろみがぐっと広がります。これは普通の演奏会やＣＤなどの録音では聴くことができないもので、「こども定期演奏会」ならではのおもしろい実験です。

③内声部（トロンボーン）
④リズムを刻むバス（コントラバス，チューバ，ティンパニ）
⑤これらが組み合わされると（全声部で）

譜例4　スーザの行進曲《星条旗よ，永遠なれ》：後半

ここでは原曲の吹奏楽版を掲載したが、実際はオーケストラの楽器に読み替えて演奏

①トリオ後半の主旋律（第１ヴァイオリンとチェロ）

②対旋律（ピッコロとフルート）

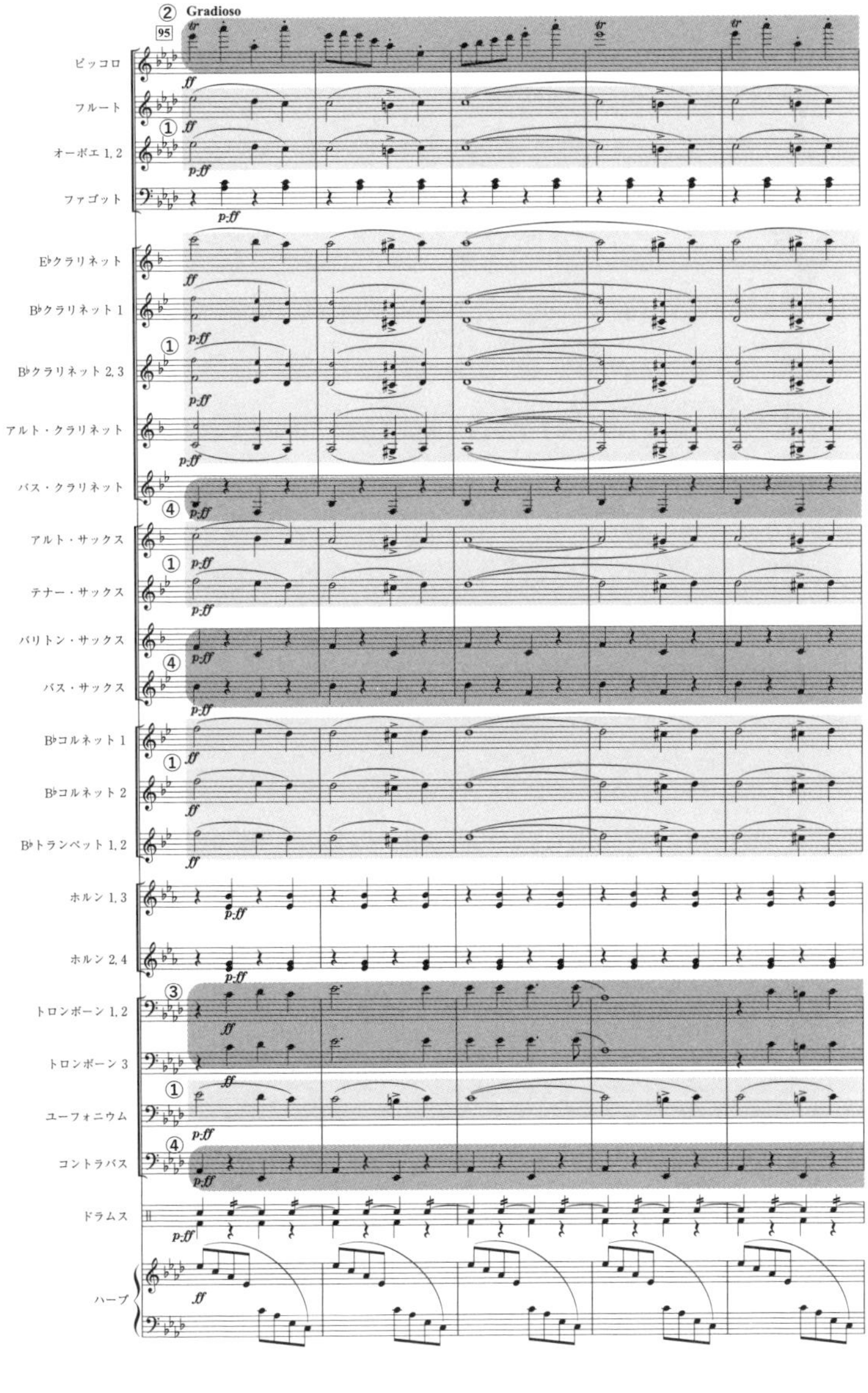

（譜例４：続き）

②
Picc.
Fl.
①
Ob.
Fg.
Cl.（E♭）
Cl.（B♭）
①
Cl.（B♭）
A.Cl.
B. Cl.
④
A. Sx.
①
T. Sx.
B. Sx.
④
Bs. Sx.
Cnt.（B♭）
①
Cnt.（B♭）
Trp.（B♭）
Hr.
Hr.
Tbn.
③
Tbn.
①
Euph.
Cb.
④
Drums
Hrp.
tr

さらに、ベートーヴェンの交響曲第九番第四楽章（第二八回）については、「第一楽章、第二楽章、第三楽章のテーマが演奏されて、それからあの有名なテーマがチェロとコントラバスで演奏されますが、実はこれは驚くような作曲のしかた。チェロとコントラバスが何のハーモニーもなくただ単旋律、ただメロディだけを延々と奏でる。こんな作曲はベートーヴェン以前には誰もしたことがない。こんな驚くような革新的な、そしてすべての人にわかるようなメロディをまずチェロとコントラバスで奏でておいて合唱も入る、ベートーヴェンならではの偉大な作品」と特異なメロディの活かし方に言及しました。

②リズム

リズムについても、おもしろい実験がいろいろなかたちでおこなわれました。

第二回のビゼーのオペラ《カルメン》から第一幕への前奏曲を演奏した後で、「ひじょうにリズミカルな音楽ですが、実は譜面を見ても必ずしもわからない。楽譜というのは音楽を便宜上、紙に書いたものですから、それから音楽をどうイメージするかがおもしろいところでもあれば、むずかしいところでもある。オーケストラで表情をつけないで演奏してみるとどうなるか、実験してみますので、聴いてみてください」と前置きして、次のように実験をおこないました。

演奏①：表情をつけずにゆっくり演奏。「同じ音楽に聴こえないくらい違った雰囲気になる。リズムとテンポは切っても切れない関係」

演奏②：中間部分（練習番号C）をリズム感のある演奏とリズム感のない演奏で聴きくらべて。「同じテンポで演奏しても、それぞれの奏者が生き生きとしたリズムを感じないとずいぶん違った表情の音楽になってしまう……金管がパッパッと固めの音で短く弾むように演奏する。それが少し長くなって柔らかい音になるとリズムが沈んだ感じになってしまう。リズムも甘い三連符のような感じに演奏すると、リズムの生き生きとした感じが死んでしまう」

演奏③：終わりの部分を打楽器（シンバル、ティンパニ、トライアングル）抜きと打楽器入りで聴きくらべて。「打楽器のもっている力、リズムを際立たせるだけではなくて、音色を加える。力強さを出したり、柔らかさを出したり、いろんなことができる楽器」と説明しました。

また、ベルリオーズの《幻想交響曲》の第二楽章については、「フランスのワルツ、踊りを踊る音楽」「ゆっくりな三拍子もあれば、ワルツのような速めの三拍子もある」としたうえで、出だしの部分をいろいろな演奏法で聴かせてくれました。まず生き生きとした曲にふさわしい演奏法で聴かせたのち、ちょっと外れた演奏法（アクセントを付けない／アクセントの位置が違っている）まで実演してくれたのです。

演奏①：最初の部分を聴く。「ワルツのかんじんの部分」
演奏②：伴奏パートのみ
演奏③：平板な伴奏
演奏④：平板な伴奏と旋律。「眠くなりそうな少しだるい感じになる」
演奏⑤：「きびきびしたテンポでも、アクセントの位置を違えると別の音楽に」（三拍目にアクセント）。「どこにアクセントがあるか、どこに重みがあるかで音楽が変わってしまう」

このように同じ三拍子であっても、演奏のしかたひとつで表現が大きく変わることを、実際の演奏をつうじて実感させてくれました。これも「こども定期演奏会」ならではのことです。

チャイコフスキーの交響曲第六番《悲愴》第二楽章（第十六回）については、「少しめずらしいリズムで書かれている。四分の五拍子だが、基本的には二拍子と三拍子の組み合わせ。前半が二拍子で、後半が三拍子」と説明して、次の実験をおこないました（**譜例5**）。

演奏①：練習番号Bの四小節前から四小節後まで、木管楽器で旋律を。「聴いていると自然なメロディなのですが、二拍子と三拍子が組み合わさっている。終わりのほうにラッパラッパラーというリズムが出てきた。奏者のみなさんがいいリズム感を出して、いい感覚を

③弦楽器の伴奏を（楽譜どおり）ピッツィカートで演奏
④弦楽器はアルコ（弓）で，管は朝の眠い感じで演奏
⑤オリジナルの演奏の仕方で

譜例5　チャイコフスキーの交響曲第6番《悲愴》第2楽章：練習番号Bの4小節前から
①木管楽器で旋律を普通に演奏
②木管楽器が，リズムをあまり感じないで，朝の眠い感じで演奏

（譜例5：続き）

④／⑤
①／②
39
Fl.
Ob.
a 2
Cl.（A）
Fg.
Hr.（F）
Trp.
Tbn.
Tub.
Timp.
③
Vln. I
Vln. II
Va.
Vc.
Cb.
pizz.
arco
ff
p
mp
mf
f

出して演奏してくださっている。チャイコフスキーも弾むように演奏してほしいと思って、小さなお休みが楽譜に書いてある」
演奏②：リズムをあまり感じないで、朝の眠い感じで。「演奏する人たちはリズムを感じて演奏している。リズムにはいろんな種類があるが、リズムを感じる感性が大切」「弦はピッツィカートの伴奏で、弓を使わないで指で弾いている」
演奏③：弦の伴奏をピッツィカートで。「これも弓で普通に弾くよりも、リズムが弾むように聴こえてくる伴奏を書いている」「これを弓で弾くと」
演奏④：弦はアルコ（弓）で、管は朝の眠い感じで。「演奏のしかた、オーケストレーションのしかたによってまったく違う雰囲気の曲になってしまう。本来は軽やかなリズムでエレガントに」
演奏⑤：オリジナルで。「われわれも楽しんで演奏すると。いろいろなリズムを感じながら聴くと音楽の楽しみが増してくる」

このようなかたちで、オーケストラのメンバー一人ひとりがそれぞれ楽譜を読みこんで、曲にふさわしいリズムをよく感じて、それを自分の演奏で表現しないと曲は生きてこないということを、実演をまじえてわかりやすく示してくれました。この実験は「こども定期演奏会」のホームページ「こども定期演奏会ネット」の「えいぞうで見る定期演奏会」サイト（http://www.

codomoteiki.net/movie/）で実際に見ることができます。

③ハーモニー

ハーモニーの実験では、⑴メロディにハーモニーがつくと音楽がどれほど豊かになるかを示したり、⑵ハーモニーをつける際に楽器法や強弱法などでどのような工夫がなされているかを示したり、⑶転調や和音の使い方にどのような工夫があって、それがどれほどの効果をあげているかを示したりしました。

⑴および⑵の例として、シベリウスの交響詩《フィンランディア》（第一回）の演奏後に、次のように順を追って組み立てながら聴かせてくれました。

曲の途中で柔らかい歌を歌うような部分がありましたが、メロディだけだとこうなります［演奏①：中間部のメロディのみ］。

同じ旋律を三人で、オーボエ杉浦［直基］さん、フルート相澤［政宏］さん、高野［成之］さんの三人で演奏しています。これにハーモニーがつくと、クラリネットと第二オーボエが和音をつけると、音楽が豊かになる［演奏②：木管の和音つき］。

弦楽器も和音を演奏［演奏③：弦が加わって。以上、**譜例6―1**］。

弦（ヴァイオリンとヴィオラ）が小さな音だが加わると雰囲気が変わる。

ヴァイオリンとチェロがメロディを弾いて、少し低い音域で演奏すると、和音は同じでも表情が変わる［演奏④：練習番号L。以上、**譜例6―2**］。

使う楽器や音域によって表情が違ってくる［演奏⑤：冒頭の金管部分、九小節］。

フォルティッシモだったのを、こんどはピアノで［演奏⑥：冒頭をピアノで］。

演奏のしかたによってずいぶん表情が違う［演奏⑦：楽譜どおりフォルティッシモで。以上、**譜例6―3**］。

ひじょうに怖い、恐ろしいような表情になる。同じハーモニーでも演奏のしかたによっていろんな表情がある。

このようにすると、ハーモニーの働きや効果が手に取るようにわかります。

グリーグの劇音楽《ペール・ギュント》組曲から〈オーゼの死〉（第一回）について、「母の死の場面で悲しい、さびしい、切ない音楽」について、どういう和音でできているかを実験してみせました。メロディにどんな和音が付くかによって、微妙に味わいが変わることを次の手順で示しました。

曲の途中［演奏①：全員で出だし］。

メロディはとても単純［演奏②：ヴァイオリンだけでテーマを二小節］。

②木管の和音つき（クラリネットと第２オーボエが加わる）
③弦楽器の和音つき（ヴァイオリンとヴィオラが加わる）

譜例６－１　シベリウス 交響詩《フィンランディア》：練習番号 I（132–140小節）
①中間部のメロディのみ（第１オーボエとフルート２人）

Fl.
Ob.
Cl. (B♭)
Fg.
Hr. (F)
Trp. (F)
Tbn.
Tuba
Timp.
B. Dr.
Timbales
Trgl.
Vln. I
Vln. II
Va.
Vc.
Cb.

譜例6－2　シベリウス 交響詩《フィンランディア》：練習番号L（156–163小節）
④同じメロディを弦楽器（ヴァイオリンとチェロ）で演奏すると別の雰囲気になる

譜例6－3　シベリウス 交響詩《フィンランディア》：冒頭（1‒8小節）
⑤冒頭の金管部分を演奏
⑥ピアノで演奏すると表情が変わる
⑦楽譜どおりフォルティッシモで演奏

その下にハーモニーがつくと不思議な感じに〔演奏③：弦の伴奏〕。少し色合いが違うのを聴き分けて、ちょっと違う伴奏〔演奏④：別の伴奏部分〕。少し違う。晴れの日もいろいろ、甘さもいろいろ〔演奏⑤：弦の伴奏つきで〕。今のはわりあい素直な音。次はちょっと味わいが出てくる〔演奏⑥：別の伴奏つきで〕。こういう違いを味わって聴いて。

これは上記の(1)の実験例です（以上、**譜例7―1**）。続いて、「少し先の静かなピアノの部分」についても実験をおこないました。

ヴァイオリンとチェロのみの静かな部分〔演奏⑦：ヴァイオリンとチェロ〕。まだ和音になっていない。ヴィオラと第二ヴァイオリンが加わることによって不思議な音楽が出てくる〔演奏⑧：ヴィオラと第二ヴァイオリンが加わって〕。

ハーモニーが入るとうんときれいになる。この曲はもうひとつ仕掛けをしている。弦楽器のミュート、弱音器をつけるとデリケートで繊細《せんさい》な音に〔演奏⑨：ミュートつきで〕。よりいっそう静かな感じになった。作曲家もいろいろな仕掛けをしているので、ぜひそういうものを感じ取ってください。

譜例7－2　グリーグの劇音楽《ペール・ギュント》組曲から〈オーゼの死〉：練習番号A（25–28小節）
⑦ヴァイオリンとチェロのみの静かな部分
⑧ヴィオラと第2ヴァイオリンが加わってハーモニーが入る
⑨ミュート（弱音器）つきで繊細な音に

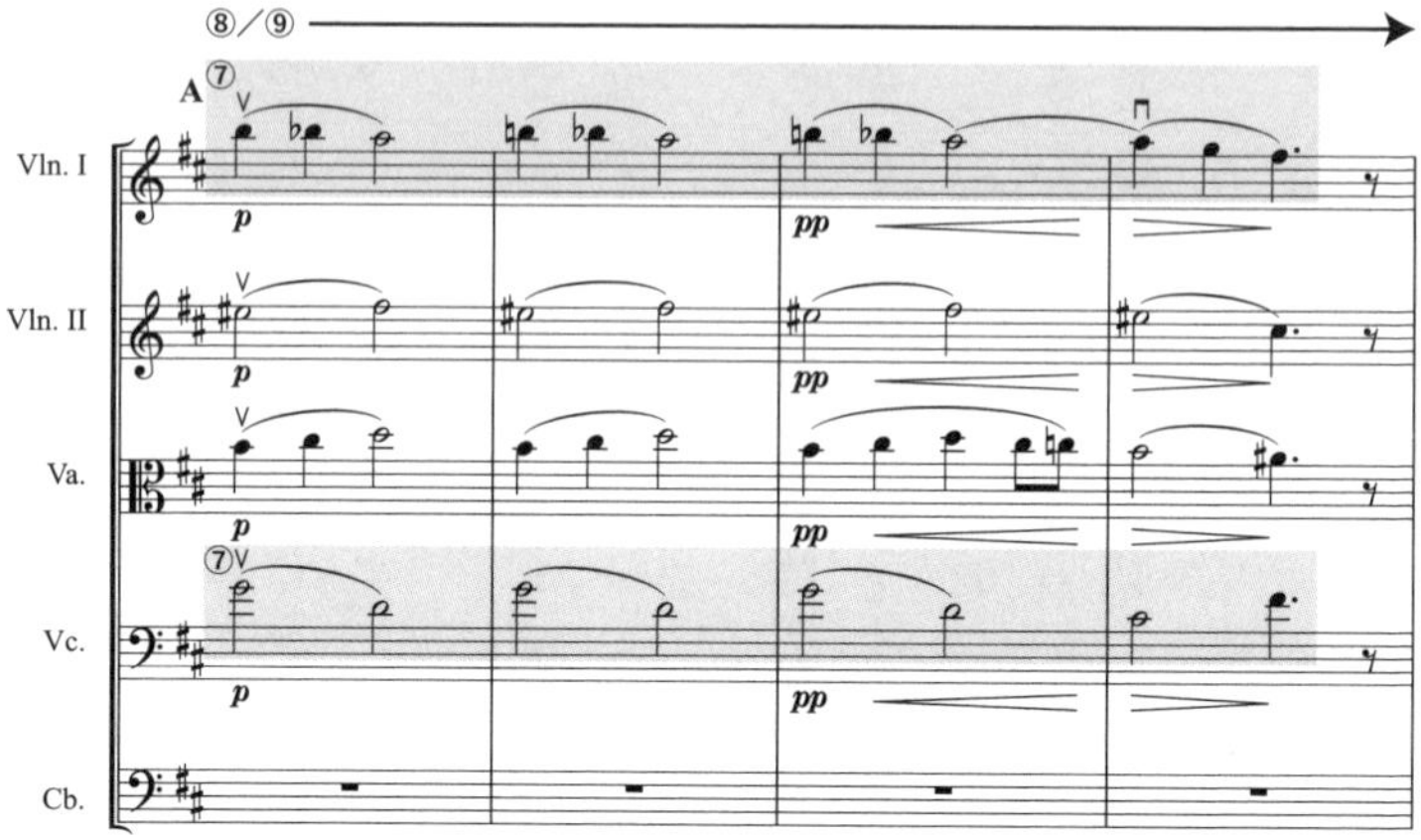

と呼びかけたのは、⑵の例にあたります（以上、**譜例7―2**）。

　チャイコフスキーのバレエ音楽《白鳥の湖》から〈グランド・フィナーレ〉（第一回）については、演奏前に、「有名なテーマを聴いてみましょう。オーボエの杉浦さんに吹いていただきましょう」（演奏①：テーマをオーボエ一本で）、「今のテーマがいろいろな形で出てくる。まず最初はこんな形で」（演奏②：最初の提示）、「途中でフォルテで、メロディを木管とヴァイオリンとトランペットで」（演奏③：フォルテでメロディのみ）、「これにハーモニーが入るとこんなぐあいに」（演奏④：ハーモニーが入る）、「ずいぶんドラマティックな感じになってきました。チャイコフスキーは今のにもうひとつ大事な楽器を入れている」（演奏⑤：打楽器が入る）、「打楽器が入るとほんとうにド

譜例7－1　グリーグの劇音楽《ペール・ギュント》組曲から〈オーゼの死〉：冒頭（1–8小節）

①全員で冒頭8小節を演奏
②第1ヴァイオリンだけでテーマを2小節
③弦の伴奏（ヴィオラ，チェロ，コントラバス）
④別の伴奏（ヴィオラ，チェロ，コントラバス）
⑤弦の伴奏つきで（弦5部）
⑥別の伴奏つきで（弦5部）

ラマティックになる。この後、うんと明るい曲になっていく。それは聴いてのお楽しみ」と言って演奏を始めました。これは⑴と⑵の両方の例といえます。

⑶「転調や和音の使い方の工夫」の例にも事欠きません。ベルリオーズの序曲《ローマの謝肉祭》（第十三回）が好例です。この実験がどのような手順でおこなわれたのかを、**譜例8**の楽譜と照らし合わせながらみておきましょう。

ベルリオーズの終わりの盛り上がりが、なぜこれほど盛り上がって高揚するようになっているのかというと、ベルリオーズが工夫してつけた和音、ハーモニーの使い方というのがある、もういちど終わりの部分を演奏［演奏①：練習番号19から終わりまで］。うんと短く終われるハーモニーがついている。凡庸《ぼんよう》な終わり方だと――［演奏②：昨日練習した最初のフェルマータ（＝練習番号19の十七小節目）まで］。

ここからさらに新しいハーモニーをつけて盛り上げていく［演奏③：もう少し長く。練習番号20の頭で止める］。

どうやって終わるのかわからないようなおもしろい和音をたくさん使っている。今終わったところからどんな作曲をしたかをゆっくりやってみます［演奏④：練習番号20からゆっくりと終わりまで］。

最後の二つの和音でも、それまでの作曲家なら使わなかったような和音を使っている。古典派なら違う音〔演奏⑤：最後三小節間のコード、五小節前の二拍目と四つ前の一拍目、五度と一度のハーモニーで長く延ばして〕。

これがベートーヴェンやブラームスならこう終わっただろうという終わり方。自然に聞こえる。でもベルリオーズはこういう和音を使った〔演奏⑥：オリジナルの形〕。

変格終止、アーメン終止。コーダ、曲の終わりにありとあらゆる和音の工夫を凝らして盛り上げる工夫をしている〔演奏⑦：練習番号19から終わりまで〕

このように、ベルリオーズ以前の作曲家ならこういう和音、でもベルリオーズはこんな和音を使ってこんな効果をあげたというポイントを、実演してみせることによってくっきりと浮かび上がらせせました。

サティ（ドビュッシー編）《ジムノペディ》第一番（第十三回）についても「不思議なハーモニーがついている」（演奏①：最初の四小節をハープとコントラバスで）、「長調なのか短調なのかよくわからない」（演奏②：ハープで上の三和音のみ）、「暗い短調の和音、ところが下の音が入ると明るくも聴こえる」（演奏③：バスを入れて）、「明るくも暗くもない音をわざと使った。ヴァイオリンも明るいのか暗いのかよくわからない音」（演奏④：最初の八小節間）、「この曲の臨時記号はシャープ二つ、長調であればニ長調、短調であればロ短調、でも今の出だしはニ長調でもロ短調でもない、終

Fl. 1
Fl. 2
Ob.
Cl. (A)
Hr. 1, 2 (C)
Hr. 3, 4 (E)
Fg.
Trp. 1, 2 (D)
Cnt. 1, 2 (A)
Tbn.1,2
a 2
a 2
Tbn.3
Timp. (A/E)
mf
Cym.
Tamb.
Trgl.
Vln. I
pizz.
f
Vln. II
pizz.
f
Va.
pizz.
f
Vc.
pizz.
f
Cb.
pizz.
f

譜例８　ベルリオーズの序曲《ローマの謝肉祭》：練習番号19 から終わりまで（397–446小節）

①練習番号19 から終わりまでいちど演奏

⑦最後に練習番号19 から終わりまでもういちど演奏

③練習番号20の頭で止める（「ここでも終われる」）
④練習番号20から終わりまでをゆっくり演奏
（「おもしろい和音をたくさん使っている」）

（譜例８：続き）
②練習番号19の17小節目の頭で止める（「ベルリオーズが凡庸な作曲家だったら，ここで終わっていたかもしれない」）

⑤最後３小節間のコード，５小節前の２拍目と４つ前の１拍目，５度と１度のハーモニーで長く延ばして（「ベートーヴェンやブラームスならここで終わっていた」）
⑥オリジナルの形で演奏（「変格終止，アーメン終止」）

（譜例８：続き）

Fl. 1
Fl. 2
Ob.
Cl.（A）
Hr. 1, 2（C）
Hr. 3, 4（E）
Fg.
Trp. 1, 2（D）
I.
Cnt. 1, 2（A）
Tbn.1,2
Tbn.3
Timp.（A/E）
Cym.
Tamb.
Trgl.
Vln. I
Vln. II
Va.
Vc.
Cb.

わり方も」（演奏⑤：終わり四小節）、「不思議な悲しい終わり方、ニ短調で終わる」（演奏⑥：終わり四小節をヴィオラとフルートが嬰ヘで）、「本来ならこう終わるハーモニーだが、サティは最後に味付けをして淋しいような悲しいような響きで」（演奏⑦：オリジナルで）、「ハーモニーはたった一音が半音変わるだけで違う音楽を作ることができる。特にフランスの作曲家はハーモニーに対する感覚が鋭い……色彩感豊かなハーモニーがあちらこちらに使われている。いろいろなことを楽しみながらハーモニーのことも楽しんでいただきたい」と呼びかけました。

ベートーヴェンのバレエ音楽《プロメテウスの創造物》序曲（第四二回）については、次のような実験をおこなうことで、冒頭の和音がいかに斬新で大きな効果を挙げているかを示して見せました（**譜例9**）。

最初に出てくるメロディをちょっと聴いてください。

［演奏①：五小節目から八小節目の頭の和音まで］

エレガントで優雅な美しい音楽。

その前にドラマティックな前奏・イントロダクションを四小節つけている。

［演奏②：最初の四小節］

最初の音がベートーヴェンの大発明、考え抜いて挑戦した音。この曲はハ長調で書かれている。メロディは典型的なドミソから始まっている音楽。普通の作曲家ならドミソの和音で始めたはず。でも実はドミソにもう少し違う音が加わって緊張感のある音楽になっている。ベートーヴェンのアイディアで最初の和音が鳴った後のお休みにも緊張感がある。

これが普通のハ長調で始まるとどうなるか。

［演奏③：最初の二つの音、二小節間、ハ長調で、コントラバスとチェロとヴィオラとファゴットがドの音で］

モーツァルトならこう書いた。でもベートーヴェンは緊張感のある音、いちばん基本の音をドの代わりにシ♭、この音を使うことによって、上の楽器はみんなドミソの音を出しているのに、低音がシ♭を使っている。それによってなんとも緊張感のある、緊迫感のある和音が鳴る。それによって曲が始まった瞬間にただごとでないことが始まる、最初のひとつの和音でお客様と演奏者をそういう気持ちにさせる、ということを考えてベートーヴェンは作曲した。そんなことを楽しみながら聴いてください。

このような実験によって、作曲家たちがどのような工夫をして革新的な響きを作り出していったのか、その一端が浮き彫りになります。これも「こども定期演奏会」ならではのメリットといえます。

④形式

音楽には形があって、それを意識しながら聴くと音楽の世界が広がるというトピックも、

③最初の２つの音，２小節間，ハ長調で，コントラバスとチェロとヴィオラとファゴットがドの音で（「普通のハ長調で始まるとどうなるか」）

譜例9　ベートーヴェン バレエ音楽《プロメテウスの創造物》序曲：最初の8小節

①5小節目から8小節目の頭の和音まで（「エレガントな優雅な美しい音楽」）

②最初の4小節（「ドラマティックな前奏」）

「こども定期演奏会」ではくりかえし取り上げられてきました。具体的には三部形式やロンド形式、ソナタ形式などですが、西洋音楽は楽譜に書き表すことによって複雑で規模の大きな作品を構築することを可能にし、発展してきたという特徴があるため、それを耳で聴き取るのはさほど簡単なことではありません。しかし、なんとかそれをわかってもらおうとする努力が続けられてきました。これも「音楽はおもしろい」「音楽のおもしろさは子どもにもわかる」という基本理念に支えられたものということができます。

三部形式の「実験」の好例を第十五回に見ることができます。ここでは、ブルックナーの交響曲第四番変ホ長調《ロマンティック》第三楽章の演奏の後、「音楽のなかでくりかえしをすることが大事」と前置きして、「A—B—Aが人間の好きな形」と三部形式の話をし、これを実演で裏打ちしました。まずAの部分を演奏し（演奏①：冒頭から練習番号Bの前まで）、次に「中間部のB部分を演奏していると、気がつかないうちにA部分が戻ってくる」（演奏②：練習番号FからKの前まで）、「この曲はさらにA—B—A＋トリオ［複合三部形式の中間部のこと］＋A—B—Aという形になっている」（演奏③：トリオを反復して）、「くりかえして演奏されることで印象深く心に残る、これが音楽の形」と嚙《か》み砕いて話をしたのです。この実験も「えいぞうで見る定期演奏会」のサイト（http://www.codomoteiki.net/movie/）で見ることができます。

第三回では、「いちばんたくさん使われているのはA—B—Aの三部形式。交響曲とか、協奏曲とか大きい曲で使われているソナタ形式の基本の形。人間の好きな形、歌謡曲やポップスの音楽やアニメーションのテーマ音楽でも多い」と説明したうえで、ビートルズの〈ヘイ・ジュード〉の中間部（演奏①：一二三四小節目から）のメロディと冒頭（演奏②：二四五小節目のアウフタクトから再現する部分）のメロディとをトロンボーンの若狭《わかさ》［和良］さんに吹いてもらって、「人間がとっても好きなパターン、夏休みが終わって新学期が始まったと思いますけど、また学校でみんなに会ってうれしくなる。学校から家に帰るとほっとするというのがありますよね。こういうのが人間がみんな自然にもっている感性だと思うんですね」と子どもの経験に引きつけて話しました。

ロンド形式については、シューベルトの劇音楽《ロザムンデ》から間奏曲第三番（第三回）で「サンドウィッチ」をキーワードにわかりやすく解説しています。「穏やかな、途中に哀愁があるステキな曲。最初をAとすると、次に違う別のメロディが出てきて、またAが出てきて、また違う部分が出てきて、またAと、サンドウィッチみたいに曲ができているということがわかる」と話をしてから、最初のメロディ（八小節）、違う部分であるミノーレ（短調）のいちばん頭の部分、ミノーレの二番、頭の部分をそれぞれ部分的に演奏したうえで、「A―B―A―C―A、サンドウィッチみたいに同じ部分がくりかえして、あいだに違うものが入ってくる形式をロンド形式といいます。音楽は形が見えにくい、聴き始めるときにはどのような形かわかりにくい、興味をもって聴くと楽しみが増える」と聴き方のポイントを示しました。

ソナタ形式については、ベートーヴェンの交響曲第六番《田園》第一楽章（第三回）に関連して、「いちばん有名なメロディと、もうひとつメロディがあって、これを第一主題、第二主題と呼ぶ。まんなかに別の部分があって、また戻ってくるという形」と前置きしてから、各主題を次の手順で部分演奏して聴かせました。

最初はなにげなく始まる〔演奏①：冒頭部分〕。

最初の大事なテーマ〔演奏②：三七小節目から〕。

もうひとつきれいなメロディ、第二テーマ〔演奏③：六七小節目から〕。

Aの部分の意外な終わり方〔演奏④：一二七小節目から複縦線まで〕。

Bの部分が長く続いて、またAの部分が戻ってくる。そのAの戻り方にちょっと細工をしている、再現部〔演奏⑤：二七五小節目から三二八小節目まで〕。

うんとスケールが大きくできている。Aの部分もBの部分も大きいけれど、ちゃんと戻ってくる。そういうことに気がついたら楽しい。

第四四回では、同じくベートーヴェンの交響曲第五番ハ短調《運命》第一楽章について、「形式、フォームを意識しながら聴くと音楽の世界が広がる」「音楽は始まりがあって終わりがあるように形がある」「交響曲というのはハイドンという大作曲家が完成させた形。通常四つの楽章からできている」「第一楽章はひじょうに快活な生き生きとした速い楽章、ゆっくりとした二楽章、三楽章が三拍子の踊りだったりワルツだったり、勢いのよい快活な四楽章が定番」「ベートーヴェンも全部で九つの交響曲を書いているが、これから聴いていただくのは《運命》の第一楽章。出だしが有名だが、すごくめずらしい書き方をしている。この有名な運命交響曲の出だしはハーモニーがついていない。弦楽器全員とクラリネットが同じソソソミー、ファファファレーと旋律のみで和音がついていない。もっともインパクトがあるドラマティックな、和音がついていない始まり方」「音楽はA―B―Aでできている曲が多い。歌謡曲やポップスも、人間がそういうのが好きなんだと思いますね。それが聴きながらわかるとおもしろく聴ける。そういうことを知っていると音楽ってこういうふうにできているんだな、Aの部分が戻ってきたなとおもしろく聴けるようになる」と説明してから、主要部分を取り出して、次のようなかたちで聴かせてくれました。

出だしの部分、和音がついていない［演奏①：一番のフェルマータまで］。和音を使わないことによって印象的な音楽を書いた。Aの部分をくりかえすのが交響曲の定番。こんどはBの部分に入るところ［演奏②：最初の複縦線の後から一四五小節目の頭の音まで］。これが始まったらBの部分。気がつかないうちにAが戻ってくる。Aが戻ってくる少し前から［演奏③：練習番号Cから］。

これでAの部分が戻ってくる。すばらしい長いエンディングのコーダをつけて一楽章を終えている。戻ってきたときにはちょっとだけ和音がついている。そんなことも何回も聴いているうちにいろんな音が聴こえてくる。

［演奏後に］先ほどの形式の話は、一回ではよくわからなかったという人も多いかもしれません。でもベートーヴェンが設計をしながら音楽を書いたということに興味をもつだけでも世界が広がる。この曲でいちばんびっくりするのは、最初のソソソミーというモティーフを、ほんとうにシンプルな簡潔なアイディアですが、それを組み合わせるだけで第一楽章ができていること。第二楽章、第三楽章、第四楽章まで、それぞれの楽章のなかにソソソミーというアイディアが組み込まれている。ですから一楽章から四楽章まで通して聴いてみると、ベートーヴェンがどんなにすごいアイディアで書いたかがまたわかる。機会があるときにぜひ全曲を聴いてみてください。

⑤楽器法、オーケストレーション

オーケストラのおもしろさとして、楽器法、すなわちオーケストレーションは欠かすことのできない大切な要素です。これについても、さまざまな機会に「実験」をまじえての説明がなされました。

たとえば、ラヴェルの《ダフニスとクロエ》第二組曲（第二五回）については、次のような話をして、精妙な楽器の用法に注意を向けました（**譜例10**）。

ラヴェルがオーケストラの魔術師といわれていた、その秘密をちょっと紹介しましょう。この組曲はバレエの曲で……小川の流れる美しい森の中の夜明けの情景です。霧がかかっていて、小川のせせらぎ、それから岩からこぼれ落ちる水の雫《しずく》、そういう情景から始まります。その情景をラヴェルがどういう音楽で表現したか、まず弦楽器だけで空気のようなものを表現しました［演奏①：冒頭の弦楽器とホルン］。

ラヴェルのすごいところは、今のような空気の中に、岩から染み出る水の雫とか、小川のせせらぎとか、そういうものを音で描いたところ。それは木管楽器、フルートとクラリネット、それからハープ、チェレスタ、こういう楽器を使って……描き出しています［演奏②：フルート、クラリネット、ハープ、チェレスタのみ］。

これが先ほどの弦楽器やホルンといっしょになって演奏されると、まるで夢のような世界が始まります。この音楽は夜明けから始まって、日の出になって、うんと明るい世界に変わっていきます。この後いろいろな場面が続きます。それでは《ダフニスとクロエ》の第二組曲を聴いてください。

また、ドビュッシーの交響詩・交響的スケッチ《海》より最終楽章〈風と海の対話〉（第三七回）を演奏する前に、次のような話と実験をおこなって、楽器法とハーモニーの巧みな使い方

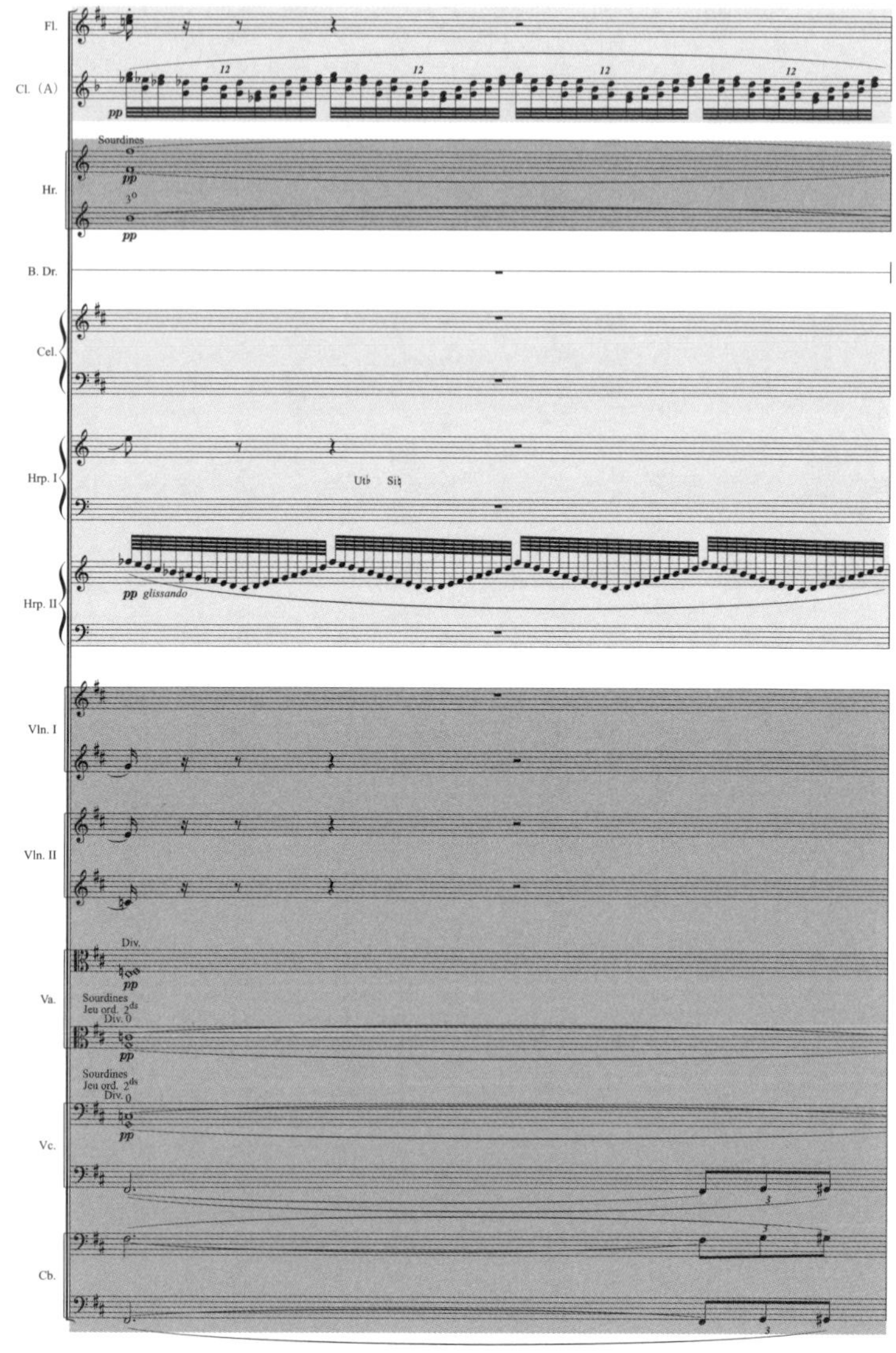
Fl.
Cl. (A)
pp
Sourdines
Hr.
pp
3°
pp
B. Dr.
Cel.
Hrp. I
Ut♭ Si♮
Hrp. II
pp glissando
Vln. I
Vln. II
Div.
Va.
pp
Sourdines
Jeu ord. 2ds
Div.
pp
Sourdines
Jeu ord. 2ds
Div.
Vc.
pp
Cb.

譜例10　ラヴェルの《ダフニスとクロエ》第２組曲：冒頭

①弦楽器とホルン（「空気のようなものを表現」）

②フルート，クラリネット，ハープ，チェレスタ（「水のようなものを表現」）

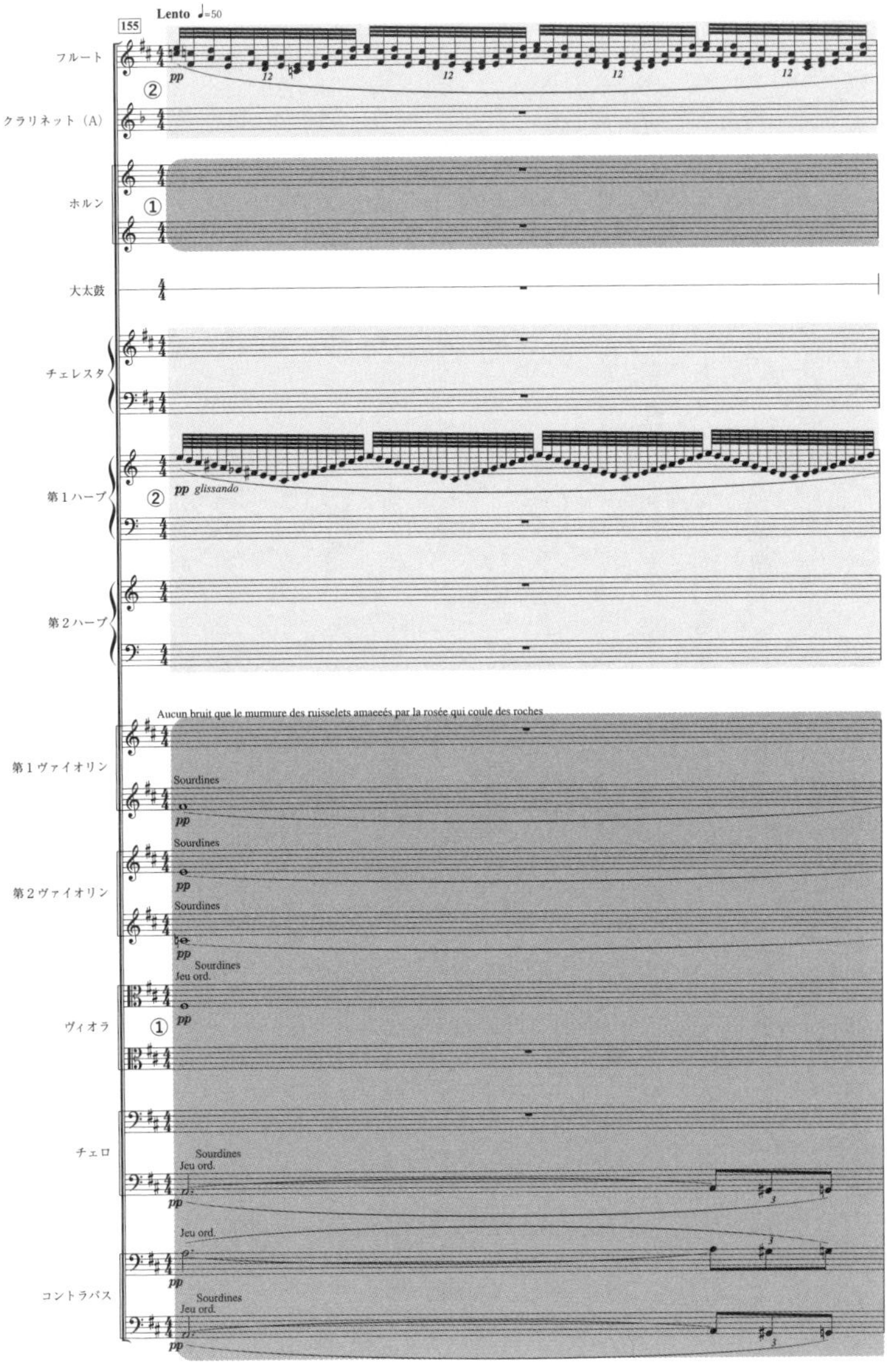

を分解してみせました。

最初の部分でめずらしい作曲法。打楽器［ティンパニと大太鼓］だけを静かに演奏させることによって空気を作る［演奏①：ティンパニと大太鼓］。

ベートーヴェンやモーツァルトやブラームスはこういう作曲はしなかった。必ず最初から音程がはっきりしているとかメロディがあるとかリズムがあるとか。こういう始まり方はドビュッシーの発明［演奏②：最初の八小節間。以上、**譜例11—1**］。

不思議な音楽。最初に空気が始まって、それから波が打ち寄せてくる。この曲は「海と風の対話」というタイトルがついている。下のほうでコントラバスやチェロやヴィオラが演奏したのが波のようにも聴こえるし、その後、管楽器にメロディが出てくるのが風の歌のようにも聴こえます。ドビュッシーは楽器の奏法もいろいろなことを考え出した。トランペットが風の歌のようなたいへん美しいメロディを奏でる、こういうメロディです。トランペット奏者の澤田［真人］さん、普通に聴かせてください［演奏③：弱音器なしのトランペット］。

これをドビュッシーはトランペットに弱音器、ミュートというものをつける。カップみたいなものをトランペットのベル［音の出る開口部］に入れると音色、音の感じが変わる。音色を変えてフォルテで、大きく使っている［演奏④：ミュートをつけて。以上、**譜例11—2**］。

哀愁があるような不思議な感じ。その後に弦楽器で波が打ち寄せるような音を書いている。

普通に演奏すると、こういう感じ［演奏⑤：練習番号45からしばらく演奏］。

聴いているだけで波が押し寄せてくるような感じ。ところがドビュッシーはこれを特別な演奏法で書いている。スル・ポンティチェッロといって、弦楽器の駒の上で、シャリシャリいう、ちょっと金属的な音、そういう奏法にすることによって、白い波だとか飛沫《ひまつ》だとか、そういうような音に聴こえる［演奏⑥：スル・ポンティチェッロで。以上、**譜例11―3**］。

こういう音色をドビュッシーはあえて使って実験している。こんどはとっても穏やかな美しい場面のところ、まず第一ヴァイオリンを除いて［演奏⑦：54の五小節目から］。

夢のような世界ですけれども、実際にはドビュッシーはここに第一ヴァイオリンを、フラジョレットという奏法で、うんと倍音を使った高いほうの音を加えている。ヴァイオリンが倍音のような高い音を加えることで、今の音楽の空間がぐんと広がるように感じる［演奏⑧：オリジナルで。以上、**譜例11―4**］。

どこを開いても新鮮な驚きばかり。もうひとつどうしてもみなさんに、斬新なハーモニーの使い方をしていたことをお話ししたい。終わりの部分を［演奏⑨：62から終わりまで普通に］。

二小節間、ドビュッシーでないと書かなかったような和音がある。ドビュッシーが普通の作曲家だったら多分こういうハーモニーを使っただろうというのを聴いてください［演奏⑩：62から始めて、63の二つ前の音を変ト長調の和音でフェルマータで止めたまま63に入る］。

今、延ばしていた音が普通に聴こえたと思う。でもドビュッシーは普通の作曲家なら考えなかったような半音高いハーモニーを使っている。そうするとどんな感じになるか［演奏⑪：62から始めて、63の二つ前の音をト長調の和音でフェルマータで延ばして、少し強調して63に入る］。

今私が振り向いたところが、音がうんと明るい、光り輝くような音。それをドビュッシーは発明した。わかった人がいるとうれしいのですけれども、オリジナルどおりやってみますね。そこのところがほんとうに光が射してくるような、われわれですと転調というのですが、調がふっと上に上がるような、すばらしいハーモニーがついている［演奏⑫：62からオリジナルで演奏。以上、**譜例11―5**］。

この後、このような実験をおこなう意義について、大友さんは次のように語っています。

こうやって少し、あっそうなんだなあと思って聴いていると、音楽を聴いていて、作曲家がいろんなことを実験したり発明したり、それから私たち演奏家は作曲家がいろいろアイディアをこめて書いた音楽を、ちゃんと的確にキャッチして理解して、それでよりいっそう効果的にみなさんに聴いていただく。

この話を聴いた子どもたちは、それぞれの楽器の可能性、特殊奏法のおもしろさ、作曲家の工夫の数々と、それを弾きこなす演奏家の力量とに目を開かれたことでしょう。精緻な作品で

譜例11－1　ドビュッシー《海》より最終楽章〈風と海の対話〉：冒頭８小節

①ティンパニと大太鼓だけで（「空気を作る」）

②最初の８小節間を演奏

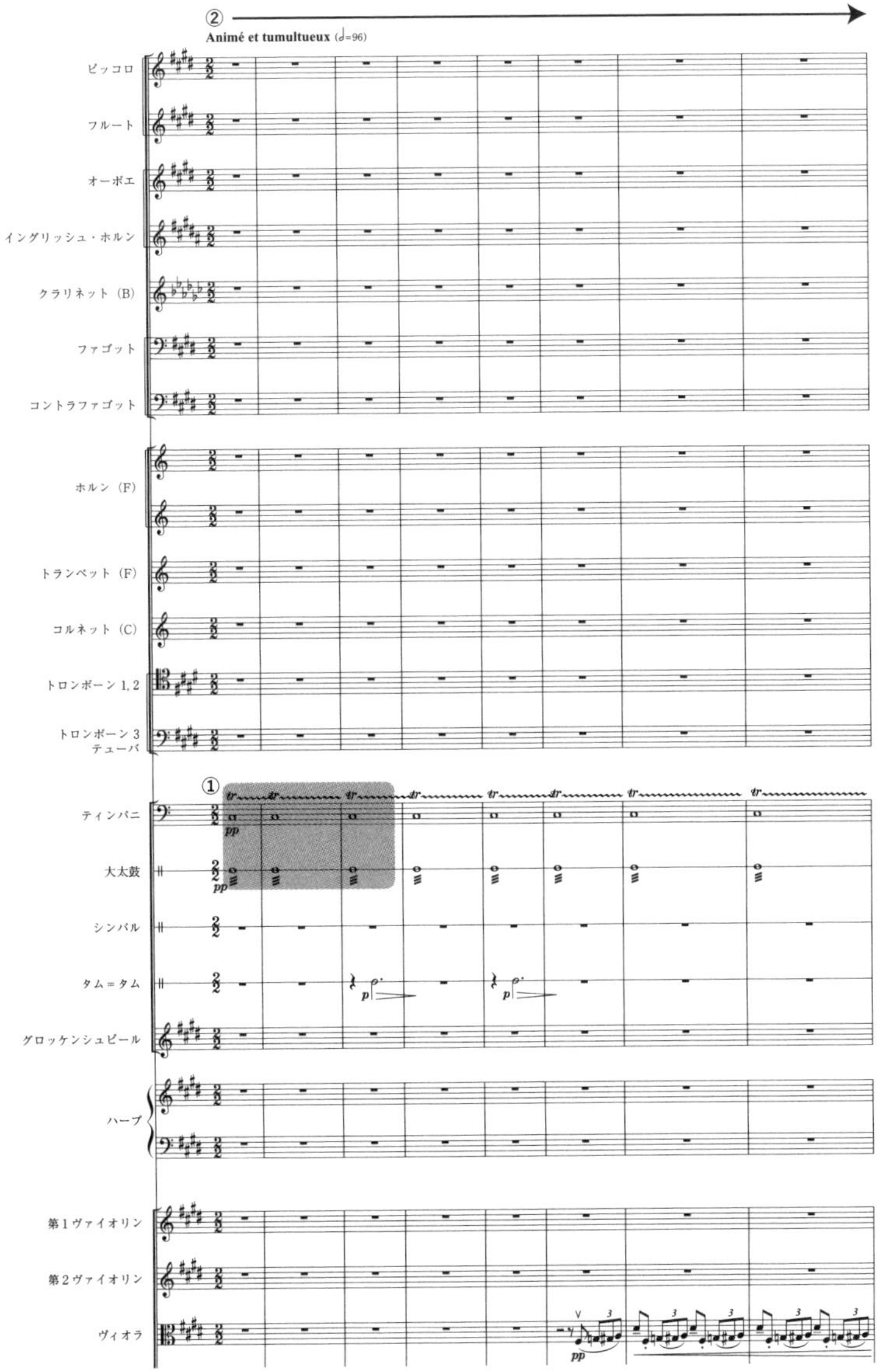

⑤スル・ポンティチェッロ（駒の上で）でなしに普通に演奏
⑥スル・ポンティチェッロ（駒の上で）で演奏

譜例11－2　ドビュッシー《海》より最終楽章〈風と海の対話〉：練習番号44から

③弱音器なしのトランペットで（「風の歌のようにも」）

④ミュート（弱音器）をつけて

譜例11－3　ドビュッシー《海》より最終楽章〈風と海の対話〉：練習番号45から

160
1. solo
pp
1. solo
pp
Fl.
Ob.
C. I.
Cl.
Fg.
C. Fg.
2.
pp
marqué
4.
Hr.
Trp.
Tbn.
Tub.
Timp.
Hrp. I
Hrp. II
Vln. I
sur la touche
arco
pp
Vln. II
Va.
Vc.
Cb.

譜例11－4　ドビュッシー《海》より最終楽章〈風と海の対話〉：練習番号54の5小節目から

⑦第1ヴァイオリンを除いて

⑧第1ヴァイオリンがフラジョレットで加わる

167
Retenu
1. solo
più p
pp
più pp
Fl.
Ob.
C. I.
Cl.
Fg.
C. Fg.
Hr.
Trp.
Tbn.
Tub.
Timp.
Hrp. I
Hrp. II
Vln. I
Vln. II
pizz.
Va.
Vc.
Cb.

（譜例11－４：続き）

Reprenez peu à peu le Mouv^t
163
1. solo
pp
p
1. solo
pp
p
1.
pp
p
2.
4.
pp
pp
pp
Fl.
Ob.
C. I.
Cl.
Fg.
C. Fg.
Hr.
Trp.
Tbn.
Tub.
Timp.
Hrp. I
Hrp. II
Vln. I
Vln. II
Va.
Vc.
Cb.

⑪練習番号63の２つ前の音をト長調の和音でフェルマータで延ばして少し強調して、そのまま63に入る（「半音高いハーモニー」）
⑫終わりまでオリジナルどおりに演奏

譜例11－5　ドビュッシー《海》より最終楽章〈風と海の対話〉：練習番号62から

⑨終わりまでいちど楽譜どおりに演奏

⑩練習番号63の２つ前の音を変ト長調の和音でフェルマータで止めたまま63に入る（「普通に聴こえる」）

288
Picc.
Fl.
Ob.
C. I.
Cl.
Fg.
Fg.
C. Fg.
Hr.
Trp.
Cor.
Tbn.
Tub.
Timp.
B. Dr.
Cym.
T.T.
Vln. I
Vln. II
Va.
Vc.
Cb.
(8va)
à 2
tr
fff
2. et 3.
1.
1. 2.
3.
sec
ff
f
pizz.
arco

（譜例11－5：続き）

285
63
Picc.
(8va)
à 2
Fl.
Ob.
C. I.
Cl.
Fg.
Fg.
C. Fg.
Hr.
2. et 3.
Trp.
cresc.
Cor.
1. 2.
3.
Tbn.
Tub.
Timp.
B. Dr.
Cym.
T.T.
(8va)
Vln. I
Vln. II
Va.
pizz.
Vc.
pizz.
Cb.

あればあるほど、その内側に分け入っていくのはむずかしくなりますが、このような話をすることによって、作品の内奥へと分け入る道しるべを示すことができます。ひょっとすると、「この不思議な響きは何だろう」で終わっていたかもしれない子どもの疑問に対して、「ああ、これはミュートを付けているんだ」とか「これはフラジョレットなんだ」といった言葉を与え、ひいては音楽を語る力を養うことにもつながっていきます。

ドビュッシーの《牧神の午後への前奏曲》（第四二回）では、ドビュッシーがどのような音の組み立てによって独特の響きを作り出しているのかがわかるように、次のような手順で音を積み上げてみせてくれました（**譜例12**）。

フルートひとりだけで演奏を始める有名な出だし。夢のような音の世界が広がる。

［演奏①：出だしから練習番号1の冒頭の音まで］

夢のような空気をどのような音を使って作っているのか、みなさんと研究してみたい。基本になる音は単純な音［演奏②：四小節目のハーモニーを、クラリネットの二人と二番オーボエ、八分の六拍子の小節から弦楽器はコントラバス、チェロ、ヴィオラは変ロ音のみ、ヴァイオリンは八分の六拍子の三小節目、第二ヴァイオリンは譜面のまま、第一ヴァイオリンは下のミの音のみ、その後くりかえして、一番に入る前まで和音だけ、四小節目の四拍目から、ホルンもハープもお休みで］。

きれいだが、普通の音。これにひとつだけ音を足している。

［演奏③：第一ヴァイオリンも一番オーボエも入って］

これにハープとホルンを足すと［演奏④：ハープと一番ホルンを加えて］。

もうひとつ特別な音を吹いているのが三番ホルン。これが加わると全部の音が鳴る。

［演奏⑤：一番のハーモニーに入るところまで全員で、相澤さんのフルート抜きで］

ドビュッシーはこんなすてきな音をこうやって組み立てていった。最後に止まった音は単純なニ長調の和音［演奏⑥：ニ長調の和音］。

ここにフルートが加わるとまたすてきな音になる。

［演奏⑦：ニ長調のコードだけ鳴らしてフルートが入る］

フルートがポンと入るとぜんぜん違う世界になる。和音を吟味してすてきな音で全曲を作り上げた。和音を聴いているだけで鳥肌が立つようなすてきな世界。みなさんもぜひそういう音の細かい繊細なニュアンスを楽しみながら聴いてください。和音だけでなく、リズムだとかメロディだとかすべてのものがハーモニーになって、すてきな曲を作っています。

演奏後の休憩の後で、大友さんは次のように補足しました。

ドビュッシーのさっきのお話は小学校の低学年のみなさんにはむずかしかったかもしれませんが、でも多分わかった人もいると思います。すてきな音だなあと感じてくださったら、のミの音のみ，その後繰り返して，１番に入る前まで和音だけ，４小節目の４拍目から，ホルンもハープもお休みで（「基本になる音は単純な音」）
③第１ヴァイオリンも１番オーボエも入って
④ハープと１番ホルンを加えて
⑤３番ホルンも加わって和音の全部の音を，フルート抜きで演奏

譜例12　ドビュッシーの《牧神の午後への前奏曲》：冒頭から練習番号1の頭の音まで

①いちど演奏

②4小節目のハーモニーを，クラリネットの2人と2番オーボエ，8分の6拍子の小節から弦楽器はコントラバス，チェロ，ヴィオラは変ロ音のみ，ヴァイオリンは8分の6拍子の3小節目，セカンド・ヴァイオリンは譜面のまま，第1ヴァイオリンは下

（譜例12：続き）
⑥ニ長調の和音
⑦ニ長調の和音だけ鳴らしてフルートが入る

それだけで私はとてもうれしいです。今日話したことは実はあんまり聞くことはないと思います。さっきみたいな話は、オーケストラのメンバーの人も、ああこうなってたんだとあらためて思った人も多分たくさんいたと思います。そういう意味ではけっこういい経験をしてくださったと思います。

ひょっとすると、こうした音楽の中身や作曲家の工夫についての話はむずかしすぎるという議論が、舞台裏でおこなわれていたのかもしれませんが、それは客席側からはうかがい知れぬことです。

さらにオペラのアリアについても、第十一回「美しいオペラ&バレエ音楽」で、「アリアというのはイタリア語で『歌』という意味。オペラ、歌劇のなかには、お話を進めていくストーリーを作っていく場面と、ストーリーがぱっと止まって歌手の人がその場面に合った歌を歌う場面とがある」と説明しています。第二九回「プッチーニ&ヴェルディ――イタリアオペラの楽しみ」でも、「オペラでは、音楽だけではなくて、そこにお芝居とか、舞台美術、衣装、照明とか、作品によってはバレエも出てくる」「物語のなかで登場人物の歌手が、いい場面になるとお芝居が止まったようになりながら、すてきな歌を歌う場面がある。それがアリア」と簡にして要を得た説明をしたうえで、演奏に入っていきました。

このように音楽の主要な要素や形式などについて、専門的な知識のない人でもわかるように話すというのは手間ひまのかかることです。ましてや、それらを実際に見聞できる「実験」を組み込むためには、通常の演奏会であれば必要のない余分のリハーサルをすることが求められます。これは大きな情熱がなければ実現できないことです。それを継続してきたところに、「こども定期演奏会」の最大のメリットと価値があるといえるでしょう。

♪聴くことの大切さ――静寂の実験

「こども定期演奏会」で大切にされてきたことのひとつに、「耳を澄ますこと」「音を聴きとげること」があります。「集中して聴くこと」の意味と大切さを、折に触れて子どもたちに伝え、実際に耳を澄ます体験をもたせることによって理解をうながしてきました。

ときどき、「皆が耳を澄ませる実験」がおこなわれたのも、そのためです。たとえば、第五回ではドビュッシーの《牧神の午後への前奏曲》を演奏する前に、「静寂の実験」がおこなわれました。大友さんは客席に次のように語りかけました。

この曲はたいへんに繊細な、とても美しい曲です。これは客席のみなさんにも協力していただきたいのですが、この曲はものすごく静かな空気が大事な曲です。フルートの相澤さんが曲の始めのところでたったひとりで演奏を始めるのですが、そのときに会場中の空気が、相澤さんが最初の音を出した瞬間に何か違う空気に変わる。これは不思議なのですけれど、水の中に絵の具をぽとっと一滴落すと、水の色がふぁっと変わるような、そういう変わり方ってありますよね。まさに空気ですから、そういうふうに目には見えないのですが、相澤さんがフルートを吹き始めた瞬間に会場中の空気が変わると思います。そういう空気をこの曲全体をとおしてぜひみなさんに味わっていただきたい。一度静かに空気を楽しんでみましょう。

一、二、三。

こう言って会場に静寂を求めた後、「こういう静かな状態から、フルートの音が出てくる、その瞬間をぜひみなさんで楽しんでみてください」と呼びかけて演奏を始めました。

演奏が終わった後にも、「曲を始める前に一度静かにしました。ああいう空気をわれわれは、ステージのオーケストラのみなさんと会場にいるみなさんとでいっしょに作ることができるのですね」「眠くなったら寝てもいいし、飽きたら他のことを考えてもいいのですが、音楽を一生懸命聴いている人のために、音を出さないというのは、音楽会のいちばん大事なルールです」「これだけはずっと守るようにしましょう。そうすると、音楽会を聴きに来ている他の人たちがとてもいい気持ちになります」と説明して、よく聴くためには静寂が大切なことをわかりやすく伝えています。

静かに始まる曲は「耳を澄ませる」絶好のチャンスです。サティ作曲（ドビュッシー編曲）《ジムノペディ》第一番（第十三回）やバーバー《弦楽のためのアダージョ》（第十八回）、マスカーニのオペラ《カヴァレリア・ルスティカーナ》から間奏曲（第四一回）といった曲を演奏する前に、「たいへん静かに始まるので、ぜひ耳を澄ませて聴いて」とか、「とっても静かな曲なので耳を澄ませて静かな空気を作って」といった声がけをしています。

第一回の演奏会では、特にていねいに説明しています。大友さんは次のように語りかけて「静寂の実験」をおこないました。

日ごろ私が思っていることなのですけれども、みんなで気持ちを合わせるというのは、ステージの上だけでできるものではなく、この空間はみなさんの客席と私たちといっしょに空気を作りたい、そういう気持ちがあるのですね。それがこういうホールで音楽を聴くことのおもしろさなのです。このホールが、誰もいないときはたしかに静かですが、今、約二千人のお客様がいらっしゃるのですけれども、この二千人のみなさんがほんとうに耳を澄ましたときの静かな空気というのはすごいエネルギーがあるのです。ちょっとそういう空気を作ってみたいと思います。ほんの十秒でいいですから、ほんとうにみなさんで耳を澄ましていただけますか？　いいですか？　一、二の三、ハイ！［静寂］……はい、どうもありがとう。ずいぶん静かになったでしょう。この時間に緊張してなくていいのです。普通にしていていいのですけれども、耳を澄ますというのは今みたいなことをいうのですね。私たちも一生懸命演奏しているときには耳を澄ませて演奏していますし、お客様も耳を澄まして聴いてくださると、今みたいな空気が会場いっぱいに伝わってくるのですね。それから咳払《せきばら》いなどのいい方法をお教えしましょう。どうしても咳が我慢できないときとか、くしゃみが出ちゃうときがあるのですけれども、そういうときはちょっと口を押さえるといいのです。ハンカチで押さえるとか、それをするだけでずいぶん違うのです。何もしないでアハンとやったら絶対響きますから。静かなときにそれをやりたくなる衝動というのもあると思うのですけれども〔会場から笑い〕、自分の声がどれくらい響くかという実験をやりたい人もいると思うのですけれども、それはやはりマナー違反です。まわりの耳を澄ましている人たちの邪魔になりますから、そういうことはしないほうがいい。

子どもたちが集中して聴いてくれたら、それを褒《ほ》めることも忘れません。たとえば、ブラームスの《ハイドンの主題による変奏曲》(第四四回)を演奏して、「ブラームスのハイドン・ヴァリエーションをあんなに集中して聴いてくださって、私はすごくうれしかったし、また驚きました。さっきの曲はすばらしい曲だけど、大人でも集中して聴くのは、もしかしたらちょっとむずかしい曲なのです。それを皆、一生懸命聴いてくださって、とってもうれしかったです。ありがとうございました」と。

子ども向けのコンサートでは、会場がざわつくこともあるためか、舞台からマイクを使って元気よくお話する例が見られます。勢いよく元気に話して会場を盛り上げるというのは、歌謡番組やポップス系のライヴでは必須ですが、オーケストラや小編成のアンサンブルで「クラシック音楽」を演奏する場では、場違いに感じられることもあります。静かに、落ち着いた口調で話をしつつ、子どもたちをぐいぐいと引きこんでいくためには、話し手自身が話す事柄についての深い理解と共感をもっていることが必要なのでしょう。

♪ 演奏会は人間的な交流の場という主張――拍手の実験

「演奏中は静かに」と並んで、コンサートには「演奏が終わったら拍手をしましょう」というマナーがあります。「拍手は曲が完全に終わってからしてください」「楽章間の拍手はご遠慮ください」と拍手のタイミングまでプログラムに書いて指示してあることもあります。こうしたマナーを子どもたちにもきっちり教えるべきだという演奏家もいます。

実際の会場でどうかといえば、マナーを記した小冊子が用意されていたり、司会者が客席に向かって簡単に説明したりすることもあります。しかしそうした場合にも、守るべきマナーとしては語られても、「拍手」がどのような意味をもち、どのような役割を果たしているのかという点にまで踏みこんで、子どもたちに理解できるように噛み砕いて説明するということはほとんどおこなわれていません。その例外が「こども定期演奏会」です。「こども定期演奏会」では折々に「拍手の実験」がおこなわれて、聴衆として何ができるのか、拍手をすることがどのような力をもっているのかがくりかえし語られてきました。たとえば、第二二回では、次のように説明しながら、「拍手の実験」をおこないました。

みなさんとコミュニケーションを取るときにどうしたらいいかというと、拍手というのがすばらしいシステム。みなさんが心をこめて拍手をすると私たち演奏者はすごくよくわかる。ごく普通の拍手、次にほんとうに心をこめて、これ以上の応援はできないという気持ちをこめて拍手をしてみてください。こうすると会場全体がものすごく雰囲気が変わる。どの演奏会に行っても同じです。つまらなかったなと思ったら義理で拍手する必要はありませんが、演奏会は皆でいい雰囲気を作るのが大切なこと。

第十七回では、「コンサート・ホールというのは、私たち音楽家と会場のみなさんといっしょにこの二時間を作って楽しんでいく場」「客席のみなさんとステージの音楽家がどういうふうにコミュニケーションを取るか」「客席のみなさんからは拍手、ステージの上からは音楽、これをとおしてみなさんと触れ合うことができる」「拍手というのがコンサート・ホールでは大事」と説明してから、まず「普通の拍手」を、次に「ほんとうにすばらしかった、あるいはこれからいい演奏をしてくださいという気持ちをこめて、これ以上大きな拍手はできないという拍手」を求めました。そのうえで次のように促しました。

ホールの響きがぜんぜん違ったでしょう。これが客席のみなさんもいっしょにコンサートに参加しているということの証《あかし》。われわれ音楽家も会場から大きい拍手をいただくと、よし、今日はがんばっていい演奏をしようという気持ちになる。演奏が終わった後に大きな拍手をしてくださると、ほんとうによかったな、次の曲もがんばろう、そういう気持ちになるのが人間。音楽家もみなさんと同じ人間ですから、今から出てくる奏者の人たちにも、ぜひ大きい拍手をしてあげてください。

「拍手の実験」は予告編や第九回でもおこなわれ、第三一回では「普通の拍手」と「ほんとうに心のこもった、感動した、あるいはものすごく期待しているという拍手」の実験をして、「ね、会場の雰囲気がこんなに変わるのです」と語りかけると、会場から大きなどよめきが起こりました。実際にやってみて、皆よくわかったのでしょう。

第四五回では「この演奏会は長年聴いてくださっている方が多いせいか、小さなお子さんが多いのに静かに熱心に聴いてくださってとてもうれしいです。拍手もたくさんしてくださるし、東京交響楽団のメンバーも私も幸せな気分で演奏しています」とほめています。

拍手のタイミングについても、ヴィヴァルディの協奏曲（第十七回）の演奏後、「今、第一楽章が終わったときに拍手してくださって、それはぜんぜん間違いではない。音楽を聴いていいなと思ったら拍手していい。拍手は遠慮しないで」と補足して励ましています。予告編のプログラム冊子の巻頭には、「大友直人さんからのメッセージ」として、次のように記されています。

会場となるサントリーホールの大ホールには二千人もの人が入ります。このたくさんの人たちが気持ちを集中して静かになったとき、ホールの空気はどのようになるのか。ステージの上で音を出したとき、どのくらい小さな音まで聞えるのか。ステージの上の人の目を、表情ひとつを、客席から見ることができるかどうか。そんな緊張感を、ぜひ体験してください。ホールという空間でステージと客席の人とがいっしょにいる意味やおもしろさがわかってくると思います。

このようにホールという場に集まって、弾く人と聴く人とが互いに集中し合うことによって、初めて充実した音楽の場が成立するのだということを、「こども定期演奏会」ではくりかえし教えてきました。

第二回でも、次のように語りかけています。

ステージとみなさんのあいだのコミュニケーションというのは、われわれはもちろん一生懸命演奏しますけれども、そのもとになっているのはみなさんが聴いてくださっているというエネルギーみたいなものを、私たち感じるのですね。みなさんの呼吸だとか、拍手の大きさとか、拍手の音色とか、そういうものがわれわれ、勇気づけられたり励まされたり、あるときはがっかりさせられたり、いろいろあるのですけれども、そういう意味でとてもいい会になってきているのではないかと思います。

小林朋道『ヒトはなぜ拍手をするのか——動物行動学から見た人間』（新潮選書、二〇一〇）は、「高い声が親和、宥和の信号として働くことはヒト以外の多くの動物でも見られる現象」としたうえで、「拍手もまた、こうした親和の特性である〝高い音〟を産むことができる」と指摘しています。いっぽう、茂木大輔『拍手のルール——秘伝クラシック鑑賞術』（中央公論新社、二〇〇八／中公文庫、二〇一二）は、音量、音程、密度を「拍手の三元素」とし、「個別拍手音」と「集団拍手音」とを区別したうえで、演奏会の拍手八種のイメージ図を展開しています。

クリスティアーネ・テヴィンケルというドイツの音楽研究者が書いた『コンサートが退屈な私って変？——素朴な疑問に応えるクラシック・ガイド』（小山田豊訳、春秋社、二〇〇九）というおもしろい本が邦訳されていますが、そこにはこう書かれています。

音楽社会学者ハンス＝ヴェルナー・ハイスターによれば、コンサートでの拍手は古代の面影をとどめる行為であり、その場の全員が音楽に参加し、演奏する側と聴く側という区別がまだ存在しなかったころの名残だ。それに拍手が起こることで、音楽が人の心になんらかの作用を及ぼしたことが、形として確認できる。拍手は報酬を補うものでもあるのだ（「これが生きる糧なんだ！」という音楽家は多い……）。（二四頁）

「拍手は音楽家の生きる糧」という主張を、「こども定期演奏会」ではくりかえし訴えてきたということができるでしょう。

♪ 団員の名前を呼んで顕彰する

もうひとつ「こども定期演奏会」の特徴として挙げられるのは、コンサートのなかでオーケストラの主要パートの奏者が名前を挙げて紹介されるという点です。各パートの首席奏者をはじめ、大切なテーマを演奏したり、重要な役割を果たしたりする場面で、オーケストラのメンバーが楽器と名前を呼んで会場の子どもたちに紹介されました。

この章でこれまでに取り上げてきたトピックのなかでも、そのようなシーンはいくつもありました。ちなみにこの章での登場順に、クラリネットのエマニュエル・ヌヴーさん、ティンパニの奥田昌史さん、小太鼓の新澤義美さん、フルートの相澤政宏さん、クラリネットの十亀正司さん、ファゴットの大埜展男さん、Es（エス）管クラリネットの小林利彰さん、オーボエ・ダモーレの池田肇さん、トランペットの大隅雅人さん、ホルンのジョナサン・ハミルさん、フルートとピッコロの高野成之さん、トロンボーンの荻野昇さん、オーボエの杉浦直基さん、トロンボーンの若狭和良さん、トランペットの澤田真人さん、打楽器奏者の塚田吉幸さんが紹介されています。さらに、チェロのボーマンさんはスウェーデン人、クラリネットのヌヴーさんはフランス人、トランペットのマルティさんはスペイン人、ホルンのハミルさんはアメリカ人、ヴァイオリンのルースさんはイギリス人、コンサートマスターのニキティンさんはロシア人というような紹介もなされました。

しかし、本書で取り上げたのは全四九回のコンサートの一部ですから、実際のコンサートのなかではもっとたくさんの奏者が名前を挙げて紹介されてきました。ヴァイオリンでコンサートミストレスの大谷康子さんやオーボエの荒絵理子さんはコンチェルトのソリストとしても登場し、当日の配布プログラムには彼女たちの楽器との出会いや子どものころのエピソードなどが紹介されて、個人的にも親しみがもてるように配慮されています。

プログラムに楽器紹介を載せる際、たいていは楽器の写真と名前と短い説明というのが定番ですが、「こども定期演奏会」のプログラムでは毎回、奏者の写真と名前も含めて紹介されて

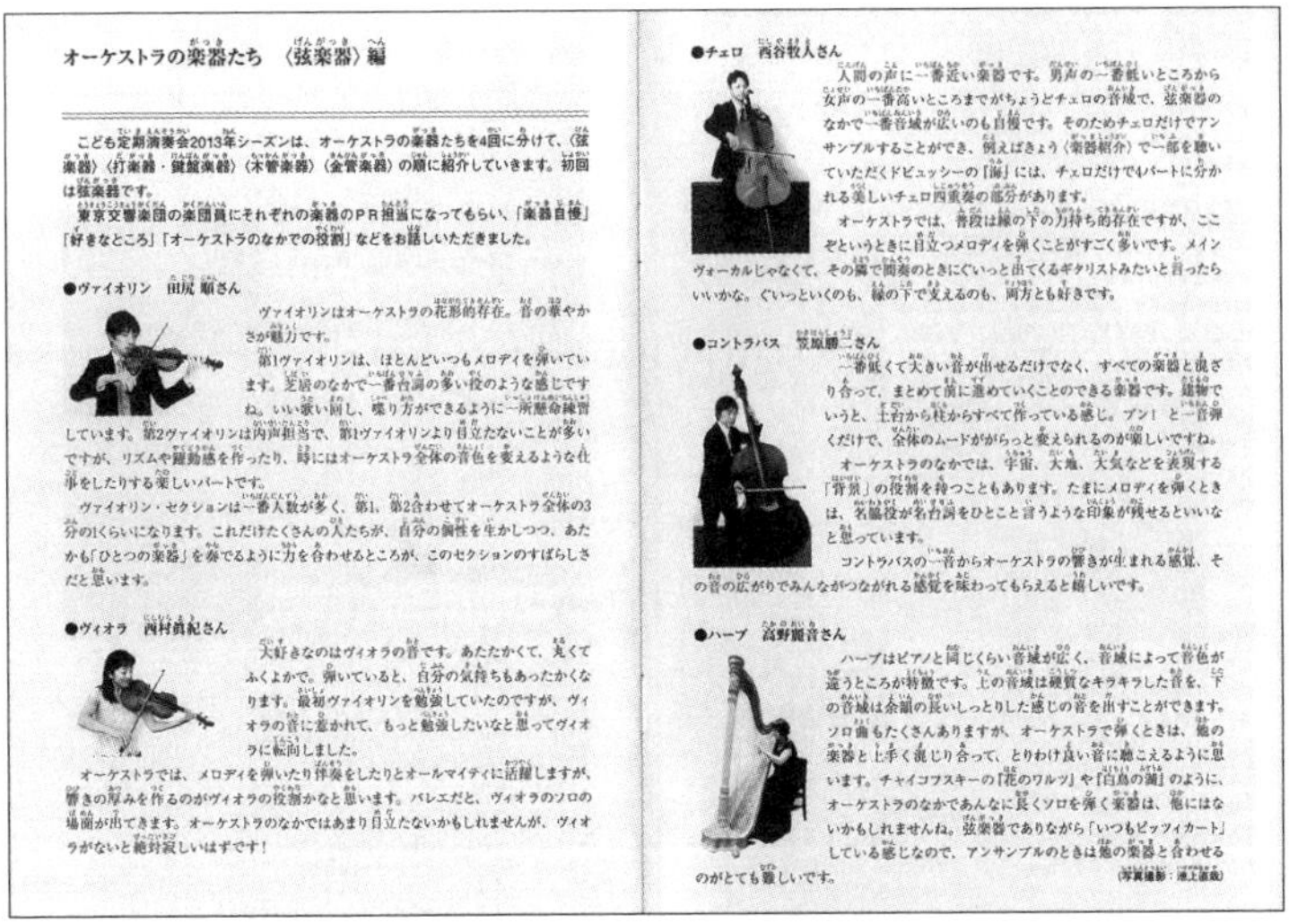

オーケストラの楽器たち 〈弦楽器〉編

こども定期演奏会2013年シーズンは、オーケストラの楽器たちを4回に分けて、〈弦楽器〉〈打楽器・鍵盤楽器〉〈木管楽器〉〈金管楽器〉の順に紹介していきます。初回は弦楽器です。

東京交響楽団の楽団員にそれぞれの楽器のＰＲ担当になってもらい、「楽器自慢」「好きなところ」「オーケストラのなかでの役割」などをお話しいただきました。

●ヴァイオリン　田尻順さん

ヴァイオリンはオーケストラの花形的存在。音の華やかさが魅力です。

第1ヴァイオリンは、ほとんどいつもメロディを弾いています。芝居のなかで一番台詞の多い役のような感じですね。いい歌い回し、喋り方ができるように一所懸命練習しています。第2ヴァイオリンは内声担当で、第1ヴァイオリンより目立たないことが多いですが、リズムや躍動感を作ったり、時にはオーケストラ全体の音色を変えるような仕事をしたりする楽しいパートです。

ヴァイオリン・セクションは一番人数が多く、第1、第2合わせてオーケストラ全体の3分の1くらいになります。これだけたくさんの人たちが、自分の個性を生かしつつ、あたかも「ひとつの楽器」を奏でるように力を合わせるところが、このセクションのすばらしさだと思います。

●ヴィオラ　西村眞紀さん

大好きなのはヴィオラの音です。あたたかくて、丸くてふくよかで。弾いていると、自分の気持ちもあったかくなります。最初ヴァイオリンを勉強していたのですが、ヴィオラの音に惹かれて、もっと勉強したいなと思ってヴィオラに転向しました。

オーケストラでは、メロディを弾いたり伴奏をしたりとオールマイティに活躍しますが、響きの厚みを作るのがヴィオラの役割かなと思います。バレエだと、ヴィオラのソロの場面が出てきます。オーケストラのなかではあまり目立たないかもしれませんが、ヴィオラがないと絶対寂しいはずです！

●チェロ　西谷牧人さん

人間の声に一番近い楽器です。男声の一番低いところから女声の一番高いところまでがちょうどチェロの音域で、弦楽器のなかで一番音域が広いのも自慢です。そのためチェロだけでアンサンブルすることができ、例えばきょう〈楽器紹介〉で一部を聴いていただくドビュッシーの『海』には、チェロだけで4パートに分かれる美しいチェロ四重奏の部分があります。

オーケストラでは、普段は縁の下の力持ち的存在ですが、ここぞというときに目立つメロディを弾くことがすごく多いです。メインヴォーカルじゃなくて、その隣で間奏のときにぐいっと出てくるギタリストみたいと言ったらいいかな。ぐいっといくのも、縁の下で支えるのも、両方とも好きです。

●コントラバス　笠原勝二さん

一番低くて大きい音が出せるだけでなく、すべての楽器と混ざり合って、まとめて前に進めていくことのできる楽器です。建物でいうと、土台から柱からすべて作っている感じ。ブン！ と一音弾くだけで、全体のムードががらっと変えられるのが楽しいですね。

オーケストラのなかでは、宇宙、大地、大気などを表現する「背景」の役割を持つこともあります。たまにメロディを弾くときは、名脇役が名台詞をひとこと言うような印象が残せるといいなと思っています。

コントラバスの一音からオーケストラの響きが生まれる感覚、その音の広がりでみんながつながれる感覚を味わってもらえると嬉しいです。

●ハープ　高野麗音さん

ハープはピアノと同じくらい音域が広く、音域によって音色が違うところが特徴です。上の音域は硬質なキラキラした音を、下の音域は余韻の長いしっとりした感じの音を出すことができます。ソロ曲もたくさんありますが、オーケストラで弾くときは、他の楽器と上手く混じり合って、とりわけ良い音に聴こえるように思います。チャイコフスキーの『花のワルツ』や『白鳥の湖』のように、オーケストラのなかであんなに長くソロを弾く楽器は、他にはないかもしれませんね。弦楽器でありながら「いつもピッツィカート」している感じなので、アンサンブルのときは他の楽器と合わせるのがとても難しいです。

（写真撮影：池上直哉）

図17　第45回プログラムに掲載された「オーケストラの楽器たち〈弦楽器〉編」

います。どうしてこの楽器に決めたかといった個人的なエピソードが含まれることもよくあります。その一例を**図17**として掲げましょう。これは第四五回のプログラムで、弦楽器が奏者とともに紹介されています。

いったいにオーケストラの団員というのは、各人が個々に独立して必要不可欠の重要な役割を果たしているにもかかわらず、オーケストラとひとくくりにされてしまうために集団の内部に埋没《まいぼつ》するかたちで捉えられてしまい、個人としてスポットライトを浴びることの少ない存在です。通常のコンサートでは、カーテンコールの際に指揮者にうながされて立ち上がり、聴衆の拍手を受けることもありますが、その場合も名前まで紹介されることはありません。熱心な定期会員のなかには、今日のだれそれさんのあのパートはよかったといったかたちで、奏者の個人名を挙げて論評する人もいますが、それはあくまで個人的なレヴェルの話であって、舞台で名前を挙げて顕彰されるのとは本質的に異なるものです。

『オーケストラの中の音楽家――楽員の栄光と悲惨』（須永恒雄訳、シンフォニア、一九九〇）という本を書いたハンス・ヴィルヘルム・クーレンカンプは、こうした問題を取り上げて、「なぜオーケストラの楽員はこれほど無名の有名人なのか……まさか聞き過ごされることはないにしても、なぜまたいつも見過ごされてしまうのか」（八頁）と問うています。楽員の職業について尋ねても、返ってくるのは「甚だ寡黙な返事もしくはだんまり以外の何ものでもなかったとして、この渋い対応は……そもそも部外者から理解してもらえる見込みなどどうやら絶無であるらしいといった捨て鉢な気持、つまりは、一介の名も無き者にとどまらざるを得ないとの秘かな悲哀を、それは表わしているのではあるまいか」（九頁）と論じています。しかし、クーレンカンプも指摘しているように、「彼らといえどもまた、なるほど一人ひとりではなく皆で力を合わせてのこととはいえ、やはりれっきとした人格を具《そな》えた個々人として音楽をつくり出してきたことに変わりはない」（五頁）のです。

この点で、主要テーマを演奏する前や楽器紹介の際に、楽器の名前だけでなく奏者の名前を紹介することは、楽員の個々人にスポットを当て、人格のありかを聴衆に明確に示す行為と理解することができます。通常のコンサートではそのシステム上けっして起こりえない楽員個人の顕彰が、「こども定期演奏会」ではしばしば実現されてきました。オーケストラの演奏会としては稀有《けう》の場を出現させてきたといえます。

いっぽう、こうして楽員の名前と顔とを覚えることで、子どもたちはオーケストラが無名の集団ではなく、個々人の技量によって支えられた総体であることをゆっくりと理解していったに違いありません。と同時に、オーケストラの団員に対する敬意をも、指揮者たる大友さんの話の端々《はしばし》から学び取ってきたことでしょう。クーレンカンプは、指揮者とオーケストラの関係について次のように指摘しています。

おそくともハンス・フォン・ビューロー以来……個性的かつ主観的に作品を造型する解釈者としての近代的指揮者……が放射し始めた魅惑は音楽の翼に乗って楽員と聴衆との間に割り込んで他を圧倒してしまったのである。この魅惑にまどわされると、ついついオーケストラの成果が即ち指揮者の成果であるかのような気がしてくる。（十九頁）

この傾向は近年さらに強まっているといわれます。しかし、少なくとも「こども定期演奏会」を聴きに来た子どもたちは、指揮者が楽員に敬意をもって接していることをよく理解できたはずです。それは楽員の名前を呼ぶ行為によって間接的に知られるのみならず、「オーケストラのメンバー一人ひとりがそれぞれ楽譜を読みこんで、曲にふさわしいリズムをよく感じて、それを自分の演奏で表現しないと曲は生きてこない」といった趣旨の発言を指揮者がすることによって、明示的に示されてきました。

♪ 子どもの音楽的可能性を拡げる工夫——こども奏者、テーマ曲募集、指揮者への質問

「こども定期演奏会」では、子どもの音楽的な可能性を拡げる工夫をさまざまなかたちでおこなってきました。

そのひとつが「こども奏者」の採用です。これは、オーディションで選抜された子どもをホールのステージに上げて、東京交響楽団といっしょに演奏する機会を与えるものです（巻頭口絵①⑤⑦）。毎年、夏にオーディションをおこなって、年度の最後の演奏会でいっしょに演奏するというかたちを採っており、応募資格は小学校二年生から中学生までとされています。オーケストラとの演奏曲目は事前に発表されますが、オーディションは自由曲一曲（五分以内）です。オーちなみに二〇一五年の場合、演奏曲目はハチャトゥリアンの〈剣の舞〉と〈レズギンカ〉で、募集パートは「ヴァイオリン、チェロ、フルート、オーボエ、クラリネット、ファゴット、ホルン、トランペット、トロンボーン」、募集人数は「各パート若干名」となっています（http://www.codomoteiki.net/concert/player.html）。

「こども奏者」の採用は初年度から一貫しておこなわれ、第一期の十二年間にステージに登った子どもは一二二一人にのぼります（表10参照）。そのなかからは、さらに抜擢されて「こども

表10　こども奏者の演奏一覧

年度	回	曲　目	パート（人数）	合計人数
2002	4	エルガー《威風堂々》第1番	Vn (5), Vc (1)	6
2003	8	ビゼー《アルルの女》組曲第1番〈カリヨン〉	Vn (6), Vc (1), Fl (1), Trmp (1), Timp (2)	11
2004	12	ドヴォルザーク《交響曲》第9番第1楽章	Vn (5), Vc (2), Fl (1), Timp (1)	9
2005	16	グリンカ《ルスランとリュドミーラ》序曲	Vn (4), Vc (1)	5
2006	20	ワーグナー《ニュルンベルクのマイスタージンガー》第1幕への前奏曲	Vn (6), Vc (2), Fl (2), Hrn (1), Trmb (1), Timp (2)	14
2007	24	ロッシーニ《ウィリアム・テル》序曲	Vn (4), Vc (3), Ob (1)	8
2008	27	チャイコフスキー〈花のワルツ〉	Vn (4), Fl (1), Ob (1), Trmb (2)	8
2009	32	エルガー《威風堂々》第1番	Vn (9), Fl (1)	10
同	同	ホルスト《惑星》から〈木星〉	Vn (5), Vc (2), Cl (1), Trp (1), Trb (1)	10
2010	36	ドヴォルザーク《交響曲》第9番第4楽章	Vn (8), Vc (2), Fl (1)	11
2011	40	ブラームス《交響曲》第3番第3楽章	Vn (7), Vc (2), Fl (1), Ob (1)	11
2012	44	シベリウス《フィンランディア》	Vn (7), Vc (1), Fl (2), Cl (1), Fg (1)	12
2013	48	ワーグナー《ニュルンベルクのマイスタージンガー》第1幕への前奏曲	Vn (5), Fl (1)	6

計13曲　121人

ソリスト」として協奏曲のソリストを務めた人もいます（巻頭口絵③）。「こどもソリスト」および「こども奏者」の氏名と学年、演奏曲目については巻末付録の**表4・5**を参照）。

子どもの可能性を拡げる取り組みは、演奏にとどまらず、創作という方向もめざされています。各年度のテーマ曲を子どもから募集して、シーズンを通してコンサートの冒頭で演奏するというかたちが採られてきました。テーマ曲の募集は前年度の二月締切で、応募資格は小中学生、ひとり四曲まで応募可能、楽譜とそれを音にしたもの（MDかCDのいずれか）を送ることが求められています。採用された曲は、作曲家の小室昌広さん（二〇〇二年度と二〇〇三年度）や長山善洋さん（二〇〇四年度以降）によってオーケストラ用に編曲されて、その年度の四回のコンサートで毎回、オープニングの曲として演奏されます（各年度のテーマ曲の作曲者名と学年については巻末付録の**表6**を参照）。賞品として、その年度の「こども定期演奏会全公演にご招待（一組二名様）」され、「オーケストレーションした曲を録音してプレゼント」されるほか、各年度の最初の演奏会ではテーマ曲を作曲した子どもを舞台に上げて紹介し（巻頭口絵⑥）、テーマ曲を再度演奏するということをおこなってきました。

また、子どもたちからの質問を募って、配布プログラムの誌上で指揮者やオーケストラ・メンバーが答えたり、あるいは演奏会終了後に指揮者との交流の場が設けられて、対面で質問するコーナーも組み込まれたり（巻頭口絵⑫）、「参加型の演奏会」たらんとして、さまざまな取り組みがおこなわれてきています。

♪ 演奏会は複合体という主張――ポスター画やレセプショニストの募集、プログラムの工夫

各年度のチラシの絵を、前年度の秋に子どもたち（応募資格は小中学生）から募集し、選抜して活用するということもおこなわれてきました。「オーケストラ演奏会を想像して、ポスター／チラシにする絵を描いてみよう」と呼びかけて、絵を募集し、選ばれた作品はチラシに活用さ

れます。こちらも、その年度の「こども定期演奏会全公演にペアでご招待」という賞品がつきます。選に洩《も》れた応募作品もホールのロビーに展示して来場者に観てもらうというていねいな取り組みがなされてきました（巻頭口絵⑪）。

二〇〇九年度からは「こどもレセプショニスト」の募集も開始されました。これはホールのレセプショニストの体験をしてみようという企画で、配布プログラムのなかに募集要項を挟みこむことによって、来場者のなかから希望者を募り、抽選で選ばれた十人の子どもたちが各年度の三回目のコンサートで、サントリーホールのレセプショニストと同じ制服を着て、ホールの各所に立ってお客様のご案内をしたり、開演前にステージの上から注意事項を順にアナウンスしたりします。二〇一三年度までに合わせて五十名の子どもたちが、この体験に参加しています（巻頭口絵④）。

会場で配布されるプログラムにも工夫が凝らされています。漢字には総ルビが振られ、曲目解説や演奏者紹介に加えて、取り上げられる楽器群や国や街についての説明やインタヴューが写真入りで掲載されたり、ときには「こども定期演奏会」がどのようなしくみで実現されているのか、スポンサーの役割にいたるまで記されていたりします（本書058頁の**図1**参照）。こうしたところからも、演奏会は複合体だという主張が聞こえてきます。

♪ スポンサー確保による一流の演奏陣の実現

「こども定期演奏会」のもうひとつの大きなメリットは、スポンサーのサポートによる一流の演奏陣の実現です。第一期の十二年間にソリストとして登場した音楽家たちを巻末付録の**表3**「ソリスト一覧」にまとめましたが、これを見ると驚くようなソリストたちが、土曜日の午前十一時からという早い時間帯であるにもかかわらず、短い曲や協奏曲のたった一楽章のために登壇して演奏しています。

「こども定期演奏会」の担当者を十二年間務めたサントリーホールの神林克樹さんにお話を聞いた際、ピアニストの中村紘子《ひろこ》さん（第十回でチャイコフスキーのピアノ協奏曲第一番の第一楽章を演奏）が、「私、午前中に弾いたの初めてよ」と言われたという話を聞きました（巻頭口絵⑬）。マーラーの《復活》のような大編成の曲も辞さず、ラヴェルの《ボレロ》は何度も取り上げていて、エキストラのトロンボーン奏者から「神林さん、これで僕三回目ですよ」と言われて、「朝からごめんね」と謝ったというエピソードを聞きました。歌い手たちも朝からアリアを歌うかたちですし、「朝十時からリハーサルがありますから、演奏家には厳しいコンサートです」というお話でした。

第三十回に出演して、朝からガーシュインの《パリのアメリカ人》からの抜粋と《ラプソディ・イン・ブルー》とを演奏したジャズ・ピアニストの小曽根真さんは、アンコールにこたえて即興演奏を聴かせてくれました。ジャズ風のしゃれた前奏の後に聴こえてきたテーマは「ドラえもんのうた」で、会場の子どもたちから思わず響《どよ》めきと拍手とが起こりました。パンチの効いた即興演奏が終わると万雷の喝采。客席もオーケストラ・メンバーも皆にこにこ顔でした（巻頭口絵⑭）。

大友さんも「こども定期演奏会」ではほんとうに贅沢《ぜいたく》をさせてもらったとおっしゃっていました。「こんなことをやりたい、あんな人を呼びたいと言ったときに、ダメですと言われたことがない。こんなことは他のオーケストラ、他の定期演奏会ではとても実現できないことで、ほんとうに感謝している」としみじみ語っていました。

「こども定期演奏会」の入場料金は意識的に低く抑えられてきました。配布プログラムで何度か言及されていますが、「東京交響楽団がサントリーホールで開くおとな向きの演奏会の入場料金は、一回で七千円から八千円くらい」ですが、「こども定期演奏会」では通常の約三分の一の金額（一回券が始め二五〇〇円、現在は三千円、四回セットの定期会員券が始め八千円、現在は一万円）とされています。「それが実現できたのは、費用を助けてくださっているスポンサーのおかげです」とプログラムにも明記されています。

ちなみに「こども定期演奏会」にはA席、B席といった区分がありません。これは「子どもに値段の差をつけない」というサントリーの方針であったと、東京交響楽団の担当者で、「こども定期演奏会」の仕掛人のひとりでもあった中塚博則《ひろのり》さんから聞きました。

第一期の十二年間に「こども定期演奏会」を支えたスポンサーを巻末付録の**表9**にまとめました。神林さんのお話では、そもそも「こども定期演奏会」はスポンサーがないと始まらないという考えがあったといいます。当時サントリーホールの三つの育成プログラムをNTTドコモの社会貢献室が支援してくれていて、それを集約すると大きなお金になったので、それをひとつにまとめたらどうだろうかという話をもっていったら、即決してくれたとのことです。その後、紆余曲折《うよきよくせつ》があって今のかたちになっているとのお話でした。

この表を見ると、毎年、文化庁と民間企業とのいわば「公民二本立て」でこのシリーズが担われてきたことがわかります。このような助成を得るためには、数多くの書類を書いて整え、理解を求めに行くための時間とエネルギーと熱意とを傾けることが必要で、そうでなければお金は天から降ってきたりはしません。コンサートは舞台に立つ人間だけで成り立つものではなく、表から見えないところで誠実な仕事がなされていることにも思いを馳せたいものです。

♪ さらなる芸術体験へと誘う

「こども定期演奏会」で大友さんがくりかえし子どもたちに話しかけた内容を振り返ると、そこにはさらなる芸術体験へと誘うという姿勢が明確です。交響曲のひとつの楽章のみを演奏した場合には、他の楽章の魅力を簡単に紹介して、また機会があればぜひ全曲を聴いてくださいと語りかけてきました。オペラやバレエ音楽の有名な曲を演奏した場合には、オペラが合唱や衣装や舞台装置をともなう総合芸術であることを説明して、機会があればオペラも観てみてほしいと伝えています。

たとえば、ベートーヴェンの第七交響曲の第四楽章を演奏した後（第十二回）、次のように呼びかけて、交響曲の全楽章を聴くよう促しています。

躍動感とスピード感があふれる楽章でしたが、この七番の交響曲はぜひ機会があったら一楽章から聴いてみてください。一楽章もリズムの特徴的な、心躍るような、わくわくするようなすばらしい曲です。二楽章も憂《うれ》いをおびた、すばらしい有名な楽章ですし、三楽章もまたたいへんリズミックな楽章です。この七番は《運命》だとか《英雄》だとか《田園》だとか、そういうタイトルはついていませんが、きっとみなさんが大好きになる曲だと思います。

ラヴェルの《ダフニスとクロエ》第二組曲より〈夜明け〉を演奏した後には（第三六回）、「この曲は、この後すばらしい展開をしていきます。途中にフルートのすばらしいソロの部分があったり、終わりの部分では躍動感あふれるリズミックな五拍子の踊りの場面が出てきたり、たいへん聴きやすいすばらしい作品です。今後機会があったら、ぜひ組曲全体を」と勧めました。ベルリオーズの《幻想交響曲》第二楽章（第二回）やリムスキー＝コルサコフの交響曲《シェエラザード》第三楽章（第十六回）、メンデルスゾーンの交響曲第四番《イタリア》第四楽章（第十七回）、リヒャルト・シュトラウス《アルプス交響曲》から（第二一回）、モーツァルトの《アイネ・クライネ・ナハトムジーク》第一楽章（第四二回）の演奏の後にも、「機会があったらぜひ全曲を」と勧めています。

ブリテンの《シンプル・シンフォニー》から第二楽章を演奏した後（第三二回）には、「一九七〇年代まで、私が高校生のころまで活躍していた作曲家。ピアニストとしても指揮者としてもたくさんの演奏会をしている。CDもたくさんありますし、モーツァルトの交響曲などの録音もあったと思います。興味のある人は探してみてください」とブリテンの演奏録音を探すことまで勧めています。

鑑賞を勧める対象は、オーケストラ作品に限らず、オペラやミュージカルにもおよびます。ヴェルディのオペラ《アイーダ》の〈大行進曲〉を演奏した後には（第二回）、次のように勧めています。

たいへん華やかな曲でしたけれども、ほんとうはこれに大合唱が付いています。オペラでは、多いときはこれに百人くらいの合唱が入りますから、大スペクタクルです。東京も新国立劇場というオペラ・ハウスができて、ときどき《アイーダ》が演目に入っていると思いますので、興味のある人は本物のオペラ劇場でオペラを観るのもいいと思います。

これはモーツァルトの《魔笛》（第二三回）やプッチーニのオペラ《蝶々夫人》や《ラ・ボエーム》（第二九回）でも同様です。

バーンスタインの《ウェストサイド・ストーリー》を取り上げた際（第四回、第六回、第二一回、第三十回）には、「ブロードウェイのミュージカルとして大ヒットして、その後映画化されて、今でも名作として残っている作品。ときどき映画館でも見られますし、今ではＤＶＤで簡単に見ることができますから、ぜひこのミュージカルをご覧になってみてください。全編を通じてすばらしい音楽であふれています」と推奨《すいしょう》しました。

バレエの全曲も勧めています。チャイコフスキーのバレエ音楽《くるみ割り人形》から〈行進曲〉と〈葦笛《あしぶえ》の踊り〉を演奏した後（第二七回）、次のように励ましています。

> この《くるみ割り人形》という曲はたくさんの曲からできています。チャイコフスキーがすごいと思うのは、どこの部分を取っても名曲ばかりなのです。《くるみ割り人形》も《白鳥の湖》も《眠りの森の美女》も、オーケストラの演奏会用組曲というかたちで取り上げられますが、組曲に入っていない曲でもすてきな曲がたくさんあります。みなさんも機会があったら、ＣＤとか実際のバレエ公演を観に行って、バレエを観ながらチャイコフスキーの音楽を楽しんでみてください。

ハチャトゥリヤンのバレエ音楽《ガイーヌ》の演奏後（第四三回）も同様です。作品を見聞きすることだけでなく、プログラムの解説を読み返したり、音楽史の本を読んだりすることも薦《すす》められています。その例を、ベートーヴェンの第九交響曲最終楽章の演奏前（第八回）やシェーンベルクの《浄《きよ》められた夜》の演奏後（第十五回）のお話にみることができます。

今日のプログラムの曲目解説のところに、詩の内容ですとか、第九に関するノートが書いてあります。それをまたよく読み返していただいて、家に帰ってからもういちど味わい直してもらえるとうれしいです。（第八回）

今までの音楽史で考えられてきた音楽の作られ方とはまったく違う作り方を発明したのが十二音技法。シェーンベルクの作品を、これからレコード屋さん、今だとCDショップで探すときには、今聴いてもらった《浄められた夜》とか《グレの歌》とか《ペレアスとメリザンド》とか、そういう作品を選んでいただくと、今聴いていただいたような音楽が聴ける。興味のある人はまた音楽史の本などを勉強してみてください。とてもまた新しい発見があ

ると思います。　（第十五回）

このように、サントリーホールの「こども定期演奏会」に来ればそれでいいというスタンスではなく、この「こども定期演奏会」を入口としてさらなる世界、広くて深い音楽の世界に分け入ってほしいという姿勢が明確に示されていました。

♪ 音楽することの意味を語る

指揮者の大友さんがステージからくりかえし語ったもうひとつのメッセージとして、音楽の役割、演奏することの意味があります。それを順にたどってみましょう。

まず第十一回（二〇〇四年九月十一日）で、最終曲のストラヴィンスキー《春の祭典》を演奏する前に、客席に向かって次のように語りかけました。

今日は九月の十一日という日で、今から三年前にアメリカのニューヨークで大事件がありました。テロがあって、大勢の方が亡くなりました。それ以来、最近でもロシアやインドネシアでテロがあったりして、世界中がみんな平和を願っているにもかかわらず、あちらこちらで戦争や紛争が起きています。

実は東京交響楽団は三年前、ニューヨークの事件があったとき、ヨーロッパに演奏旅行をしていて、トルコのイスタンブールという町にいました。そこでそのニュースを聞いて驚きました。そして不安になりました。トルコという国は宗教的にいうとイスラムの国で、テロを起こしたほうの宗教が強い国でしたから、われわれはどういうふうに反応したらいいのか困りました。そういうことが世の中ではたくさん起きています。

今日私が何を言いたいかというと、実は音楽というのは、平和を考えるときにいちばんすばらしいもののひとつだと思います。東京交響楽団は日本のオーケストラのなかでももっとも外国人の演奏者が多いオーケストラです。チェロのボーマンさんはスウェーデン人、クラリネットのヌヴーさんはフランス人、トランペットのマルティさんはスペイン人です。ホルンのハミルさんはアメリカ人です。ヴァイオリンのルースさんはイギリス人です。もうひとりのコンサートマスターのニキティンさんはロシア人です。オーケストラは国籍とか国境とか人種とか、そういうものを越えて多くの人が集まっているグループです。そういう大勢の人たちが国籍や人種や年齢を越えて集まって、いっしょに演奏しています。日本のオーケストラもそうですし、世界中のオーケストラがそうです。いろいろなバックグラウンドをもった人が、同じハーモニーを作る、同じ音楽を作るということで心をひとつにして演奏しているのが音楽の世界です。

みなさん一人ひとり平和を願う気持ちがあると思うのですけれど、ぜひ音楽を聴くときには、奏者の人たちがそういう気持ちでひとつのハーモニーを作るということをやっているのだということを、どこかで感じていただけるとうれしいと思います。今日はステージの上で百人以上の人がいっしょに演奏します。聴いてください。

第二二回で、スーザの行進曲《海を越える握手》を演奏する前にも、次のように語りかけています。

音楽というのはいろんな意味があると思うのですけれども、私は音楽をやること、オーケストラが演奏していることというのは、世界の平和のために、世界中の人たちが、いろいろな国の人たちが集まって、いろいろな国の音楽を演奏するというのを観ていただいたり聴いていただくのは、平和活動だと思います。スーザ［のこの曲］も一説によるとアメリカとスペインが戦争していたときに和解のために書いた曲ではないかという説もあるのですけれども、世界中、時代によって戦争が起きたりということもあるのですが、音楽をとおして平和を歌っていくというのも大切なことだと思います。そういう思いをこめて《海を越える握手》というスーザの曲を聴いてください。

ここでは、これから演奏する曲目とその曲名に連動するかたちで、大友さんの音楽観が語られています。

第三七回では、グリーグの《ペール・ギュント》第一組曲から〈朝〉を演奏した後、「清々《すがすが》しい清らかな空気を感じることができる、そういう音楽だったと思います。音楽というのは不思議なんですよね。音を聴くのだけれども、空気を感じたり、香りを感じたり、光を感じたり、そういうことができるのが音楽の不思議だと思います」と振り返りました。

第四二回はハーモニーをテーマとする演奏会だったので、「ハーモニー」の多様な意味について次のように語りました。

今日はハーモニーにスポットを当ててお話ししながらいろいろな音楽を楽しんでいただこうと思います。ハーモニーという言葉は、調和するとか、みんなでひとつのまとまりを作る、和するという意味があります。音楽のことでいうと、和音を作るということも大事なハーモニーですけれども、それと同時にいろいろな楽器、いろいろな人々がいっしょにチームを作ってひとつのハーモニーを作り出すという意味もある。

よくオーケストラの名前にフィルハーモニーという名前がついていますが、そのハーモニーというのも同じ、みんなでまとまって調和を作るというような意味。

このように、オーケストラをつうじて、人と人とが互いに聴き合い、力を合わせて何かを成し遂げることの意味を、大友さんはくりかえし語ってきました。

♪ 子どもたちを励ます語り

大友さんが折に触れて語ったことのひとつに、子どもでも曲を書くことができるというメッセージがあります。これは、子どものときのアイディアを大人になってから曲に仕上げたブリテンの作品や、子ども時代から作曲を始めたモーツァルトやメンデルスゾーンといった作曲家の作品を取り上げるたびに言い添えられたことです。

ブリテンの《シンプル・シンフォニー》の第三楽章（第一四回）を演奏する前には、「ブリテンという作曲家が、ちょうどみなさんくらいの歳かもしれません、九歳から十二歳のころに作曲をして書きとめておいたメロディ、それを自分で使って、大人になってから作曲をした曲です。たいへん美しい曲ですけれども、この音楽のもとは彼が子どものころに書いたメロディということです」と説明しました。第三二回と第四五回（ブリテンの生誕百年）でこの曲を取り上げた際にも、同様の紹介をしています。

モーツァルトについても、「モーツァルトは生涯に六百曲近くの作品を作曲しました。三十代半ばで亡くなっている作曲家だから、いかにたくさんの曲を書き続けたかがわかります。交響曲を最初に作曲したのはモーツァルトが八歳のとき、それから亡くなるまでずっと毎日のように曲を書き続けた人」（第三四回）と説明し、メンデルスゾーンについても、「ほんとうに子どものころから才能にあふれていて、たくさんのすばらしい作曲をしたという点ではモーツァルトと双璧かもしれません。五歳、六歳、七歳ぐらいから大人のような作品を書いています……《真夏の夜の夢》序曲……はメンデルスゾーンが十六、七歳のころ、高校生のころに作曲をした序曲」（第四十回）と紹介して、子どもでも作曲はできること、実際に作曲した例があることを折に触れて伝えてきました。

そのうえで第四七回では、さらに踏みこんで次のように語りました。

楽器を演奏したり、楽器に興味をもつと同時に作曲、曲を作るということにもぜひ興味をもっていただきたい……音楽がわれわれの時代に生き生きと輝いていくためには、われわれと同世代の、同じ時間を生きている作曲家の作品をみんなで演奏するというのがおもしろいこと……偉大な作曲家が残した作品をよく研究して、こういうふうにチェロや管楽器［のパート］を書くとこういう音が出るんだなあというのを自分で探していくのがいちばん現実的な方法。こども定期のお客様のなかから、われわれが演奏するようなすばらしい曲を書いてくれる人が出てくるといいなあとこの十二年間思っていました。いつの日か実現するといいなと心から思っています。

折に触れて「子どもでも曲が書ける」と語ってきたのは、このような願いをこめてのことだったのです。

♪ さらなる世界へと誘う――歴史や地理

もうひとつ、音楽を地理や歴史と結びつけて考える姿勢が、大友さんのお話にははっきりと表れていました。

たとえば、第十四回の「ロンドン、伝統とメロディ」では、イギリスという国の複雑な事情について、次のように語りました。

開演前にロビーでクラリネット奏者の十亀〔正司〕さんと打楽器奏者の塚田〔吉幸〕さんがスコットランドの民族楽器のバグパイプを演奏してくれました。普通のクラリネット奏者はバグパイプを演奏しないのですけれども〔オーケストラ・メンバーから笑い〕、十亀さんは多彩な方で、趣味でバグパイプを習得なさって、スコットランドの民族衣装を着て、スカートを履いて、膝《ひざ》小僧を出して、すばらしいエンタテイナーです。

イギリスとひとくちにいっても、イングランドという国と、ウェールズという国と、今バグパイプのお話をしたスコットランドという国と、アイルランドという国と、四つの国がひとつになってイギリスと言っている。英語で言うときはブリテン、グレート・ブリテン。おもしろいのはこの四つの国はそれぞれに言葉も文字もぜんぜん違う。イギリスというと、いちおうどの国の人も共通語では英語を使っているのですが、それぞれの国はオリジナルの言葉と文字をもっている。

もしみなさんがイギリスを旅行して、ロンドンからウェールズに行ったり、スコットランドに行ったりすると、その地域の人は英語とぜんぜん違う言葉を話している。電車でもある境目を過ぎてウェールズならウェールズに入ると、駅名が英語とぜんぜん違う言葉で表示が出てくる。車内のアナウンスも、ウェールズならウェールズ語で流れたりしてほんとうにおもしろい。ぜんぜん違う国の言葉を話していて、ぜんぜん違う国の文字を使っているということが、イギリスという国のなかに含まれている。このことは、みなさんの知識として覚えておくといい。イギリス人に会って全部イングランド人だと思って話をしていると大間違いで、スコットランド人に会ってイングランドの話ばかりをしていると、スコットランド人は機嫌が悪くなってくる。自分たちはスコットランド人であってイングランド人ではないと思っている人が大勢いる。

このように、舞台転換の時間を利用して、子どもたちの目を広く世界に開かせるお話をしてきたのも、「こども定期演奏会」のすぐれた点のひとつとして挙げることができます。

第十八回「アメリカ」では、「アメリカという国はほんとうに大きな国」「歴史は短い国。独立が一七七六年だから、まだ二三〇年余の歴史しかない国だが、世界中の人が集まっている国。スケールの大きい国」と語り、第二七回「チャイコフスキーとロシアの大地より」では、歴史に言及して次のような話をしています。

ロシアはチャイコフスキーやボロディンが活躍した後、激動の時代に入っていく。今私たちはロシアと言っているが、私が子どものころはロシアという国はなかった。ソヴィエト連邦、ソ連という国だった。ソ連という国がまたロシアになったのは今からたった十七年前、十七年前にソ連からロシアが復活した。

チャイコフスキーの後の時代の作曲家はソ連時代の作曲家ということになる。

第二五回のラヴェルの《亡き王女のためのパヴァーヌ》の前には、当時のパリの芸術の状況についてわかりやすく説明しています。

フランスでラヴェルが生きていた時代は、ものすごく多くの芸術家がフランスのパリの周辺にいた時代。音楽だけではなく、美術とか文学とか豊かな創作活動がなされていた時期で、特に美術のほうでは印象派という、マネとかモネとかセザンヌとかロートレックとか、さまざまな美術の大家たちがすてきな絵をたくさん書いていた時代。音楽のほうもラヴェルや、この後に出てくるドビュッシーが印象派といわれるすてきな音楽を作っていた時代。

これについては、十二年間の最後の演奏会（第四八回）を終えて、舞台から子どもたちに語りかけた話が、その精神を雄弁にものがたってくれます。大友さんは次のように語りました。

今年の四回の演奏会も、みなさまのおかげで無事に終えることができました。十二年前にスタートし、年四回で四八回、正確にはその前年にプレ・コンサートを一回おこなっているので、それを入れると今日で四九回。毎回どんな曲を紹介し、どんな話をしようか、どうしたらみなさんが音楽に興味をもって自分の世界を作っていってくださるか、一生懸命考えて、ホールやオーケストラのスタッフのみなさんと演奏会を作ってきました。その思いのなかには、プレトークで中居〔英治〕さん〔スポンサーのバークレイズ・キャピタル証券株式会社社長〕がお話しくださったことと同じで、若い人とご家族のみなさんの日常生活のなかに、すばらしいコンサート・ホールでオーケストラの音楽を楽しむのが生活習慣の一部に自然になってくれればうれしいという強い思いがありました。同時に、将来の日本を担っていくみなさんに音楽をとおしてあらゆることに興味を拡げていってほしい。歴史もある、地理もある、外国のこともある。音楽だけでなく、音楽からいろんな興味が広がっていくと思う。音楽自体はすばらしいもので、音楽をとおしてこうやってホールのみなさんと私たちと心がひとつになれる。世界に出て行ってもクラシックの音楽はいい意味でのグローバル化が進んでいる。地球上のあらゆる人たちがチームを組んですばらしい音楽を奏でることができる。こども奏者からソリストになる人も出たが、このシリーズは専門的な音楽家を育てようと思って始めたのではなく、大きな意味で日本の国の文化的な豊かさをいっしょに作っていってくれる若い人に増えてほしいという強い思いで続けてきました。ステージで演奏する音楽家だけでなく、いろいろな人――スポンサー、聴きに来てくれている多くのみなさん――に支えられてすばらしい豊かな時間が実現してきました。日本という国と外国とが音楽をとおしてよい交流ができるような、大きい広い視野をもって将来の日本を作っていってほしいと心から思っています。私の「こども定期演奏会」は終わりますが、音楽にも始まりがあり、必ず終わりがあります。私もちょうどよい時期だったと思っています。気持ちを新たにして次の活動を自分なりに作っていきたい。全国各地や海外でも公演をおこなっているので、どこかで見かけたら「こども定期演奏会」に行っていましたと声をかけてほしい。十二年間ありがとうございました。

〔傍点、引用者〕

ここで傍点を付けた部分、すなわち「どうしたらみなさんが音楽に興味をもって自分の世界を作っていってくださるか」「将来の日本を担っていくみなさんに音楽をとおしてあらゆることに興味を拡げていってほしい。歴史もある、地理もある、外国のこともある。音楽だけでなく、音楽からいろんな興味が広がっていくと思う」「大きな意味で日本の国の文化的な豊かさをいっしょに作っていってくれる若い人に増えてほしい」「日本という国と外国とが音楽をとおしてよい交流ができるような、大きい広い視野をもって将来の日本を作っていってほしい」という言葉に、大友さんの基本的な考え方がよく表れていて、深く共感する部分です。

♪ 子どもを小さな大人として遇する

ここまで、舞台での大友さんの言葉を集中的に紹介してきて、すでにお気づきのことと思いますが、大友さんはつねに丁寧語《ていねいご》で子どもたちに語りかけてきました。子どもを子ども扱いせずに、小さな大人として遇するということが、さりげなく自然体でなされてきました。子どもを大人目線で見下ろすのではなく、大人と対等の存在として遇するという姿勢には、子どもという存在に対する敬意を感じることができます。それが客席にいる子どもにはもちろんのこと、いっしょに来ている大人にとっても、人として礼儀正しく、端正で居心地がよいと感じられる時間と空間とを生み出してきました。大友さん自身、第1章のインタヴューで、「私はあくまで『子どもであっても一般のお客様』という考え方で話をしてきたつもりですし、少なくとも自分と同じ感覚をもった仲間という気持ちで語りかけてきました。それはいっしょに来られた大人の方にも、何の抵抗もなく聴いていただけていたと思います」と語っているとおりです。

レナード・バーンスタインの語り口についても、聴衆に対して「トーク・ダウン（talk down）」しないという点がしばしば指摘されてきました。「トーク・ダウン」には、「話のレヴェルを落す」という意味と「上から目線で高飛車にしゃべる」という二つの意味がありますが、バーンスタインはこのどちらもしなかったという点で高く評価されました。一九五八年の『ニューアーク・ニューズ』誌の記事「新しいアプローチのしかた――バーンスタインは大人のレヴェルで子どもたちに音楽を与えようとする」のなかで、筆者のアラン・ブラニガンは、「若い人々に音楽を教える新しい方法が発見された――それは彼らを大人として扱うことだ」と評しています（Alan Branigan, 'New Approach: Bernstein Aims Music at Kids on Adult Level', *Newark News*, 9 February 1958）。

子どものためのコンサートは、子どもと、子どもを連れてくる大人と、その両方を満足させることが必要なコンサートです。子どもが喜んでいるかどうかは、連れてくる大人にとっては何より大きな関心事でしょう。いっぽうで、大人自身が楽しめて、お金と時間を費やして来る甲斐《かい》があると感じることができなければ、しだいに足が遠のいてしまうことも事実でしょう。

そうした意味で、東京交響楽団&サントリーホール「こども定演奏会」は多くの点ですぐれた先例となっており、そこから学ぶことが多々引き出せる宝庫であるということができます。

第5章　「読む」音楽作品
——子どものための曲目解説とは

有田　栄

「子どものために書く」ことに、特別なノウハウはあるのでしょうか。あるいはあるべきなのでしょうか。こうすれば子どもたちにわかってもらえる、という「王道」があるのなら、ぜひにも知りたいものですが、実はそんなものはないのではないか、と私は考えています。とはいえ、私自身がこの「こども定期演奏会」の曲目解説を書くときに、いつも特別に意識していたこと、気をつけていたこと、自らに課していたことがあったのも事実ですので、あくまでひとつの方法論として、自身が考えていたこと、体験したことをありのままにお話ししてみようと思います。

♪ 読み手としての「子ども」

実のところ、子どものために文章を書く場合、「子どもが読み手である」ということを意識するべき側面と、逆にあえて意識するべきでない側面とがあるように思います。しかしまずは大前提として、相手が子どもであろうが大人であろうが、あるいは専門家であろうが愛好家であろうが、読み手に対してつねに「敬意を払って書く」ということは、書き手として変わらぬ姿勢であるべきです。

この演奏会シリーズを牽引《けんいん》してきた指揮者の大友直人さんが、第1章で、ご自身の子どものときの音楽体験について語っています。「かつて子どもだったときの自分を失望させない演奏」「子どものときの自分の感性に応えられる演奏」をしたい、という大友さんの思いは、まったくそのまま、配付プログラムに解説を書くときに私が考えていることでもあります。大友さんと私とのあいだで、この点に関するスタンスがまったくぶれることなく同じであったというのは、とても大きなことだったと思っています。

しかし他方で、相手が「子どもだからこそ」配慮しなければならないことも、多くの点で確実にあります。大人にとっては「常識」でも、子どもにとっては「非常識」なこと。大人は受け入れられても、子どもは反射的に拒絶してしまうこと。大人には適切でも、子どもには不適切なこと。そのようなものは実社会にたくさんありますが、文章を書くに際しても、その違いは明らかに存在しています。むずかしいのは、「子どもを子どもとして見る」ことと、「子どもを子どもとして見ない」ことのバランスです。

♪ターゲットをどこに置くのか

私が「仕事」として物を書くことを始めたのは大学生のときですが、最初は特に指針となるようなものもなく、文字どおり手探りで文章を書いていました。しかし縁あって放送の仕事を始めたころ、複数の上司から教えられたことが、三十年近くたった今でも私の「規範」になっています。それは、スクリプト（台本）を書くときには、義務教育を終えた人であれば誰でもが理解できることを前提に――つまり中学三年生が理解できるということを基準に書くように、ということです。新聞もだいたい同じような基準があると聞きました。いっけん簡単なことのように思えますが、それより上でもなく下でもなく、というバランスをとるのは、実際にはかなりの熟練が必要です。経験を重ねていくうちに、「義務教育を終えた人が理解できる」という基準は、実は「耳で聞いて理解できる」こととほぼイコールであることもわかりました。耳で聞いて「何のことだろう」と思うような漢字の熟語を使わないこと、フレーズの長さ、修飾句が長すぎず、耳で追って不自然でないこと、耳が緊張しすぎないよう、ときには怠《なま》けて聞き飛ばしていられるような慣用的な言いまわしを「少しだけ」使うこと（使いすぎると耳が飽きてしまいます）――こうした放送原稿のノウハウは、どんな読み手にとっても明快な文章を書くためのポイントでもあります。

「こども定期演奏会」の場合、そもそも「小学校の高学年がターゲット」であると最初に設定されていましたので、小学校四年生、もしくは春の段階で四年生を修了したばかりの五年生を基準に考えました。昔でいえば、「尋常《じんじょう》小学校を終えたところ」です。これは冗談ではなく、昔はこれが義務教育の年限でしたので、その名残なのか、現在の『学校指導要領』でも、最低限の漢字や四則計算など、日常の社会生活に不可欠なことは、ひととおりここで学び終えるようになっています。つまりこの十歳の時点で、子どもは「小さいけれども一人前の人間」とみなされるべきであるし、そのように扱われるべきである、と私は思うのです（じっさい、自分が「もう私は子どもじゃない」と思ったのはこのときでした）。いろいろ議論はあるでしょうが、とりあえず相手を決めずに文章は書けませんので、私は「こども定期演奏会」ではここをひとつの参照点とすることにしました。

実は初めのうち、「こども定期演奏会」に来る子どもたちは、企画・制作者が予想していた「小学校高学年」より少しばかり下の年齢層のようにみえました。初回、いざホールの扉が開いたときに、皆が会場を見まわしながら、やや不安そうに「意外に小さい子どもたちが来たね……」と言い合っていたのを記憶しています。こんなに小さい子どもたちが、「本格的なクラシック音楽」を、飽きずに聴いてくれるのだろうか……。大友さんの話はわかるかな……。プログラムちゃんと読んでくれるだろうか……。しかし、心配は杞憂《きゆう》にすぎませんでした。四月にはまったく幼く、あどけない顔をしていた子どもたちも、夏休みを過ぎるころにはすぐに大人びてきます。子どもにとっては、一日一日の時間、一つひとつの出来事の質量が重いので、少し顔を見ない間にも急激に成長していきます。そこで、こちらがあえて基準を変えずとも大丈夫、四月には何パーセントか「小さい子ども向け」に、九月以降は何パーセントか「大きい子ども向け」に書く、という「マニュアル微調整」で対応できると思いました。そこは、教員でもある私自身の勘でしかありませんでしたが、伸び盛り、学び盛りの子どもたちの「学びの力」を信じるしかありません。

やがて、年を経るごとに、会場で見かける子どもたちの平均年齢はわずかずつ高くなっていきました。ずっと通い続けてくれているうちに、小学生が中学生になったりもしました。それでも文章を書く基準自体は基本的に変えず、彼らの成長に応じて、それぞれの読み方ができるように、話題に少々ヴァラエティをもたせたりしました。

♪ 言葉を尽くしてていねいに説明する

「子どもは、大人にはないみずみずしい感性をもっている」とよく言いますが、このフレーズには実は二面性があります。子どもが大人とは違う「純粋な存在」「可能性を秘めた存在」

であると、子ども時代を「祝福されたもの」のように考えるのは、おおざっぱに言って十八世紀以降の社会の習慣にすぎません。子どものナマの感性を信じることはすばらしいことなのですが、その一方で、大人はその「純粋さ」のもつ多面性に注意しなければなりません。われわれはふつう、新しい体験をすでに獲得した体験に照らし合わせることで、自分のまわりの世界を構造化していきますが、この世に生まれてわずか数年、社会生活を始めてからまもない子どもは、そもそも参照すべき体験がほとんどありません。耳や目から得たたくさんの情報を、少ない経験に照らして一生懸命理解し、咀嚼《そしやく》しようとしますが、必ずしも大人のように論理的・常識的に結びつけることができず、断片と断片とを短絡的に結びつけてしまいます。その結果、大人では思いつかないような斬新な論理を組み立てたり、大人の基準では現実には存在しない「架空の世界」を作ってしまったりすることがあります。私は自分がまさにその斬新な論理の大王様のような子どもでしたから、大人になって断片の間が埋まるたびに、「えっ、そういうことだったのか……」とひっくり返るような思いを何度もしました。

しかし、ほんらい「感性」とは、天から与えられるだけではなく、学び、体験し、さらにそれを磨いていくことでしか身につかないものです。子どもの斬新な発想を、「感性の豊かさ」であると簡単に片づけるのは、とても危険ではないかと思うのです。子どもの「ナイーヴな」(原義は「生まれたままの」)感性を、「子どもには、われわれが忘れてしまった純粋さがある」とノスタルジックにもてはやすのは、大人のエゴでしかありません。つまり、子どもは、たとえ大人と同じ語彙《ごい》を使っていても、必ずしも大人の言葉とは同じ意味ではない、同じ言語を操っているようにみえても、彼らの言語はわれわれとは異なる文法をもった「外国語」なのだということを、よく肝《きも》に銘じておかなければならない、ということなのです。

そのうえでなお、大人である私たちが彼らにしてやれることは何かというと、子どもの言葉、子どもが問いかけていることに注意深く耳を傾けるとともに、子どもがそれを自分自身の中で試行錯誤しながら「言語化」するのを手伝ってやることなのではないかと思っています。ただし、子どもの手を引いて「こうだよ」と導いてしまうのではなく、「はじめてのおつかい」というテレビ番組で、子どもたちが試行錯誤する様子を陰でそっと見守る大人たちのように、子どもたちが言葉や音楽を咀嚼していくのを見守るのです。初めはなんだか変でも、うまくいかなくても、子どもから問われたらさりげなく答え、問われなければ、「そのとき」が来るまで放っておけばよいのです。いつかは「そのとき」がやってきます。

そのためには、いろいろな方法があると思いますが、たとえば、子どもに「どうだった？」と聞くより先に、親御さん自身が、コンサートの感想を「独り言のように」つぶやいてみるのもいいかもしれません。子どもは、親が何かを見ていると、同じものを見ようとして自然にそちらを向くものです。子どもにとって「音楽を聴く」という経験が重いものであればあるほど、意味のあるものであればあるほど、彼らはそれをなかなか言葉にすることはできません。それ「参照」するべきものも、それを表す「語彙」も、それまでの自分の中にないからです。それを「せっかくいい音楽を聴かせたのだから、何か成果があっただろう」と、むりやり引き出して言わせようとすると、子どもは黙るか、はぐらかしたりふざけたりして体験そのものを軽いものにしてしまおうとするかの、どちらかになるのがオチです……。でもそんなときほど、実は子どもは「何だかわからないけれど、ずしりと重い」ものとして、見たり聴いたりした経験を受け止めています。かつての自分自身のことを思い返しても、そうではなかったでしょうか。しかし他方で、体験したことを「言葉にする」ことはとても重要で、そこから学ぶことは多いはずです。われわれは、言葉にする（言語化する）ことで、刹那《せつな》的な体験を記憶に刻み、断片的な体験を互いに結びつけていくことができるようになります。そのときは言葉にできなくても、「このあいだのアレさー……」といって言語にするときは必ずやってきますから、そのときを待つのです。

曲目解説を提供する私としては、子どもたちの「オーケストラ質問箱」の質問を読んだり、会場で耳を澄ましたりして、子どもたちがどのようにわれわれの提供するものをとらえているかをこっそり観察していました。そして、「短絡王」「脱線王」だった自分自身のことを思い出しながら、彼らの論理に抜けている知識と体験の「飛び石」や、「欠けた吊り橋」のあいだを少しずつ（ただしやりすぎないように気をつけて）埋めるようにし、語彙や表現を選んで「ていねいに」説明するように心がけました。子どもたちが、いつかは自分自身の言葉で音楽を語り、ほんとうの意味でその大切な経験を体に刻むことができるように、私自身が「心を尽くし、思いを尽くし、言葉を尽くして」、音楽を語ってみせることが必要だと思ったのです。

♪「きちんとした言葉づかい」で書く

日本の初等・中等教育のなかで、「作文」は、今も昔も重視されているはずです。しかし、私自身があるていど長く教育の仕事をしてきて、最近現場でますます強く感じ、危機感をもっていることがあります。それは、いまや大人となった世代も含めて、ある世代から後、いわゆる「作文」の基本的な約束事が身についていないのではないか、ということです。句読点の打ち方の原則、「本動詞は漢字、補助動詞は平仮名」などのカナ書きの区別の原則、引用のカッコの中の二重カッコや句読点の扱いの原則、段落の区切り方の原則……。敬語や丁寧語の使い方にいたっては、言うにおよばず、です。いまや大学でも「読む・書く・話す」の授業が必要だといわれる時代ですから、しかたないのでしょうか……。

言語が社会的なものである以上、どのような語彙を使い、どのように運用するのか、誰がどのように使うのか、誰が誰に伝えるのか、ということ自体に、言語そのもの以上の意味があります。「口語」と「文語」。「現代語」と「古語」。「話し言葉」と「書き言葉」。「男言葉」と「女言葉」。「ですます調」と「である調」。目上の人に対する言葉と、自分と同等の人に対する言葉。同じことを言うにもさまざまな「区別」があります。しかし現在は、手紙だけでなく、

Eメール、ツイッター、ライン、電話にも留守番電話の録音機能が付いて、相手がそこにいなくても、あるいは相手が特定の誰かでなくても、四方八方、自由自在に言葉が発されています。いろいろな場で言語コミュニケーションがおこなわれるにつれて、大人と子どもの話し方、男と女の話し方、ネイティヴ・スピーカーと外国人、標準語と方言の区別がだんだんあいまいになってきました。こうした変化につれて、「社会的に許容される」語彙や文体といったものに、明確な規範と呼べるものがなくなってきたように思います。

それはそれで、目的や立場によって文体を選ぶことができ、言葉を使いこなすことができるようになった大人にはよいのです。しかし他方で、学校教育の課程が完成していない子どもたちにとっては、少なくとも人生のひとときにおいて「きちんとした言葉」を学ぶ時期があるべきだ、という考え方に、今も昔もないと私は考えます。そうでないと、言葉づかいそのものによって、身分や、出自や、年齢を区別できた時代に生まれた物語や小説、あるいは服装や身振りがその人のキャラクターを表すことを前提とした時代に生まれたオペラなどは、そのおもしろさがまったく理解できなくなってしまいます。たとえばシェイクスピアの『十二夜』のような話や、ロッシーニの《セビリャの理髪師》、モーツァルトの《フィガロの結婚》《コシ・ファン・トゥッテ》《魔笛》のおもしろさは、おそらく半減してしまうでしょう。これらは、人がそれぞれの社会的な役割に応じて、それにふさわしい言葉と身振り、服装をすることが求められる社会ならではの物語だからです。日本にも、同様の物語はたくさんあります。なにより、これから国際的に活躍する可能性を秘めた子どもたちには、一歩日本の外に出たら、日本にいるとき以上に、きちんとした言葉や身のこなしが重要な意味をもつことを、ぜひ知ってほしいと思っています。そしてそれは、大人になってしまってからでは、もう身につけることはむずかしいのだ、ということも……。自転車乗りと同じで、ひとたび身につけば、場合によって意図的にどれほど乱れた言葉を使おうと、きちんとした言葉づかいの習慣そのものが崩れることはけっしてありません。

そこで、「こども定期演奏会」の曲目解説や台本では、言葉づかいに細心の注意を払ったつもりです。大友さんは、子どもたちに語りかけるときには、いつもていねいな言葉づかいで、敬語を使って話すことを基本にされていました。ですから、書きものがそれよりぞんざいであってはなりません。まずは、国語の教科書の文体を基本にしました。「話し言葉」ではなく「書き言葉」で。そして、それを基準にして、ケース・バイ・ケースで、少しずつ文体を柔らかくしたり、ヴァリエーションをつけたりしていきました。全体が同じ調子では、子どもの意識はすぐに逸《そ》れてしまいますから、ときどきは親しみやすいように、また文の流れにメリハリをつけるために話し言葉を挟んだり、友達口調に崩してみたりもしました。曲の解説の本文とコラムとで、あえて文体を変えてみたりもしました。

♪ 基本的な修辞法・構成をふまえて書く

今述べたこととも関連しますが、わかりやすい文章を書くためには、基本的な修辞法のテクニックは欠かせません。たとえば、単語やフレーズをほかの表現で反復する「言い換え」のテクニックや、意図的な「反復」のテクニック。これによって、言いたいことが強調されます。この「たとえば」という「例示」も、修辞法的テクニックのひとつです。また、伝えたいことをずばりストレートに言うのではなく、たとえ話で「暗示」したり、他のことと「比較」したり、あえて明らかに矛盾することを言うことによって、読み手の中からほんとうの答えを強い感情とともに引き出す「撞着《どうちゃく》」のテクニック。キーワードを何度もくりかえし使ったり、逆に、キーワードをそのままくりかえさず、別の言葉につぎつぎ言い換えていったり、というのも文章を書くときに欠かせない基本テクニックのひとつです。

これは細部の話ですが、文全体の構成も重要です。全部でたった四百字ほどの解説でも、話の入り方をどうするか。いちばん伝えたいことを言うために何をどんな順番で話していくか。さらに、読む子どもたちが最後に納得してくれるようにするためには、あわよくば、その内容を再現して家族や友達にも話せるくらい理解してくれるようになるにはどうしたらよいか。こうした起承転結は、つねに考えていました。結論まで言って終わるのか、それとも結論はあえてペンディングにして、続きを子どもたち自身で考えるようにするのか。これもつねに計算しなければなりません。そしてその日の曲目解説全体で、ひとつの「テーマ」、ひとつの「ストーリー」があるように、というのも絶えず考えていました。

「こども定期演奏会」の曲目解説では、こうしたさまざまな修辞法的テクニックを意図的に使いました。修辞法的に文章を読むことによって、文章を「読む」技術、文章を「書く」技術、そしてそれを使いこなして実際に自分の口で自然に「話す」技術も身につけてくれるように、という意図があります。文章表現や構成が修辞法的にバランスがとれていればいるほど、文章はシンプルでも必要最低限のことを言いつくすことができますし、また読みやすくもなるものです。

日本では、あまり学校でこの「修辞法」ということをうるさく言わない気がしますが、実のところ、あらゆる音楽作品は、声楽曲であれ器楽曲であれ、言葉とまったく同じように音楽の「修辞法」を駆使して作られています。同じメロディを何度もくりかえし使う手法や、形式の作り方、メロディの長さや性格、テンポや曲想、調の選択、転調のタイミング、あるいはスラーやスタッカート、強弱の表現にいたるまで、音楽は「音楽の修辞法」に則《のっと》って書かれています。この「秘密」がわかると、実は音楽は雄弁な語り手、おしゃべりなおばさんのように、いろいろなことをわれわれに語りかけてくるようになるのです。「作曲」というのは、実はこのようなテクニックを駆使して、自分の中の「音の響き」を「音楽」にしていくことにほかなりません。

♪ リズムよく書く

このように私は、言葉も、音も、どちらも「音楽」だと思っています。ですから、歌を歌うように読める文章、音楽を聴くように読める文章を書きたいと思っています。じっさい、音読する、しないにかかわらず、一文の長さが人間の呼吸と連動したときに、もっとも読みやすい文章が書けるものです。この「呼吸」の速さ、長さは、書き手と読み手の感情とも密接に関わっています。ですから、サスペンスフルな内容のときや、ワクワクするような楽しい内容のときと、すこし気持ちが沈むような重い内容のときとでは、おのずと文章のテンポやリズムが変わってきます。コンサートの始めと終わりとでも違います。逆に、リズムを上手に作ることによって、読み手の中に、情景や感情を呼び起こすことができます。その意味でも、音楽と言葉はまったくよく似ています。

♪ あえてむずかしい漢字・むずかしい言葉を使う

内容として「小学校四年生に理解できるように」というラインを決めていたことはすでにお話ししましたが、その一方で、使う漢字は必ずしもその基準にこだわりませんでした。学校で習う教育漢字は、何年生で何を習う、という学習年次が決まっています。もちろん、「こども定期演奏会」のプログラムもそれを基本にしましたが、配付するプログラム冊子では、あらゆる漢字にルビを付すことが決まっていましたので、必要とあればむずかしい漢字もあえて使うようにしました。

また、むずかしい言葉や言いまわしについても、基本的にはやさしい言いまわしに言い換えるようにしましたが、これは、というところではあえてそのまま使った場合も少なくありません。専門用語の扱いも、原則的には同様です。専門用語は、別の表現にしてしまうと、かえってややこしくなります。その場合、カッコ書きでその意味を説明した場合もあれば、カッコ書きもなくそのままにしたこともあります。

というのも、子どもが「むずかしい」と思うハードルは、実はあってなきがもの。子どもは、自分が知りたいと思いさえすれば、ゲームのマニュアルなど、けっこうむずかしい漢字を平気で読んでしまったり、大人も使わない言葉をわがもの顔に使いこなしてしまったりするわけですから、実はこの「むずかしさ」をことさらに気にする必要はないと思うのです。むしろ、わからないことは調べてみる、親に聞いてみる、そしてときには気に入った表現を背伸びして使ってみる、ということも、子どもの好奇心を満たし、言語能力を伸ばすには必要なことではないかと思うのです。

実のところ、私自身は小学生のころ、芥川龍之介や夏目漱石にまさに「はまって」いて、とりわけ芥川の文体を最高に巧《うま》い文だと思っていました。そして、作文のたびに、気に入った表現をこっそり真似して使ったりしてみたものでした。ときどき、自分の書く内容に比して少し表現が大げさすぎて、「おっと、これは失敗……」ということも少なくありませんでしたが。おかげで、内容と表現には、「相性」というものがあることを学びましたし、「文体」というものに、先に述べたようなとても大事な意味があるということを知りました。

♪ 音楽の世界への導入として、どんな話題が必要か

「こども定期演奏会」では、各回に「テーマ」が設定されており、大友さんのお話も、そのテーマに沿って進められていくことがわかっていましたので、曲目解説はそれと矛盾しないように、大友さんのお話を補完するように、あるいは家に帰ってから、大友さんのお話を思い出しながら、もういちど音楽を「追体験」できる読みものとして読んでくれるように、ということをいちばんに配慮して、解説の内容を決めていました。音楽、お話、解説が「ひとつの世界」を作っているように子どもたちが感じてくれることが、いちばん大切だと思っていました。

大友さんのお話のきっかけになるように、また演奏会全体の進行をスタッフを含めて全員が把握できるように、お話の部分も含めた「台本」はたしかに作っていましたが、大友さんは実際には台本の内容をそのままお話しされるわけではなく、ご自身がいろいろなことを考えて、

お話の内容を決めておられました。ですから、お話の内容がわかって曲目解説を書いていたわけではないのですが、大友さんが根本的に何を伝えたいと思っているか、何を大切に思っているかは明らかでしたので、結果として、「ひとつの世界」を作り出すことができていたと思っています。

さて、そう考えると、解説に書くべきことはおのずと決まってきます。しかし、ここで私がいつも注意していたのは、解説の執筆が「ルーチンワーク」にならないようにする、「私にとって簡単なこと」にならないようにする、ということでした。もちろん、私自身にとっては、取り上げられている作曲者や曲はおなじみのものですから、あらためて何かを調べなくても、ひととおりのことはいつでも説明ができます。ですが、私自身が先入観で物を書かないようにするため、長年の思いこみで間違った情報を書かないようにするため、またなにより、初めて曲に接する子どもたちと同じ気持ちになるため、どの曲についても「いま初めて知る」かのように、事典や資料をそのつど一から調べなおすようにしました。ですから、率直なところ、作業はとても手間がかかりました。結果的には、私にとって重要なこと、伝えたいことにあまり違いはありませんので、同じような文章になっていたと思いますが……。

解説で、必ず入れこまなければならない情報は、その作曲家が「いつの時代」の人で、「どこで生まれ、活躍した」人なのか、ということです。作曲家には、それぞれの人生の物語があり、その物語が彼らの生み出す音楽そのものだからです。第2章を読むとわかるように、「こども定期演奏会」のテーマ音楽を作曲してくれた子どもたち、チラシの絵を描いてくれた子どもたちは、みな音楽に対して、この演奏会に対して、それぞれの物語、それぞれの思い入れをもっています。なぜそのような絵を描いたのか、なぜそのようなメロディをつくったのか、いつどこで、どのようにしてそれを思いついたのか、そしてなぜそれをみんなに見てもらいたい、聴いてもらいたいと思ったのか……。それが、音楽と一人ひとりの子どもとをつなぐ「絆《きずな》」なのです。

ですから、プログラムに出てくる作曲家たちのことを書くときにも、彼らがどんな子ども時代を過ごし、子どものときにどんなことを考えていたかを、できるかぎり書くようにしました。音楽だけでなく、その向こうにいる「人間」に興味をもってほしいと思ったからです。自分と同じ背丈《せたけ》の「子どものモーツァルト」「子どものハイドン」「子どものチャイコフスキー」が、まさにすぐそばに来て、一緒に遊んでいるような気持ちになってほしいと思ったからです。彼らが、自分の音楽の秘密を、「私に」「僕に」こっそり話してくれているように感じてほしいと思ったからです。そのようにして、音楽の中に彼らの「存在」を聴きたいと思うこと、また音楽の中に自分の「存在」を聴いてほしいと思うことが、人と人との絆や、人と音楽との絆を結びつけてくれると私は信じているからです。もちろん、そうした音楽との深い絆は、私自身にもあります。ときには、作曲家の物語を書くときに、私自身と音楽との物語を重ねて書いたこともあります。

また、音楽が生まれた「場」にも、ぜひ興味をもってもらいたいと思いました。私自身が子どものときに、トルストイを読みながらロシアの大地を想像し、デュマやルナールやドーデーを読みながらフランスの空を想像し、想像の「世界」や「宇宙」を自分の中に作り上げていったことを思い出しながら、音楽の街を描いていきました。学校で地理や歴史を学ぶときにも、音楽が開け放ってくれた「想像の窓」からピーターパンのように飛び出し、広い世界を見てほしい、自分の知らないところに、たくさんの人がいて、いろいろなことを経験し、いろいろなことを考えながら、でも同じ「音楽」によって結ばれていることを知ってほしいと思ってのことです。

ときには、コラムの中で音楽の「聴き方」や、あえて「美学的」なことも取り上げました。音楽について、音楽と人との不思議な関わりについて、自分自身の頭と心で考えてほしい、と思いながら……。

♪ そしていちばん必要なことは

こうしたさまざまな思いをもって書いていると、ときとして感情的になって筆が滑ったりすることもあります。「こども定期演奏会」では、ホールやオーケストラの担当の方々が、プログラム冊子のすみずみまで、全員でつねに目を配ってくださいました。とりわけ、編集を担当して下さった荒井恵理子さんは、私の大学の先輩でもありますが、実に鋭い、プロフェッショナルな目で、表記から内容にいたるまでチェックをしてくださり、しばしば率直に私の誤りや、不明瞭な文章を指摘してくださいました。音楽を知り尽くし、思いを共有する人々が、「大人チーム」として客観的に文章を読んでくれるということが、私が「熱い心と冷めた頭で」書くためには、なにより重要なことだったと思っています。そして時折、大友さんの奥様がわざわざ個人的に「聴衆としての」感想を言ってくださったことも、迷路に入りこみがちな私には、とても大きな励ましになっていました。

「こども定期演奏会」の解説や台本を書いてきた経験から、いろいろお話ししてきましたが、私自身がもっとも大切にしてきたこと、もっとも重要だと思ってきたことは何だろうと考えますと、それはけっきょくのところ「内容」ではありません。「文体」でもありません。「書き手が何を大切に思っているか、何を伝えたいと思っているかを伝えること」だと思います。

実は、学校で教えていて、私自身が学生にはっとさせられたことがあります。それは少なからぬ数の学生からこう言われたことでした。「これまで勉強は得意ではなかったし、勉強は面倒くさくて嫌いだと思っていた。けれども、先生が作曲家のことを話したり、音楽の理論のことを話したり、ヨーロッパの歴史や文化のことを話したりするときに、あまりに楽しそうなので、『もしかしてこれは楽しいことなのかもしれない』と思って勉強しました……」というのです。そういえば、私はあまり学生に「勉強しなさい」という教師ではありませんが、自分自身が音楽のことをもっともっと知りたいし、勉強をして新しいことを知ると楽しいし、楽しいことは、さらにおもしろい話にして他人に話したくてたまらない、というタチの人間です。では、私はいちばん、誰にそのおもしろい話を伝えたいかと振り返ってみると、実は究極的には「子どものころの自分自身」なのです。大人や友達と気持ちが通じなかったり、価値観が違ったりして、世の中とうまくやっていけなかったり……「子どものころの自分」がそんなつらさを忘れ、楽しく笑って幸せになるような話をしたい、というのが、とどのつまりは私の仕事の原点です。実のところ、第三者としての「子どもたち」というものはいないのです。「子どもたち」といういわば想像の共同体に向けて書くのではなく、自分の中の自分に向けて書き続けること、語り続けること。だからこそ、「子どものために書く」ことには、書き手として力いっぱいの誠実さが必要なのだと思っています。

第6章　子どもと音楽の未来のために

津上智実

あらゆる子どものなかには驚くべき深さがある。
——ロベルト・シューマン

"In jedem Kind liegt eine wunderbare Tiefe" (Robert Schumann, 'Kritische Briefe der Davidsbündler' (1834), in: *Gesammelte Schriften über Musik und Musiker* (Hg. H. Schulze), Wiesbaden o. J., S.20.

♪ 時間を守る

「はじめに」でも述べたように、子どものためのコンサートは玉石混淆《ぎょくせきこんこう》です。誠実なすぐれた取り組みもあれば、驚くほどいい加減な取り組みもあります。

たとえば、「時間を守る」などはあたりまえのことですが、うっかりしていると、とんでもないことが起こります。かつてＭ市の公立ホールでおこなわれた「赤ちゃんからのクラシック」というコンサートに行って驚いたことがあります。

このコンサートのチラシには「十一時半から六十分間のコンサート」と明記してありましたが、実際に司会者がステージに現れたのは十一時三八分でした。司会者は「こんにちは」と挨《あい》拶《さつ》して、コンサートの目的と自己紹介をおこなった後、「赤ちゃんが泣いたら、いったん会場の外に出てください」「二階のバルコニー席からプログラムなどを落とさないように気をつけてください」といったお願いをしました（これは通常、開演前の影アナウンスで言うべきことでしょう）。続いて、出演者と楽器の紹介がおこなわれ、それぞれちょっと（オーボエはリードだけで、ホルンはマウスピースだけで）音を聴かせ、「これからお話とイラストと音楽で」進めますとアナウンスした後、司会者は先ほどのお願いを最初から全部くりかえしました。それから、あらすじとそれぞれの登場人物を表すテーマ（ライトモティーフとなる特徴的な旋律など）の紹介がおこなわれて、曲目の演奏が始まったのは十一時五四分。曲はプロコフィエフ作曲《ピーターとおおかみ》で三十分もかかりません。演奏が終わったのは十二時二二分でした。「最後に特別にもう一曲」と言って、サン＝サーンスの《動物の謝肉祭》から〈フィナーレ〉を演奏して、終演は十二時二五分。司会者が登場してから四七分、プログラム曲の演奏開始から三一分後でした。

このとき、私は二階のバルコニー席に座っていましたが、隣に小学校二年生くらいの女の子がいて、首から子ども用の携帯電話を下げていました。その子はうれしそうに何度も携帯を見て、隣にいるお母さんに「あと十分で始まるね」「あと五分だよ」と話しかけて、コンサートの開始を心待ちにしている様子でした。ところが開演予定時刻の十一時半になっても舞台には誰も出てきません。するとその女の子は、「あれ、おかしいね。まだかなあ」と言い、「もう三分も過ぎてる」「五分経ったのにどうしたんだろう」と心配し続けていました。子どもはこんなに待っているんだと、赤い服を着た一途な女の子の様子を隣の席でひしひしと感じながら、大人は子どもを裏切ってはいけないとあらためて思ったことでした。

いっぽう、これと対照的だったのが、アルクスのクリスマス・コンサートです。アルクス（ARCUS）はＮＨＫ交響楽団をはじめとするオーケストラの若手奏者が集まって自主運営しているグループで、世界的に有名なオルフェウス室内管弦楽団と同様に、指揮者を置かず、曲目も合議制で決めるめずらしいタイプの室内オーケストラです。私が実際の演奏に接することができた二〇一二年十二月二四日の「子どものためのクリスマス・オーケストラ・コンサート」（第一生命ホール）は、十五時半からの一時間のコンサートで、このときは奏者の登場が十五時二九分、演奏開始が十五時三十分、終演が十六時二九分五十秒でした（表11）。

読者のみなさんにはもうおわかりと思いますが、私は子どものためのコンサートに行くと、左手に時計、右手にボールペンを持って、膝の上に広げた紙に、プログラム進行を時間も含めて書きとめています。そうやって演奏とお話の時間配分やお話の要点などを記録し、それを大

表11　みごとな「定刻主義」のタイムライン（作成：津上智実）

第一生命ホール「子どものためのクリスマス・オーケストラ・コンサート」
2012年12月24日（月・祝）15時30分，出演：ARCUS（演奏者34人）

15:29	奏者登場
15:30	第1曲：早川正昭作曲 バロック風《日本の四季》より〈冬〉
15:38	松田拓之さんの挨拶（クリスマス／自己紹介／楽器／今の曲について）
	ヴァイオリン（メンデルスゾーンの協奏曲の出だし／向かって左はヴァイオリン，反対はヴィオラ／高くて甘い音など）
	ヴィオラ（少し低い音，音量も大きい）
	チェロ（エルガーの《愛の挨拶》／エンドピンがあり，構えが違う）
	コントラバス（《ぞうさん》）
15:46	楽器の名前当てクイズ（フルート，オーボエ，クラリネット，ファゴット，ホルン）
–15:55	第2曲：ハイドン《ディヴェルティメント》第2楽章（木管五重奏）の終わり
	弦4種+木管5種
15:57	トランペットのファンファーレ
	ホルンも同じ色で金管楽器
15:59	第3曲：アンダーソン《トランペット吹きの休日》（バルコニーでの演奏）
	ティンパニ，太鼓，鈴
	パスを首にかけた子どもたちが舞台へ，1列に1人ずつスタッフがつく
16:08–16:15	第4曲：アンダーソン《クリスマス・フェスティヴァル》
	子どもたちが客席に戻る
	大宮臨太郎さんがコンマスに
16:18–16:26	第5曲：メンデルスゾーン 交響曲第4番《イタリア》第1楽章
	クイズに参加してもらったり，舞台に上がってきてもらったり
16:28	第6曲：グルーバー《きよしこの夜》～みんなで歌いましょう（前奏＋1番を2回歌う）
16:29:50	終了

学に持ち帰って「音楽によるアウトリーチ」（https://www.kobe-c.ac.jp/musicdp/outreach/01torikumi/index.html）の授業の教材として活用しています。

♪ ニューヨーク・フィルの話

ニューヨーク・フィルの「ヤング・ピープルズ・コンサート」に接して大きな気づきがあった話を「はじめに」でしましたが、それはなぜだったのかを明らかにしておきましょう。

私が実演に接することができたのは二〇一一年一月十五日、ニューヨーク・フィルの本拠地エイヴリー・フィッシャー・ホールでの「ヤング・ピープルズ・コンサート」（十四時から十五時の一時間、入場料大人三四ドル）です。ダニエル・ボイコ指揮のニューヨーク・フィルの演奏で、曲目はモーツァルトの《魔笛》序曲に始まり、ハイドンの交響曲第一〇〇番のメヌエット、モーツァルトのヴァイオリン協奏曲第三番の第一楽章、シューベルトの交響曲第五番の第一楽章、P・D・Q・バッハ《ノー＝ノー＝ノネッテ（No-No-Nonette）》の最終楽章、ベートーヴェンの交響曲第二番の最終楽章でした。

これは「音楽の時代――古典派（The Age of Music - Classical）」と題する子どものための教育的コンサート（対象は六歳から十二歳）の一環で、前回のバロック音楽との比較などもまじえて、古典派の音楽の特徴を形式面と様式面からわかりやすく教えていくものでした（続いて三月には「ロマン派」、四月には「現代音楽」の回が予定されていました)。トム・デュラックの台本・監督で、舞台上にはジュリアード音楽院のティーチング・アーティストの指導者として有名なセオドア・ヴィプラットが登場し、スクリーンを活用して簡単な図を示しながらA—B—A形式、A—A—B—A形式、さらにソナタ形式について明快な解説をおこないました。演奏も立派、解説も一流で、何の不足もないはずでした。

しかし、コンサートが進むにつれて、私のなかでは違和感が広がっていきました。それはモーツァルトのような鬘《かつら》と金モールの服を身につけた俳優(ジェイソン・パリッシュ)の位置づけです。ザルツブルク名物のお菓子モーツァルトクーゲルのパッケージの絵にそっくりな衣装をつけたこの登場人物は、初めは古典派の時代からやってきた案内役かと想像していたのですが、実は道化役で、無知な聴衆の代表として舞台に上がる役割を担わされていました。解説のヴィプラット先生が「どうしてだかわかるかな?」と問いかけると、疑似モーツァルト君は「エ〜、僕わからないよ〜」と困ってみせます。そうすると先生が「じゃあ、教えてあげよう」と説明を始めるという流れです。つまり子どもは何も知らないしわからないだろうから、先生が教えてあげるという構造が剥《む》き出しになっていて、舞台上の専門家と客席の無知な聴衆との格差をくっきりと際立たせるかたちで道化役が配されているのだと気がついたときには愕然としました。君たちは無知だ、だから私が教えてあげよう、こういう枠組みで話が進んでいくことを会場の子どもたちはどう感じているのだろうか、このような扱いをされていやだと思う子どももいるのではないかと心配になって、私は会場をそっと見まわしてみました。

このコンサートでは、ヴァイオリン協奏曲のソリストとして十四歳の黒人の男の子（ランドール・グースビー）がニューヨーク・フィル・デビューの快挙を果たして、盛んな拍手を受けていましたが、客席の子どもたちの参加は《きらきら星（Twinkle, Twinkle, Little Star）》（A—B—A形式）や《マクドナルド爺さんは農場を持っていた（Old MacDonald Had a Farm）》（A—A—B—A形式）といった歌を、先生の指示に従って歌うことに限られていました。全体として構造的聴取のための音楽形式と様式のレッスンといえる側面が強調されたコンサートでした。

それまでの私は、勤務先の大学で音楽学部の学生たちと学内の講堂で「子どものための七夕コンサート」を開催したり、学外の病院や幼稚園などでアウトリーチ・プログラムを実施したりするなかで、演奏の力が足りないとかお話が下手とか、そういったことが原因で思うようにはうまくいかないのだとばかり思っていました（これまでの活動歴については次のサイトを参照。https://www.kobe-c.ac.jp/musicdp/outreach/03katsudou/activity/ActivityRecprd2014.pdf）。しかし、ニューヨーク・フィルの例に接して、演奏や解説がどれほどすぐれていても、それだけではダメで、むしろそのコンサートを根底で支える人間理解という点こそが大切なのだと教えられました。

♪ 東京交響楽団&サントリーホール「こども定期演奏会」のメリット

ニューヨークでそのときに脳裏に甦《よみがえ》ったのは、前年（二〇一〇年）の四月二四日に東京のサントリーホールで聴いた第三三回「こども定期演奏会」の最終曲の場面でした（**表12**参照）。指揮者の大友直人さんは「マーラーのこの曲〔交響曲第九番第四楽章〕は子ども向けのコンサートでは絶対に演奏されない曲、子どもの演奏会で演奏するのは世界中で初めてかもしれない」としたうえで、次のように語りました。

この曲は、マーラーが自分の人生の最後にどういう世界を思い描いていたのか、夢みていたのか、ほんとうに美しい静かな音楽で終わっていく。いつ終わっていったのか、まるで音が高い空の彼方《かなた》に消えていくような、星空を見ていたり、空を眺めていたりすると、いったいどれくらい空が高いのか、遠くの星が見えるのかわからなくなるほど、自分の目がどうかしてしまったのではないかと思うほど、壮大な空間を感じることがありますが、このマーラーの音楽も、音が宇宙の彼方に消えていくようなひじょうに印象的な終わり方になります。これはぜひみなさんにも協力していただいて、ほんとうにマーラーが最後に書きたかった音の世界を楽しめたらいいなと思っています。

このような語りで子どもたちに備えをさせてから、大友さんは曲を演奏しました。難解な曲でも、ていねいに備えをすれば子どもは集中して聴き遂げることができる――音楽の力と子どもの聴く力とに対する深い信頼に、会場の全員が巻き込まれたみごとな場面でした。

こうした点で「こども定期演奏会」のほうがはるかにすぐれていると悟ったのが、本書執筆のきっかけになったのは「はじめに」で述べたとおりです。

♪ バーンスタインの考え方

レナード・バーンスタインは、ニューヨーク・フィルの「ヤング・ピープルズ・コンサート」を世界的に有名にした指揮者ですが、バーンスタイン自身はギミック（からくりや仕掛け）を使わないということを信条としていました。じじつ、バーンスタインは、前任者たちの用いたスライドを使用してはどうかという提案や、「ヤング・ピープルズ・コンサート」に協力しようと申し出た当時の有名なコメディアンや有力団体からの申し出をいずれも断っています（コプシュタイン＝ペンク、前掲書、十七頁）。

当時、『ニューズウィーク』誌（一九五九年三月二日号）のインタヴューに答えて、バーンスタインは、子どものためのこの番組は「私が特に愛する質の高さを有している。妥協せずに、つまりアクロバットやマーチング・バンドやスライドや映画の助けを借りることなしに、まじめな

01:24:07–01:25:04	おはなし（マーラーもほんとうに静かに聴いてくれて／マーラーの交響曲は９曲ある／小４でこの曲を聴いてすばらしいと思った）（最後に弦楽器のピッツィカートの楽しい曲）（１分）
01:25:09–01:27:40	アンコール：アンダーソン《プリンク プランク プルンク》（２分）（コントラバスをくるくる）
–01:28:49	指揮者退場

プログラム：「美しき弦楽器の響き，ヴァイオリニスト南紫音さんインタビュー」「楽器紹介：ヴァイオリン、ヴィオラ、チェロ、コントラバス」

話と一台のピアノとひとつのオーケストラのみによって、子どもたちの心を摑《つか》むことができるとわかったら……それはとてつもなくうれしいことだ」と語っています（同書、十二頁）。

さらに著書『音楽のよろこび』（一九五四）の序論で、バーンスタインは次のように主張しています。

> 音楽の素人が音楽について知的な話を聞く機会はほとんどないに等しい。しかし、音楽畑の出身ではないけれども、終止形だとか、旋律の輪郭だとか、和声の進行具合といったことの説明に限られてはいたが、そういうことを素人にもよりよくわからせるように話すことができた人々も、たまにはいた。もちろんこういう人は、ごく少ないが、この上なく貴重な存在といえよう。
>
> ぼくは話の水準をさげたくないのだ。聴衆と接触を保ちながら、しかも高級な話をするにはどうしたらいいだろう？　音楽の鑑賞屋の真似と純粋に専門的な議論の中間のどこかに、適切な方法があるにち
>
> （吉田秀和訳、音楽之友社、一九六六年、七頁）

表12　第33回こども定期演奏会のタイムライン（作成：津上智実）

東京交響楽団＆サントリーホール「こども定期演奏会」
第33回「《オーケストラの素晴らしい世界》――美しい弦楽器の響き」
2010年4月23日（土）11時開演，サントリーホール 大ホール
管弦楽：東京交響楽団，ヴァイオリン：南紫音（大３）
指揮＆おはなし：大友直人（東京交響楽団常任指揮者）

00:49–	指揮者入場
01:13–03:00	第１曲：吉平花織（編曲：長山善洋）「こども定期演奏会 2010」テーマ曲（２分）
03:17–10:48	おはなし（第 33 回，９年目／演奏者紹介／年４回／音楽の魅力／テーマ曲，作曲者登壇，小３，編曲者紹介，もう一度演奏／今年はオーケストラの楽器，今日は弦楽器／まずは弦楽合奏曲）（7 分）
10:58–13:28	第２曲：グリーグ《ホルベアの時代から》からプレリュード（３分）
13:53–26:11	おはなし（爽やか／ヴァイオリン：たいてい２つに分かれる，350 年くらい前，４本弦，弓の毛は馬の尻尾。ヴィオラ：少し大きくて低い音，温か，ふくよかな音。チェロ：さらに大きい，昔はガット弦，エンドピン。コントラバス：弦４本と５本の楽器の違い，チェロと同じパート譜を弾くときに下のドまで欲しいので弦５本に／弦楽合奏）（13 分）
26:36–30:52	第３曲：ドヴォルザーク《弦楽セレナーデ》から第１楽章（４分）
31:16–33:36	おはなし（弦楽合奏の演奏人数は決まっていない）（前半の最後／弦楽器の効果的用法）（２分）
33:56–42:50	第４曲：ウェーバー 歌劇《オベロン》序曲（11 分）
44:36–44:58	休憩・第２部開始
45:10–46:16	おはなし（後半／ソリスト，南紫音さん，大３）（２分）
46:26–59:34	第５曲：メンデルスゾーン ヴァイオリン協奏曲ホ短調から第１楽章（13 分）
01:00:44–01:08:20	南さんのおはなし（大３，３歳から，小３ごろは日に３時間くらい，みんなが部活をやっている時間に私はヴァイオリン） 大友さんのおはなし（最後の曲，マーラー，不安半分・楽しみ半分／年によっては演奏会のマナーの話，静かにいい空気を作ってくれて／子ども向けのコンサートでは絶対に演奏されない，おそらく世界中で初めてかもしれない／大編成，大人数，壮大，生涯の最後に書いた，100 年くらい前／まず厳かな弦楽器のアンサンブルから始まる／少しカット／中間部に巨大なサウンドがこのホールを埋め尽くす／特にヴァイオリンがドラマティックに飾る／マーラーが自分の人生の最後にどういう世界を思い描いていたのか，夢みていたのか）（８分）
01:08:46–01:22:08	第６曲：マーラー 交響曲第９番ニ長調 第４楽章から（14 分）

がいない。それを発見するのはむずかしいかもしれないが、必ず発見できる、とぼくは考える。／この確信があるからこそ、ぼくはあえて、テレビやレコードや公開講座で音楽を論じたのだ……公衆とは巨大で野蛮な獣ではなく、理解力のある生物であるという信念がなくては、これは不可能なことだ。

（同書、十頁）

子どもたちを含めて、聴衆は「野蛮な獣ではなく、理解力のある生物である」という信念をもって、音楽の専門的な話を人々にわかるように語る術を求め、可能性を追求し、妥協をしないという姿勢をバーンスタインが堅持していたことがよく伝わってきます。

♪ 子どもたちへの語り方

子どもに語りかける言葉の調子や言葉づかいはどのようなものが望ましいかは、意見が分かれるところです。「みんな知ってるかな？」とか「～だよね」といった友だち言葉を使う人もいますし、そのほうがリラックスした雰囲気で親しみやすいという考えをもつ人もあることでしょう。実際に舞台で、友だち言葉で話している例に接することもままあります。

ところが、ある公立幼稚園で私の勤務先の大学の学生たちがアウトリーチ実習をした際、出演者が意識的に友だち言葉を使ったところ、プログラム終了後に園長先生から、自分たちはきれいな日本語で話すように心がけているので、学生も「ですます調」のきちんとした言葉づかいをするように改めてほしいとの指摘をいただきました。これは関西での話ですので、普通に話せば関西弁を使うのが自然ですが、そうではなくて「ですます調」のきちんとした言葉づかいをしてほしいとはっきりと要求されたのです。それからは幼稚園の園児対象のプログラムであっても、友だち言葉ではなく「ですます調」で話すように徹底しています。いっぽうで、「ですます調」では困りますという苦情は寄せられたことがありません。とするなら、子ども対象のプログラムであっても「ですます調」で話すようにしたほうが抵抗を感じる人が少ないという結論を導き出すことができるでしょう。

　言葉づかいもですが、子どもに対してどのような目線で接するかが大切なポイントです。たとえば子どもへのインタヴューで、聞かれた子どもが答えを考えているあいだに、司会者が自分の予断で発言してしまったらどうでしょうか？「初めてオーケストラといっしょに演奏して、他の楽器の音が聞こえた？」と聞かれて、子どもがちょっと考えこんだところで、司会者が「初めての経験で余裕ないから聞けるわけないよね」と言ってしまうとすれば、それは自分の先入観で子どものあり方を決めつけることになってしまうでしょう。たとえ小中学生でも、オーケストラのなかで音もタイミングも外さずに弾いているとすれば、まわりの音が聞こえていないわけはないと考えるのが自然ではないでしょうか。

　子どもに語りかけるという基本の姿勢をしっかりともつことが、まずは大切です。かつてドイツの有名なオーケストラが日本で初めて子ども対象のコンサートをおこなった際、プロのアナウンサーが「こんなすばらしいオーケストラが子どもたちのために弾いてくれるなんてすばらしい。そこにお子さんを連れてくるのもすばらしいこと」といった話をしました。その声の美しさ、抑揚と間合いの絶妙な巧みさに引きこまれ、どうしたらあんなに魅力的な話し方ができるのだろうか、どんな訓練をすれば身につくのだろうかと考えこんでいた私に、当時小学校四年生だった息子が言いました。「お母さん、あの人、僕たちに話しかけてないね」と。その言葉にはっとして、アナウンサーの話が子どもたちに向けてではなく、主催者や親たちに向けて語られていたことに気がつきました。特に「僕たち」と複数形で表現したところが強く心に残りました。それは「自分」個人ではなく、主たる聴衆であるはずの「子どもたち」全体をさしていたのだと思います。子どもはこういうふうに直感的に感じ取るのだということを教えられた強烈なひとことでした。それ以来、舞台で発せられる言葉が誰に向けられているかをつねに意識するようになりました。

たとえば、子どものためのコンサートで、司会者に「このシリーズに初出演されていかがですか？」とインタヴューされて、メインの出演者が「お子様や若い人にこのホールにお出でいただけるのはすばらしい企画」と答えたとすると、どうなるでしょうか？　子どもたちは、「あ、この人は僕たちには話しかけていない。誰か他の大人に話しかけていて、僕たちは本気では相手にされていないんだ」とそくざに理解してしまうことでしょう。加えて、説明のなかで「……をやることもございます」といったかしこまった言葉づかいをすると、子どもたちは「ああ、やっぱりそうだ、この人は子どもではなく大人を相手に話しているんだ」と確信してしまうことになります。そうなったら舞台で話される事柄は子どもたちの心に届かなくなってしまうのではないでしょうか。

子どもの発言を切り下げないということも大切でしょう。インタヴューされた子ども奏者のひとりが「気持ちよく弾けました」と答えたときに、司会者が「気持ちよく弾けた？　ずいぶん頼もしいね」と言ったりしたら、どうなるでしょうか？　フルートを吹いた子ども奏者に「指揮者はどうでしたか？」と聞いて、子どもが「すごかった」と答えたときに、「とりあえず、すごいって言いますよね」と司会者が発言したら、どうでしょうか。子どもの発言は本気だったのかもしれないのに、司会者が口先だけの外交辞令だと決めつけてしまったことになります。子どもの発言が尊重されずに切り下げられてしまうとしたら、それは子どものためになる場といえるのでしょうか？

また、「交響曲って何ですか」と司会者に問われて、指揮者が「決まりがいろいろあって、その決まりを守って作られた曲」といった説明をしたら、どうなるでしょうか？　これを聞いた子どもたちは、決まりづくめで堅苦しくて、ちっともおもしろそうじゃない、少なくともこの指揮者は交響曲をおもしろいもの、魅力的でいいものとは思っていないんだと理解するのではないでしょうか。

ジェンダー（性別）・バイアスのかかった言葉づかいに気をつけるのも現代では必要なことでしょう。たとえば、「この曲を書いてくれたのは中二の女の子」や「トランペットかっこいい、男なら憧れるよね」といった発言をすると、それは「男」ならではの発言と感じ取る人も少なくないと思います。

舞台の上からの語りかけに際しては、子どもに向かって語りかける、子どもを尊厳をもった人間として扱うということが肝要《かんよう》で、この点で「こども定期演奏会」における大友直人さんの語りはよい手本を提供してくれます。

♪子どものためのコンサートの位置づけ

ＮＨＫ交響楽団の前身にあたる日本放送交響楽団が、戦前のラジオ番組「子供の時間」に出演して、解説つきでオーケストラ曲の演奏を子どもたちのためにおこなっていたこと、またエロイーズ・カニングハムの青少年交響楽協会の青少年コンサートにも数回出演していたことは、第3章で述べたとおりですが、しかしこうした活動について、ＮＨＫ交響楽団の正史はほとんど触れていません。『ＮＨＫ交響楽団40年史――１９２６―１９６６』（ＮＨＫ交響楽団編、日本放送出版協会、一九六七）や佐野之彦『Ｎ響80年全記録』（文藝春秋、二〇〇七）には言及がありませんし、『ＮＨＫ交響楽団50年史――１９２６―１９７７』（ＮＨＫ交響楽団編、日本放送出版協会、一九七七）でも、本文中はもちろん、年表にも記載がなく、「演奏記録」の「定期公演以外の出演」演奏会一覧（英文）に青少年交響楽協会の二件が掲載されているだけで、ひじょうに小さな扱いです。オーケストラにとってのエデュケーショナル・コンサートは、「子ども相手のプログラム」として、本来的な活動とは見なされず、あくまで周辺的なものと考えられていたことが明らかに読み取れます。

音楽鑑賞教室を創始した功労者である群馬交響楽団でも、事情は同様だったようです。マネージャーの丸山勝廣は『愛のシンフォニー――群馬交響楽団の38年』（講談社、一九八三）で、「悪戦苦闘の『移動音楽教室』が続く日々に、大きな救いは定期演奏会だった。子供相手という止むを得ない感情から解放されて、自由に自分たちの望む曲目で、ひとつの演奏会ができるということは、団員たちにとっては最高の喜びだった」（三五頁）と述べています。「子供相手」に弾くのはあくまで身過ぎ世過ぎのためであって、オーケストラ本来の仕事ではないという意識が強かったのでしょう。本来の仕事はあくまで「定期演奏会」とされていました。

その意味で、東京交響楽団&サントリーホール「こども定期演奏会」は、日本のプロのオーケストラが「子供相手」を「定期演奏会」にした、つまり子どもたちのために弾くことを、オーケストラの本来の仕事のひとつとして公式に位置づけたという意味で画期的なものということができます。第3章で論じたように、今日、エデュケーション・プログラムに取り組むことがオーケストラの重要なミッションのひとつという世界的な流れがすでに確立されていますが、しかしそれを「定期演奏会」にまで高めたのは稀少で、先駆的なものと見なされます。

考えてみれば、サントリーホールは内外のトップの音楽家の公演が目白押しのコンサートホールですから、このようなエデュケーション・プログラムは当然ながら地味な存在でしょう。その中で「音楽に出会うよろこびを、未来を担うこどもたちへ」届ける活動を「ENJOY! MUSIC プログラム」の大きな柱として掲げているのは、ホールの見識を示すものと言えます。現在、「こども定期演奏会」を率いる河野彰子さん（サントリーホール、企画制作部長）も「継続して地道に積み重ねていくことの大切さ」を、同じく梶川純子さん（東京交響楽団、支援開拓本部長）も「さらによいものにして継続していきたい」と語ってくれました。今後とも息長く継続されていくことを望みたいと思います。

♪ 研究の必要性

バーンスタインと彼の「ヤング・ピープルズ・コンサート」については、アメリカですでに複数の学術論文が書かれています。ポール・レアード著『レナード・バーンスタイン研究の手引き』（Paul R. Laird, *Leonard Bernstein: A Guide to Research*, New York: Routledge, 2002）には次の四点が挙げられています。

・一九六六年　シラキュース大学修士論文（ジェームズ・リース著）
・一九七五年　コロラド大学博士論文（ジェームズ・スノーデン著）
・一九九五年　フロリダ・アトランティック大学修士論文（フランクリン・ペイナード著）
・一九九七年　ロチェスター大学博士論文（ブライアン・ローゼン著）

その後も、二〇〇九年ニューヨーク州立大学修士論文（キャスリーン・オルセン著）、同じく二〇〇九年フロリダ州立大学修士論文（ジョン・マッキニス著）、二〇一二年アメリカ・カトリック大学博士論文（アリシア・コプフシュタイン＝ペンク）が書かれ、そうした学問的な蓄積のうえに、二〇一五年、アリシア・コプフシュタイン＝ペンクのすぐれた研究書『レナード・バーンスタインと彼のヤング・ピープルズ・コンサート』（Alicia Kopfstein-Penk, *Leonard Bernstein and His Young People's Concerts*, Rowman & Littlefield, 2015）が公刊されました。「子ども相手」の「じゃりコン」を音楽家の周辺的な活動として一段低く見るのではなく、音楽家が時代の文化的・政治的・思想的背景と切り結びながら、自らの理念や信念を実現するためにどのような音楽活動をどのように構築していったかを解明するための重要なフィールドとしてエデュケーション・プログラムを位置づけ、その構造と精神とを分析によって明らかにするという視点がここでは確立されています。

日本ではまだこのような視点は希薄であるように思われます。近年、長谷川倫子「レクチャーコンサートとその『語り』についての一考察――アートマネジメントの実践から」（横浜国立大学『技術マネジメント研究』第九巻、二〇一〇、五三〜六一頁）といった論文も出るようになってきましたが、自分たちの実践報告という域に留まっていて、分析や考察の域に達していないという憾《うら》みがあります。そのなかで、武内裕明「全米学校放送開始期の音楽鑑賞番組『音楽鑑賞アワー』に関する研究——子どものためのコンサートからラジオ教育放送への移行期のプログラム構成に着目して」（『日本教科教育学会誌』第三一巻第三号、二〇〇八、四九〜五八頁）はプログラム分析に踏みこんだ貴重な例といえます。このような分析が、アメリカの先例についてばかりでなく、日本の実践についてもおこなわれるようになっていくことが、今後の発展にとって重要であると思います。

かつて明治政府が洋の東西の音楽を取り調べるために音楽取調掛《とりしらべがかり》を設けたように（一八七九年設置、これが東京音楽学校を経て、現在の東京芸術大学音楽学部となりました）、まずは調査と研究が大切でしょう。第3章で見たように、アメリカとヨーロッパとでは歴史的・文化的背景が異なるために、子どものためのコンサートの成り立ちも大きく異なっています。とするなら、日本で今後どのようなプログラムが必要とされ、何が望まれるのかということを知るためには、これまで日本でおこなわれてきた実践について調査し、その実態を克明に記録するとともに、内容や構成に踏みこんだ分析をおこなうことが必要です。過去の先例に学ぶことで、よりよい未来を切り拓《ひら》くことが可能となります。

しかるに、この夏、社団法人青少年音楽協会を訪ねて私が目にしたものは、テーブルの上にうずたかく積まれた演奏会プログラムの山でした。東京・南青山の根津美術館に寄り添うように建つエロイーズ・カニングハムの旧宅は、フランク・ロイドの弟子アントニン・レーモンド（一八八八〜一九七六）の設計になるモダニズム建築で、すっきりと居心地のよい空間です。ここで一〇一歳の生涯を閉じたカニングハムが六十年以上にわたって積み重ねた「青少年のためのオーケストラ・コンサート」は、今、まとまった記録もなく、プログラム分析をする前段階の基礎的な調査を待ち続けています。エロイーズの実践を詳《つまび》らかにし、そのプログラム構成に学ぶことによって得られるものは多々あるはずです。誰も手をつけていないプログラムの山が、私には宝の山に見えました。

これはNHK交響楽団の前身である新響や日響についても、また群馬交響楽団についても同様です。私たちは身近なところに捨て置かれている宝の山に気づいていないだけではないでしょうか。古ぼけた昔の演奏会プログラムは、関心のない人にとっては資源ゴミにでも出すほかないものでしょう。しかし、そこには音楽家や音楽の場を作った人々の知恵と英知が詰まっています。

音楽の場は儚《はかな》いものです。何カ月もかけて準備してきたものが、ほんの数十分で終わってしまい、終わったら何も残りません。今は録音・録画が手軽にできますが、少し前の時代まではそうした可能性も限られたものでした。しかし、人が音楽とともにどのように歩んできたかを知ることは、今後、どのように歩んで行くべきかを考えるための大きな力になってくれるはずです。

♪ 子どものために弾く姿勢

一九五五年に公開された今井正監督の映画『ここに泉あり』は、群馬交響楽団の設立当初の悪戦苦闘を描いて、戦後復興のために汗を流していた全国各地の人々を力づけるとともに、群馬交響楽団の名を知らしめて、その存立基盤を確たるものにしました。この映画のなかで、コンサートマスターの速水明（岡田英次）が「すまないけど、練習に通して出られなかった人は休んでもらいたい」と楽団のメンバーに求めるシーンがあります。ひとりが「何をですか？」と問い返すと、別のひとりが「移動〔音楽教室〕の仕事ですよ」と受けた後、速水が「わかるでしょう。こんな状態で聴かせられる音が出ると思いますか？　やる気のない人には参加してもらいたくないいんだ。子ども相手の演奏だからアルバイトだという考え方じゃ失敗するよ。子どもの感覚は大人より鋭いんだからね。最高の音楽を聴かせなけりゃ」と気を吐《は》きます。

丸山勝廣の前掲書には、「楽団員の中心的存在として描かれるのが、岡田英次氏扮するヴァイオリンであり、それは風岡裕君がモデルだったが、当時すでに同君は退団していたのである」（八三頁）とあるばかりで、コンサートマスターのこのような発言は出てきません。おそらくは映画の台本作成のための取材のなかで、こうした発言が回顧されたものと推測されます。

「子どもの感覚は大人より鋭いんだからね。最高の音楽を聴かせなけりゃ」という姿勢は貴いものです。

また映画では、最初の移動音楽教室で、客席にいる人のほとんどが聴いていない状態のなかで、「市民フィルハーモニー楽団」（群馬フィルハーモニーオーケストラのこと）の《カルメン》に聴き入る男子生徒と女子生徒、各一名がクローズアップされます。演奏会の終了後、その女の子が校門の外で待っていて、野の花を摘《つ》んだ小さな花束をピアニストの佐川かの子（岸恵子）に渡します。それを一輪ずつ仲間に配った後、「たった一輪でも花束ね。来てよかったわね。私はひとりでもやった。ピアノがなくてもオルガンでも。あの子がひとりいてくれれば、どっかにああいう子がいてくれたら、私、遠くでもやってくる」と佐川かの子が顔を輝かせながら言うと、マネージャーの井田亀夫（小林桂樹）が「賛成だ」と力強く言い、団員たちが皆で歌を歌いながら帰っていく印象的な場面があります。

大人のためのコンサートにくらべて、子どものためのコンサートはいろいろな手間がかかります。通常のコンサートであれば黙って演奏すればいいところを、曲目について説明したり、楽器について説明したり、場合によっては主要なテーマやモティーフを部分演奏したりすることが求められます。説明にしても、いつもどおり専門用語で済ませることはできませんから、専門知識がなくてもわかるように、噛み砕いて話すことが必要で、そのためには特別な準備をすることになります。

図18　ヤング・ピープルズ・コンサートを指揮するバーンスタインと客席の子ども
© CBS Photo Archive／ゲッティ イメージズ

とある子どものためのコンサートで、指揮者がお話をする段になって、指揮台の横に置かれた原稿を探しながら、「資料が多すぎてどれだかわからないよ」と文句を言ったことがあります。原稿を用意してくれたスタッフに対してなんと失礼な発言でしょうか。舞台裏の人々は気の毒だと思うと同時に、普通の指揮者にとっては、子どものためにお話するというのはこれほど面倒くさいものなのだとわかった機会でもありました。

しかし、こうした「子ども相手」の機会は、子どもが相手であるがゆえに、後々に大きな影響をおよぼすことがあります（図18）。上述のアリシア・コプフシュタイン＝ペンクの近著『レナード・バーンスタインと彼のヤング・ピープルズ・コンサート』（二〇一五）に序文を寄せているマリン・オールソップ（Marin Alsop）は、九歳のときにニューヨーク・フィルのヤング・ピープルズ・コンサートに行ってバーンスタインの指揮とお話に接し、「大きくなったらこれをやりたい、私は指揮者になる」と父親に宣言したと書き綴《つづ》っています。オールソップは現在、ボルティモア交響楽団とサンパウロ交響楽団、そしてカブリッロ現代音楽祭の音楽監督として指揮台に立っています。このような例が今後、東京交響楽団&サントリーホール「こども定期演奏会」を聴いた子どもたちのなかから出てくる可能性はじゅうぶんに考えられます。

バーンスタインの死後におこなわれたインタヴューをまとめたW・W・バートン『バーンスタインの思い出』（山田治生訳、音楽之友社、一九九八）は、ニューヨーク・フィルの副主席コントラバス奏者ジョン・ディークの発言や、一九七七年から八四年まで音楽雑誌『ミュージック・クォータリー』の編集者を務めたジョーン・パイザーの発言を伝えています。そこには、つぎのように書かれています。

私はバーンスタインで育った。インディアナの少年だった頃、私は、「ヤング・ピープルズ・コンサート」や「オムニバス」のテレビ放送を見ていた。われわれの世代の音楽愛好家や私を含むプロの音楽家が、今、こうしているのも、少なくともいくらかは、この男のお陰なのだと思う。（ジョン・ディーク、十頁）

初期の「オムニバス」や「YPC［ヤング・ピープルズ・コンサート］」を見たために音楽やそれに関する仕事に進んだという人を、私は多数知っています。私はこういう人たちを信頼しています。……音楽的才能に恵まれた人は、バーンスタインから夢中になるような刺激を受けました。彼の番組はすばらしかったと私は強く思っています。彼の解説は、いつも、洗練されていて、もったいぶったところがありませんでした。そして誰かがこのようなことをしたことも、それまではありませんでした。いつでも、ずうっと、音楽鑑賞と呼ばれる恐ろしいものが存在しています。それは音楽を暖炉の上に掲げて、ひざまずくようなものです。彼は決してそのようなことをしなかった。

（ジョーン・パイザー、一二二頁）

子どものための企画はとりわけ長い目で見ていく必要があります。実施から十年も二十年も経って、ようやくその成果が実を結ぶという宿命を構造的に負わされているからです。

本書では、東京交響楽団&サントリーホール「こども定期演奏会」のプログラム分析をつうじて、子どもに音楽を語る際の姿勢と工夫、実際の言葉づかいの数々を紹介してきました。そこには、「子どもはわかる、子どもは聴ける、音楽はわかる」という姿勢が、基本の理解として明確に現れていました。このような理解をふまえて、今後も多くの音楽家と団体とが、それぞれの立場で、子どもたちのために活動を考え、工夫しておこなっていくことが、音楽と子どもたちの未来を作ることに繋《つな》がっていくと考えます。そうした取り組みをする人々にとって、本書が役に立つものであることを願っています。

あとがき

津上智実

この本は、私の「音楽によるアウトリーチ」研究の延長線上に成立したものです。「アウトリーチ」とは一般に「通常の活動範囲を越えて手を差し伸べること」を意味します。医者や芸術家が地域社会に出て行って専門的な活動をすることをさす言葉です。

音楽分野のアウトリーチの決め手は、じつは場所でも、お話でも、曲目でもないということを、これまでの経験から学びました。地域に出て行けば、お話をすれば、耳なじみの曲を演奏すればアウトリーチ、という見方も世の中にはありますが、そのような外面的な要素ではなく、もっと本質的な問題があることに気がつきました。

では何がアウトリーチの決め手になるかといえば、それは、音楽を提供する側が聴き手と音楽との関係について深く考え、聴き手が音楽をより深く聴くことができるように配慮するかどうかにかかっています。子どもであれ、大人であれ、人が真に音楽と出会えるように心を砕くこと、その音楽の魅力やおもしろさがわかるように心を尽くすことが、なにより大切です。その意味でアウトリーチは、音楽家自身の人間理解と音楽理解とが問われる場であり、人としての器がにじみ出る場ともなります。だからこそアウトリーチは、音楽家にとって意義があり、人としてこの世に生きるかぎり考えていく必要のある場だと考えています。アウトリーチとは「人と音楽との間に新しい架け橋を架けること」というのが、私なりの定義です。

この点で、東京交響楽団&サントリーホール「こども定期演奏会」は、並外れてすぐれたアウトリーチの実践例となっています。コンサートホールでオーケストラが演奏するのですから、外面はちっともアウトリーチらしくありませんが、たんなるお話つきのコンサートであることを踏み越えて、聴き手を音楽と出会わせるための工夫がさまざまに積み上げられてきました。その広がりと豊かさは、本書をお読みになればおわかりいただけると思います。そこには、オーケストラとコンサートホールのさまざまな立場の人々の知恵と情熱とが結集し、集約されています。と同時に、ナヴィゲーターとしてお話をも担う大友直人さんの音楽観や人柄が、大きな力をもっていたことも事実です。音楽を愛し、ともに音楽する仲間を尊重し、聴衆をもその仲間に引き込んでいく――このような場に居合わせることができたのは、子どもたちにとってばかりでなく、大人にとっても幸せなことだったと思います。

私は子どものためのコンサートに行くと、よく二階脇のバルコニー席に座ります。舞台上の進行と客席の様子がどちらもよく見える特等席です。あの日もそうでした。二年前の二〇一三年十二月七日、第四八回「こども定期演奏会」を聴いて、それが大友直人さんが指揮する最終回と知りました。その三カ月後、二〇一四年二月に大友さんが神戸女学院大学大学院音楽研究科の修了演奏試験に外部審査員として来られて、二日間お話をする機会をもったことで、この本の構想が動き出しました。

執筆を思い立って話を始めたところ、共著者の大友直人さんと有田栄さんをはじめ、関係の皆様から全面的な協力を得ることができました。予想を超える熱心さで協力してくださる皆さんの姿をみて、この「こども定期演奏会」がどれほど大切にされているかを知りました。

本書の出版にあたっては、多くの団体と個人から協力をいただきました。

本書の出版意図を理解して、「こども定期演奏会」の全公演の録画を貸与くださった公益財団法人東京交響楽団、同じく全プログラム冊子を貸与くださったサントリーホール、また「こども定期演奏会」の担当者としてインタヴューに応じてくださった東京交響楽団の中塚博則さん（前担当者）と梶川純子さん（現担当者）、同じくサントリーホールの神林克樹さん（前担当者）と河野彰子さん（現在の統括者）に御礼を申し上げます。口絵写真もサントリーホールのご厚意で掲載が可能となりました。

E・カニングハム記念一般社団法人青少年音楽協会からは、貴重なプログラムと写真を提供いただきました。

株式会社アルテスパブリッシングの木村元さんには本書の編集でたいへんお世話になりました。『わからない音楽なんてない！』という思い切った書名は木村さんの発案になるものです。本書で扱っているのはいわゆる「西洋クラシック音楽」のみで、ポピュラー音楽も邦楽も民族音楽も扱ってはいませんが、本書の趣旨は他のジャンルでも応用可能だと思います。人と音楽との出会いをいかにして創り出すか、ある音楽のおもしろさに沈潜した人間として次の世代のために何ができるか、こうした問題はどの音楽ジャンルでも共通だろうと思います。

身近な人々にもお世話になりました。下の息子（朗、二一歳）は小学生のあいだずっと私のコンサート通いにつき合ってくれました。上の息子（裕、二四歳）は初校を読んで辛口の助言をしてくれたうえ、本書の索引作りを一手に引き受けてくれました。学生たちは「音楽によるアウトリーチ」の授業で、このテーマについて真剣に話を聞いてくれましたし、神戸女学院大学音楽学部アウトリーチ・センターの若いスタッフたちもよくサポートしてくれました。

最後に、本書の出版は神戸女学院大学研究所の出版助成によって可能となったことを記して感謝します。

二〇一五年十月

ARTES
artespublishing.com

わからない音楽《おんがく》なんてない！
子《こ》どものためのコンサートを考《かんが》える

二〇一五年十一月二十五日　初版第一刷発行

著者……大友直人・津上智実・有田 栄

発行者……鈴木 茂・木村 元
発行所……株式会社アルテスパブリッシング
〒一五五-〇〇三二
東京都世田谷区代沢五-一六-二三-三〇三
TEL 〇三-六八〇五-二八八六
FAX 〇三-三四一一-七九二七
info@artespublishing.com
印刷・製本……太陽印刷工業株式会社
装丁……奥野正次郎（pororoca）
ISBN978-4-86559-132-3 C1073 Printed in Japan

◉著者紹介

大友直人（おおとも・なおと）

桐朋学園大学を卒業。指揮を小澤征爾，秋山和慶，尾高忠明，岡部守弘各氏に師事した。桐朋学園大学在学中からNHK交響楽団の指揮研究員となり，22歳で楽団推薦により同団を指揮してデビュー。

現在，群馬交響楽団音楽監督，東京交響楽団名誉客演指揮者，京都市交響楽団桂冠指揮者，琉球交響楽団ミュージックアドバイザー。また，2004年から8年間にわたり，東京文化会館の初代音楽監督を務めた。

2002年から12年間，東京交響楽団＆サントリーホール「こども定期演奏会」の指揮＆お話を務める。

第8回渡邊暁雄音楽基金音楽賞（2000年），第7回齋藤秀雄メモリアル基金賞（2008年）を受賞。

津上智実（つがみ・もとみ）

お茶の水女子大学，東京芸術大学大学院，ドイツ・フライブルク大学（DAAD）に学ぶ。2006～07年，英国ロンドン大学ならびにケンブリッジ大学客員研究員。

現在，神戸女学院大学音楽学部教授（音楽学），同学部アウトリーチ・センター長。

2001年に日本の音楽系大学としては初のアウトリーチ教育を導入し，2002年に「子どものためのコンサート」シリーズを開始。

著書に『ピアニスト小倉末子と東京音楽学校』（共著，東京藝術大学出版会，2011），『神戸山本通時代の神戸女学院――女子教育の黎明期とその歩み』（編著，日本キリスト教団出版局，2015）などがある。

メールアドレス：ZAT03327@nifty.com

有田 栄（ありた・さかえ）
東京芸術大学音楽学部楽理科，同大学院音楽研究科修士課程を経て，同博士後期課程を修了。博士（音楽学）。専門は現代の音楽・音楽美学。
西洋芸術音楽における声の文化，現代の「声の音楽」をテーマに研究をおこなう一方，音楽を身近に感じられるテーマでの本の執筆や，ラジオ・TV音楽番組への出演，公開講座や講演などを通じ，古楽から現代音楽までさまざまなジャンルの音楽の紹介につとめている。2002年から12年間，東京交響楽団＆サントリーホール「こども定期演奏会」のプログラム解説と台本を執筆した。
現在，昭和音楽大学教授。NHK-FM「オペラ・ファンタスティカ」番組パーソナリティ。

索　引

原則的に口絵および本文（図・譜例を含む）に登場する人名（子どもを除く）・事項を対象とし，表や付録中のものは立項していない。

◉サ行

◉マ行

◉ヤ行

◉ラ行

◉ワ行

◉ 付　録

表１　「こども定期演奏会」第１期（2002–13年度）プログラム一覧
表２　「こども定期演奏会」第１期（2002–13年度）作曲家別演奏曲一覧
表３　「こども定期演奏会」第１期（2002–13年度）ソリスト一覧
表４　「こども定期演奏会」第１期（2002–13年度）こどもソリスト一覧
表５　「こども定期演奏会」第１期（2002–13年度）こども奏者一覧
表６　「こども定期演奏会」第１期（2002–13年度）テーマ曲作曲者一覧
表７　「こども定期演奏会」第１期（2002–13年度）チラシ絵描画者一覧
表８　「こども定期演奏会」第１期（2002–13年度）配布プログラム紹介記事一覧
表９　「こども定期演奏会」第１期（2002–13年度）助成一覧
表10　神戸女学院大学音楽学部「子どものためのコンサート・シリーズ」一覧
表11　ラジオ番組「子供の時間」のオーケストラ演奏（1925–39年，朝日新聞掲載分）

表１　「こども定期演奏会」第１期（2002–13年度）プログラム一覧

プレ・コンサート：わくわく，ドキドキ，予告編「響って?? 違いを聴いてみよう」（2001年８月20日）
エルガー：行進曲《威風堂々》第１番 ニ長調 Op.39
J. S. バッハ：《トッカータとフーガ》ニ短調 BWV565 からトッカータ（オルガン独奏とオーケストラ演奏）
モーツァルト：《アイネ・クライネ・ナハトムジーク》K525 第１楽章（弦楽四重奏と弦楽合奏）
ベートーヴェン：交響曲第５番 ハ短調 Op.67《運命》第１楽章
サラサーテ：《ツィゴイネルワイゼン》Op.20
チャイコフスキー：バレエ組曲《くるみ割り人形》から〈花のワルツ〉
芥川也寸志：《交響管弦楽のための音楽》第２楽章
ラヴェル：《ボレロ》

2002 年度

第１回　ハーモニーって？——ロシア，東欧，北欧（2002年４月６日）
シベリウス：交響詩《フィンランディア》
グリーグ：劇音楽《ペール・ギュント》組曲から〈朝〉〈オーセの死〉
ドヴォルザーク：交響曲第９番《新世界より》第２楽章
ショパン：《幻想即興曲》（ピアノ独奏）
チャイコフスキー：バレエ《白鳥の湖》から〈グランド・フィナーレ〉
スメタナ：交響詩《モルダウ》

第２回　リズムって？——イタリア，フランス，スペイン（2002年８月31日）
ビゼー：オペラ《カルメン》から第１幕への前奏曲
ベルリオーズ：《幻想交響曲》第２楽章〈舞踏会〉
ファリャ：バレエ音楽《三角帽子》から〈フィナーレ〉
ヴィヴァルディ：協奏曲集《四季》から〈夏〉第２，３楽章
ヴェルディ：オペラ《アイーダ》から〈大行進曲〉
ラヴェル：《ボレロ》

第３回　音楽スタイルって？——ドイツ，オーストリア（2002年10月５日）
シューベルト：劇音楽《ロザムンデ》から間奏曲第３番
ベートーヴェン：交響曲第６番《田園》第１楽章
メンデルスゾーン：ヴァイオリン協奏曲 ホ短調 第１楽章
J. S. バッハ：トッカータとフーガ ニ短調 BWV565 から
モーツァルト：交響曲第41番《ジュピター》第４楽章
ワーグナー：楽劇《ニュルンベルクのマイスタージンガー》から第１幕への前奏曲

第４回　メロディーって？——イギリス，アメリカ，日本（2002年12月14日）
スーザ：行進曲《星条旗よ永遠なれ》
ガーシュウィン：オペラ《ポーギーとベス》から〈サマータイム〉
バーンスタイン：《ウエスト・サイド・ストーリー》から〈トゥナイト〉

ヘンデル：オラトリオ《メサイア》から〈ハレルヤ〉
エルガー：行進曲《威風堂々》第１番
芥川也寸志：《交響管弦楽のための音楽》第１楽章
ヴォーン・ウィリアムズ：《グリーンスリーヴズによる幻想曲》
ホルスト：組曲《惑星》から〈木星〉

2003年度：楽器の楽しみ

第５回　管楽器の輝き（2003年４月12日）
ヘンデル：組曲《水上の音楽》から〈アラ・ホーンパイプ〉
チャイコフスキー：オペラ《エフゲニー・オネーギン》から〈ポロネーズ〉
ドビュッシー：《牧神の午後への前奏曲》
ベルリオーズ：《ファウストの劫罰》から〈ラコッツィ行進曲〉
ベートーヴェン：交響曲第９番 ニ短調 第１楽章
レスピーギ：交響詩《ローマの松》から〈アッピア街道の松〉

第６回　打楽器，ハープ，鍵盤楽器の驚き（2003年８月30日）
バーンスタイン：《ウエスト・サイド・ストーリー》から〈マンボ〉
ストラヴィンスキー：バレエ組曲《火の鳥》（1919年版）
ベートーヴェン：交響曲第９番 ニ短調 第２楽章
サン＝サーンス：交響曲第３番《オルガン付き》第２部の後半

第７回　弦楽器の美しさ（2003年10月11日）
グリンカ：オペラ《ルスランとリュドミーラ》序曲
ハイドン：チェロ協奏曲第１番 ハ長調 第３楽章
ベートーヴェン：交響曲第９番 ニ短調 第３楽章
チャイコフスキー：交響曲第４番 ヘ短調 第３，４楽章

第８回　声の彩り（2003年12月20日）
ワーグナー：オペラ《タンホイザー》から〈歌の殿堂をたたえよう〉
プッチーニ：オペラ《ジャンニ・スキッキ》から〈いとしいお父さん〉
ビゼー：オペラ《カルメン》から〈ハバネラ〉
ディ・カプア：《オ・ソレ・ミオ》
モーツァルト：オペラ《魔笛》から〈おいらは鳥刺し〉
ビゼー：《アルルの女》組曲第１番から〈カリヨン〉
ベートーヴェン：交響曲第９番 ニ短調《合唱付き》第４楽章

2004年度：オーケストラ音楽の世界

第９回　胸躍る管弦楽曲（2004年４月17日）
J. S. バッハ：管弦楽組曲第３番 ニ長調から〈序曲〉
モーツァルト：ディヴェルティメント ニ長調 K136 第１楽章
ブラームス：《ハンガリー舞曲》第１番，第５番
モーツァルト：ピアノ協奏曲第23番 イ長調 K488 第３楽章
ブリテン《青少年のための管弦楽入門――パーセルの主題による変奏曲とフーガ》

ムソルグスキー（ラヴェル編曲）：組曲《展覧会の絵》から〈キエフの大きな門〉

第10回　協調と対話の協奏曲（2004年８月７日）
プーランク：オルガン，弦楽とティンパニのための協奏曲 ト短調から
ヴィヴァルディ：４つのヴァイオリンとチェロのための協奏曲 ロ短調 第３楽章
モーツァルト：ホルン協奏曲第３番 変ホ長調 第３楽章
チャイコフスキー：ピアノ協奏曲第１番 変ロ短調 第１楽章

第11回　美しいオペラ＆バレエ音楽（2004年９月11日）
ヘンデル：オペラ《クセルクセス》から〈愛らしい緑の木かげ（オンブラ・マイ・フ）〉
モーツァルト：オペラ《フィガロの結婚》から〈もう飛ぶまいぞ，この蝶々〉
ビゼー：オペラ《カルメン》から〈闘牛士の歌〉
ワーグナー：オペラ《ローエングリン》から第３幕への前奏曲
プッチーニ：オペラ《蝶々夫人》から〈ある晴れた日に〉
尾高尚忠：フルート協奏曲 第１楽章
チャイコフスキー：バレエ音楽《白鳥の湖》から第２幕の情景
ストラヴィンスキー：バレエ音楽《春の祭典》から

第12回　交響曲って？（2004年12月11日）
モーツァルト：交響曲第40番 ト短調 K550 第１楽章
ベートーヴェン：交響曲第７番 イ長調 第４楽章
ドヴォルザーク：交響曲第９番 ホ短調《新世界より》第１楽章
マーラー：交響曲第２番 ハ短調《復活》第５楽章の終結部

2005年度：音楽のまち

第13回　パリ――色彩あふれるハーモニー（2005年４月９日）
ベルリオーズ：序曲《ローマの謝肉祭》
サティ（ドビュッシー編曲）：《ジムノペディ》第１番
ドビュッシー：交響詩《海》から第３曲
サン＝サーンス：《序奏とロンド・カプリッチョーソ》
フォーレ：《レクイエム》から〈ピエ・イェズ〉
ラヴェル：《ボレロ》

第14回　ロンドン――伝統とメロディ（2005年７月２日）
クラーク（パーセル）：《トランペット・ヴォランタリー》
ヘンデル：《水上の音楽》から〈アレグロ〉
ブリテン：《シンプル・シンフォニー》から〈感傷的なサラバンド〉
ビートルズ・メドレー（編曲：長山善洋）
ホルスト：《惑星》から〈火星〉
ドヴォルザーク：交響曲第８番 ト長調 第３楽章
ヴォーン＝ウィリアムズ：《グリーンスリーヴズの主題による幻想曲》
エルガー：行進曲《威風堂々》第１番

第15回　ウィーン――心躍る音楽形式（2005年９月３日）
ブルックナー：交響曲第４番 変ホ長調《ロマンティック》第３楽章
ハイドン：トランペット協奏曲 変ホ長調 第１楽章
ヨハン・シュトラウスⅡ世：《皇帝円舞曲》
シェーンベルク：弦楽合奏曲《浄められた夜》から
ベートーヴェン：ピアノ協奏曲第５番 変ホ長調《皇帝》第３楽章
ブラームス：交響曲第１番 ハ短調 第４楽章

第16回　サンクトペテルブルク――歴史に息づくリズム（2005年11月26日）
チャイコフスキー：交響曲第６番 ロ短調《悲愴》第２楽章
ショスタコーヴィチ：交響曲第５番 ニ短調 第４楽章
グリンカ：オペラ《ルスランとリュドミーラ》序曲
リムスキー＝コルサコフ：交響組曲《シェエラザード》第３楽章〈若い王子と王女〉
ボロディン：オペラ《イーゴリ公》から〈だったん人の踊り〉

2006年度：音楽の国――音楽の街めぐり

第17回　イタリア――ローマ・ミラノ・ヴェニス・ナポリ（2006年４月15日）
ロッシーニ：オペラ《セビリャの理髪師》序曲
プッチーニ：オペラ《トスカ》から〈歌に生き，恋に生き〉
プッチーニ：オペラ《トゥーランドット》から〈誰も寝てはならぬ〉
プッチーニ：オペラ《ジャンニ・スキッキ》から〈わたしのお父さん〉
ディ・カプア：〈オ・ソレ・ミオ（私の太陽）〉
ヴェルディ：オペラ《椿姫》から〈乾杯の歌〉
ガブリエーリ：《第７旋法のカンツォーナ》第２番
ヴィヴァルディ：協奏曲集《四季》から〈春〉
メンデルスゾーン：交響曲第４番 イ長調《イタリア》第４楽章
レスピーギ：《ローマの祭》から第４曲〈公現祭〉

第18回　アメリカ――ニューヨーク・ボストン・ニューオリンズ（2006年７月22日）
バーンスタイン：《キャンディード》序曲
アンダーソン：《舞踏会の美女》《ジャズ・ピッツィカート》
ガーシュウィン：《ラプソディ・イン・ブルー》
コープランド：《市民のためのファンファーレ》
バーバー：《弦楽のためのアダージョ》
グローフェ：組曲《グランド・キャニオン》から〈山道を行く〉
ジョン・ウィリアムズ：《スター・ウォーズ》から〈王座の間《ま》〉〈エンド・タイトル〉

東京交響楽団60周年＆サントリーホール20周年記念公演
第19回　５周年記念ガラ・コンサート（2006年10月21日）
ベルリオーズ：《ローマの謝肉祭》序曲
モーツァルト：フルート協奏曲第２番 ニ長調 第１楽章
ヴィヴァルディ：４つのヴァイオリンとチェロのための協奏曲 ロ短調 第３楽章
ショパン：ピアノ協奏曲第１番 ホ短調 第３楽章
ラヴェル：《ボレロ》

J. S. バッハ：無伴奏チェロ組曲第３番 ハ長調からプレリュード，ブーレーⅠ・Ⅱ，ジーグ
ロドリーゴ：《アランフエス協奏曲》第２楽章
ボロディン：オペラ《イーゴリ公》から〈だったん人の踊り〉

第20回　ドイツ――ベルリン・ミュンヘン・ライプツィヒ・ドレスデン（2006年12月９日）
ウェーバー：オペラ《魔弾の射手》序曲
J. S. バッハ：管弦楽組曲第２番 ロ短調から序曲，ポロネーズ，バディヌリ
ワーグナー：楽劇《ワルキューレ》から〈ワルキューレの騎行〉
ワーグナー：楽劇《ニュルンベルクのマイスタージンガー》第１幕への前奏曲
ベートーヴェン：交響曲第７番 イ長調 第２楽章
R. シュトラウス：交響詩《ティル・オイレンシュピーゲルの愉快ないたずら》

2007年度：音楽の情景

第21回　アルプスの峰より，清らかな水（2007年９月１日）
ヴェルディ：オペラ《アイーダ》から凱旋行進曲
バーンスタイン：《ウエスト・サイド・ストーリー》から〈マンボ〉
スメタナ：連作交響詩《わが祖国》から〈モルダウ〉
J. シュトラウスⅡ：ワルツ《美しく青きドナウ》
R. シュトラウス：《アルプス交響曲》から

第22回　海を越える握手（2007年10月13日）
リムスキー＝コルサコフ：交響組曲《シェエラザード》から〈海とシンドバッドの船〉
チャイコフスキー：《弦楽のためのセレナード》第４楽章
ドビュッシー：《海》（３つの交響的スケッチ）から第１曲〈海の夜明けから真昼まで〉
ラロ：チェロ協奏曲 ニ短調 第３楽章
スーザ：《海を越える握手》
ルーセル：《バッカスとアリアーヌ》第２組曲からフィナーレ

第23回　白鳥（2007年12月８日）
サン＝サーンス：《動物の謝肉祭》から〈白鳥〉
モーツァルト：歌劇《魔笛》から〈俺は鳥刺し〉
ビゼー：歌劇《カルメン》から〈闘牛士の歌〉
バーンスタイン：ミュージカル《キャンディード》から〈華やかに着飾って〉
モーツァルト：歌劇《魔笛》から〈復讐の心は地獄のようにわが胸に燃え〉
アンダーソン：《ワルツィング・キャット》
チャイコフスキー：バレエ音楽《白鳥の湖》から〈グランド・フィナーレ〉

第24回　森のささやき（2008年３月１日）
ワーグナー：楽劇《ジークフリート》から〈森のささやき〉
ドップラー：《ハンガリー田園幻想曲》

ロッシーニ：オペラ《ウィリアム・テル》序曲
J. シュトラウスII：《ウィーンの森の物語》

2008年度：偉大なる作曲家

第25回　ラヴェルとフランスの薫り（2008年５月10日）
ラヴェル：《亡き王女のためのパヴァーヌ》
フォーレ：《ペレアスとメリザンド》から〈シシリエンヌ〉
サン＝サーンス：ヴァイオリン協奏曲第３番 ロ短調 第３楽章
ドビュッシー：《牧神の午後への前奏曲》
ラヴェル：《ダフニスとクロエ》第２組曲

第26回　武満徹と日本の作曲の世界（2008年７月26日）
山田耕筰：《赤とんぼ》
伊福部昭：《SF交響ファンタジー》第１番から
芥川也寸志：《交響管弦楽のための音楽》第２部
三善晃：《管弦楽のための協奏曲》第３楽章
細川俊夫：ハープ協奏曲《回帰》から
武満徹：《弦楽のためのレクイエム》
冨田勲：《新日本紀行》
三枝成彰：オペラ《忠臣蔵》からお艶のアリア〈この女はあんた一人のもの〉
坂本龍一：《戦場のメリークリスマス》
千住明：『風林火山』テーマ

第27回　チャイコフスキーとロシアの大地より（2008年９月６日）
チャイコフスキー：バレエ音楽《くるみ割り人形》から〈行進曲〉〈あしぶえの踊り〉
ラフマニノフ：交響曲第２番 ホ短調 第３楽章から
チャイコフスキー：バレエ音楽《くるみ割り人形》から〈花のワルツ〉
ボロディン：《中央アジアの草原にて》
チャイコフスキー：交響曲第５番 ホ短調 第４楽章

第28回　ベートーヴェンと取り巻く人々（2008年11月22日）
ハイドン：交響曲第94番 ト長調《驚愕》第２楽章から
ベートーヴェン：交響曲第１番 ハ長調 第４楽章
モーツァルト：交響曲第39番 変ホ長調 第３楽章
ブラームス：《大学祝典序曲》
ベートーヴェン：ヴァイオリン協奏曲 ニ長調 第３楽章
ベートーヴェン：交響曲第９番 ニ短調《合唱付き》第４楽章

2009年度：偉大なる作曲家II

第29回　プッチーニ＆ヴェルディ――イタリアオペラの楽しみ（2009年５月23日）
ロッシーニ：オペラ《どろぼうかささぎ》序曲
ドニゼッティ：オペラ《愛の妙薬》から〈人知れぬ涙〉
プッチーニ：オペラ《トスカ》から〈星は光りぬ〉

プッチーニ：オペラ《蝶々夫人》から〈ある晴れた日に〉
プッチーニ：オペラ《ラ・ボエーム》から〈私の名はミミ〉
プッチーニ：オペラ《マノン・レスコー》間奏曲
ヴェルディ：《レクイエム》〈怒りの日〉から
ヴェルディ：オペラ《ナブッコ》から〈行け，わが思いよ，金色の翼にのって〉

第30回　バーンスタイン＆ガーシュウィン――アメリカ発ザッツ・エンターテイメント（2009年７月25日）
バーンスタイン：《ウエスト・サイド・ストーリー》序曲
モーツァルト：フルート協奏曲第２番 ニ長調 K314　第３楽章
バーンスタイン：《オーケストラのためのディヴェルティメント》から〈サンバ〉〈ブルース〉〈マーチ〉
ガーシュウィン：《パリのアメリカ人》から
ガーシュウィン：《ラプソディ・イン・ブルー》

第31回　ブラームス＆ドヴォルザーク――ロマンの森の香り（2009年９月12日）
ドヴォルザーク：スラブ舞曲第８番 ト短調
ドヴォルザーク：交響曲第９番 ホ短調《新世界より》第２楽章
ドヴォルザーク：交響曲第８番 ト長調 第４楽章
ブラームス：ピアノ協奏曲第１番 ニ短調 第３楽章
シューマン：交響曲第２番 ハ長調 第３楽章
ブラームス：交響曲第２番 ニ長調 第４楽章

第32回　エルガー＆ブリテン――イギリス音楽への誘い（2009年12月12日）
ヴォーン＝ウィリアムズ：《グリーンスリーヴズの主題による幻想曲》
ブリテン：《シンプル・シンフォニー》から〈陽気なピッツィカート〉
ブリテン：《マチネ・ミュジカル》
エルガー：行進曲《威風堂々》第１番
ホルスト：《惑星》から〈木星〉
エルガー：交響曲第１番 変イ長調 第４楽章

2010年度：オーケストラのすばらしい世界

第33回　美しき弦楽器の響き（2010年４月24日）
グリーグ：《ホルベアの時代から》から〈プレリュード〉
ドヴォルザーク：《弦楽セレナーデ》第１楽章
ウェーバー：歌劇《オベロン》序曲
メンデルスゾーン：ヴァイオリン協奏曲 ホ短調 第１楽章
マーラー：交響曲第９番 ニ長調 第４楽章から

第34回　色彩あふれる管楽器の煌き（2010年７月３日）
ワーグナー：〈ワルキューレの騎行〉
モーツァルト：セレナーデ第10番 変ロ長調《グラン・パルティータ》第１楽章
ジョン・ウィリアムズ：《スター・ウォーズ》から〈メイン・テーマ〉
フランセ：クラリネット協奏曲 第１楽章

ラヴェル：《ボレロ》

第35回　心躍る打楽器＆鍵盤楽器の迫力（2010年９月11日）
ハチャトゥリヤン：《剣の舞》
カバレフスキー：組曲《道化師》から〈ギャロップ〉
アンダーソン：《セレナータ》
ベルリオーズ：《幻想交響曲》第４楽章〈断頭台への行進〉
リスト：ピアノ協奏曲第１番 変ホ長調
サン＝サーンス：交響曲第３番《オルガン付き》第２楽章抜粋

第36回　胸躍るオーケストラのマジック（2010年12月11日）
ラヴェル：《ダフニスとクロエ》第２組曲から〈夜明け〉
スメタナ：連作交響詩《わが祖国》から〈モルダウ〉
ワーグナー：歌劇《ローエングリン》第３幕への前奏曲
ドヴォルザーク：交響曲第９番《新世界より》第４楽章
オルフ：《カルミナ・ブラーナ》から抜粋

2011年度：音の情景

第37回　海・空（2011年４月30日）
グリーグ：《ペール・ギュント》第１組曲から〈朝〉
メンデルスゾーン：序曲《フィンガルの洞窟》
ジョン・ウィリアムズ：映画『フック』から〈フック船長のテーマ〉
ヴィクター・ヤング：映画《80日間世界一周》から〈アラウンド・ザ・ワールド〉
ドビュッシー：《海》から第３曲〈風と海の対話〉
中田喜直：《夏の思い出》
ヴェルディ：オペラ《ナブッコ》から〈行け，わが思いよ，黄金の翼に乗って〉

第38回　まつり（2011年７月２日）
ブラームス：《大学祝典序曲》
サン＝サーンス：《動物の謝肉祭》から〈白鳥〉
千住明：《日本交響詩》
ドヴォルザーク：序曲《謝肉祭》
レスピーギ：交響詩《ローマの祭》から〈公現祭〉

第39回　10周年記念ガラ・コンサート（2011年９月10日）
ベルリオーズ：《ローマの謝肉祭》
シャミナード：《フルートと管弦楽のためのコンチェルティーノ》
メンデルスゾーン：ヴァイオリン協奏曲 ホ短調 第１楽章
ショスタコーヴィチ：チェロ協奏曲第１番 変ホ長調 第１楽章
ブラームス：ヴァイオリンとチェロのための二重協奏曲 イ短調 第３楽章
エルガー：行進曲《威風堂々》第１番 ニ長調

第40回　四季（2011年11月26日）
J. シュトラウスII：ワルツ《春の声》

メンデルスゾーン：《真夏の夜の夢》から〈結婚行進曲〉
ヴィヴァルディ：ヴァイオリン協奏曲集《四季》から〈秋〉
ブラームス：交響曲第３番 ヘ長調 第３楽章
チャイコフスキー：交響曲第６番 ロ短調《悲愴》第１楽章

2012年度：オーケストラの魅力

第41回　花咲く季節――メロディーの美しさ（2012年４月７日）
マスカーニ：オペラ《カヴァレリア・ルスティカーナ》から間奏曲
チャイコフスキー：ヴァイオリン協奏曲 ニ長調 第２，３楽章
ブラームス：《ハンガリー舞曲》第５番
J. シュトラウスII：《アンネン・ポルカ》
オッフェンバック：オペレッタ《天国と地獄》序曲
ラフマニノフ：交響曲第２番 ホ短調 第４楽章

第42回　七夕の夜空へ――ハーモニーの彩り（2012年７月７日）
モーツァルト：《アイネ・クライネ・ナハトムジーク》第１楽章
ベートーヴェン：バレエ音楽《プロメテウスの創造物》序曲
ドビュッシー：《牧神の午後への前奏曲》
ワーグナー：オペラ《ローエングリン》から第３幕への前奏曲
プッチーニ：オペラ《マノン・レスコー》から間奏曲
プッチーニ：オペラ《ラ・ボエーム》から〈私が街を歩くとき〉
プッチーニ：オペラ《ジャンニ・スキッキ》から〈私のお父さん〉
ボロディン：オペラ《イーゴリ公》から〈だったん人の踊り〉

第43回　秋風にのって――リズムの躍動（2012年９月22日）
ジョン・ウィリアムズ：〈レイダース・マーチ〉
J. シュトラウスII：ワルツ《美しく青きドナウ》
ハチャトゥリヤン：バレエ音楽《ガイーヌ》から〈レズギンカ〉
プロコフィエフ：ピアノ協奏曲第３番 ハ長調 第３楽章
バルトーク：《管弦楽のための協奏曲》第２楽章
マーラー：交響曲第１番 ニ長調《巨人》第４楽章から

第44回　冬の深まり――スタイル（形式）の面白さ（2012年12月８日）
ベートーヴェン：交響曲第５番 ハ短調《運命》第１楽章
ブラームス：《ハイドンの主題による変奏曲》
モーツァルト：オーボエ協奏曲 ハ長調 第３楽章
シベリウス：交響詩《フィンランディア》
ムソルグスキー／ラヴェル編曲：《展覧会の絵》から〈バーバ・ヤガ〉〈キエフの大門〉

2013年度：オーケストラの楽器たち

第45回　弦楽器の調べ（2013年４月６日）
楽器紹介（ヴァイオリン，ヴィオラ，チェロ，コントラバス，ハープ）

ブリテン：《シンプル・シンフォニー》から
グリンカ：オペラ《ルスランとリュドミーラ》序曲
サラサーテ：《ツィゴイネルワイゼン》
チャイコフスキー：幻想序曲《ロメオとジュリエット》

第46回　打楽器の競演と鍵盤楽器（2013年７月６日）
楽器紹介（ティンパニ，シンバルなど，木琴，打楽器アンサンブル）
ファリャ：バレエ音楽《三角帽子》第２組曲
ラフマニノフ：ピアノ協奏曲第２番 ハ短調 第３楽章
外山雄三：《管弦楽のためのラプソディー》

第47回　木管楽器の妙技（2013年９月７日）
楽器紹介（フルート，オーボエ，クラリネット，ファゴット）
吉松隆：《鳥たちの時代》から〈I. Sky —空が鳥たちに与えるもの〉〈II. Tree —樹が鳥たちに語ること〉
モーツァルト：セレナード第10番 変ロ長調《グラン・パルティータ》第１楽章
ブラームス：交響曲第４番 ホ短調 第４楽章

第48回　金管楽器のきらめき（2013年12月７日）
デュカス：舞踏劇《ラ・ペリ》から〈ファンファーレ〉
楽器紹介（ホルン，トランペット，トロンボーン，テューバ）
ジョン・ウィリアムズ：《スター・ウォーズ組曲》から〈メイン・タイトル〉
ワーグナー：楽劇《ニュルンベルクのマイスタージンガー》第１幕への前奏曲
ベルリオーズ：《幻想交響曲》第４，５楽章

※東京交響楽団＆サントリーホールのホームページ「こども定期演奏会ネット」および各回の配布プログラムにもとづいて作成（作成：津上智実）

表2 「こども定期演奏会」第1期（2002–13年度）作曲家別演奏曲一覧
下線を付した演奏会番号は「こども奏者」との共演を示す。
Pre ＝予告編のプレ・コンサート

作曲家名	作品名	演奏会番号
G. ガブリエーリ (1554/57–1612)	《第7旋法のカンツォーナ》第2番	17
J. クラーク (1674–1707)	《トランペット・ヴォランタリー》	14
A. ヴィヴァルディ (1678–1741)	協奏曲集《四季》から〈夏〉第2，3楽章 4つのヴァイオリンとチェロのための協奏曲 ロ短調 第3楽章（大谷康子，B. ボーマン） 協奏曲集《四季》から〈春〉（大谷康子） 協奏曲集《四季》から〈秋〉（大谷康子）	2 10, 19 17 40
J. S. バッハ (1685–1750)	トッカータとフーガ ニ短調 BWV565 からトッカータ トッカータとフーガ ニ短調 BWV565 からフーガの前半部分 管弦楽組曲第3番 ニ長調から序曲 無伴奏チェロ組曲第3番 ハ長調からプレリュード，ブーレⅠ・Ⅱ，ジーグ（堤剛） 管弦楽組曲第2番 ロ短調より序曲，ポロネーズ，バディネリ（相澤政宏）	Pre 3 9 19 20
G. F. ヘンデル (1685–1759)	オラトリオ《メサイア》から〈ハレルヤ〉（東響コーラス） 組曲《水上の音楽》から〈アラ・ホーンパイプ〉 オペラ《クセルクセス》から〈オンブラ・マイ・フ〉（腰越満美） 組曲《水上の音楽》から〈アレグロ〉	4 5 11 14
F. J. ハイドン (1732–1809)	チェロ協奏曲第1番 ハ長調 第3楽章 トランペット協奏曲 変ホ長調 第1楽章（A. マルティ） 交響曲第94番 ト長調《驚愕》第2楽章から	7 15 28
W. A. モーツァルト (1756–1791)	《アイネ・クライネ・ナハトムジーク》K525 第1楽章 交響曲第41番《ジュピター》第4楽章 オペラ《魔笛》から〈おいらは鳥刺し〉（宇野徹哉）（福島明也） ディヴェルティメント ニ長調 K136 第1楽章 ピアノ協奏曲第23番 イ長調 K488 第3楽章 ホルン協奏曲第3番 変ホ長調 第3楽章（J. ハミル） オペラ《フィガロの結婚》から〈もう飛ぶまいぞ，この蝶々〉（今尾滋） 交響曲第40番 ト短調 K550 第1楽章	Pre, 42 3 8, 23 9 9 10 11 12

作曲家名	作品名	演奏会番号
	フルート協奏曲第２番 ニ長調 第１楽章	19
	歌劇《魔笛》から〈俺は鳥刺し〉（福島明也）	28
	歌劇《魔笛》から〈復讐の心は地獄のように〉（森谷真理）	23
	交響曲第 39 番 変ホ長調 第３楽章	23
	フルート協奏曲第２番 ニ長調 K314 第３楽章	30
	セレナーデ第 10 番 変ロ長調《グラン・パルティータ》第１楽章	34, 47
	オーボエ協奏曲 ハ長調から第３楽章（荒絵理子）	44
L. ベートーヴェン (1770–1827)	交響曲第５番 ハ短調 Op.67《運命》第１楽章	Pre, 44
	交響曲第５番 ハ短調 Op.67《運命》第３，４楽章	Pre
	交響曲第６番《田園》第１楽章	3
	交響曲第９番 ニ短調《合唱付き》第１楽章	5
	交響曲第９番 ニ短調《合唱付き》第２楽章	6
	交響曲第９番 ニ短調《合唱付き》第３楽章	7
	交響曲第９番 ニ短調《合唱付き》第４楽章	
	（松田昌恵，与田朝子，辻裕久，宇野徹哉，東響コーラス）	8
	（安藤赴美子，手嶋眞佐子，大槻孝志，萩原潤，東響コーラス）	28
	交響曲第７番 イ長調 第４楽章	12
	ピアノ協奏曲第５番 変ホ長調《皇帝》第３楽章（小山実稚恵）	15
	交響曲第７番 イ長調 第２楽章	20
	交響曲第１番 ハ長調 第４楽章	28
	ヴァイオリン協奏曲 ニ長調 第３楽章（加藤知子）	28
	バレエ音楽《プロメテウスの創造物》序曲	42
C. M. ウェーバー (1786–1826)	オペラ《魔弾の射手》序曲	20
	歌劇《オベロン》序曲	33
G. ロッシーニ (1792–1868)	オペラ《セビリャの理髪師》序曲	17
	オペラ《ウィリアム・テル》序曲	24
	オペラ《どろぼうかささぎ》序曲	29
F. シューベルト (1797–1828)	劇音楽《ロザムンデ》から間奏曲第３番	3
G. ドニゼッティ (1797–1848)	オペラ《愛の妙薬》から〈人知れぬ涙〉（成田勝美）	29
H. ベルリオーズ (1803–1869)	《幻想交響曲》第２楽章〈舞踏会〉	2
	《ファウストの劫罰》から〈ラコッツィ行進曲〉	5
	序曲《ローマの謝肉祭》	13, 19, 39
	《幻想交響曲》第４楽章〈断頭台への行進〉	35
	《幻想交響曲》第４，５楽章	48
M. I. グリンカ (1804–1857)	オペラ《ルスランとリュドミーラ》序曲	7, 16, 45

作曲家名	作品名	演奏会番号
F. メンデルスゾーン (1809–1847)	ヴァイオリン協奏曲 ホ短調 第1楽章	3, 33, 39
	交響曲第4番 イ長調《イタリア》第4楽章	17
	序曲《フィンガルの洞窟》	37
	《真夏の夜の夢》から〈結婚行進曲〉	40
R. シューマン (1810–1856)	交響曲第2番 ハ長調 第3楽章	31
F. ショパン (1810–1849)	《幻想即興曲》	1
	ピアノ協奏曲第1番 ホ短調 第3楽章（小山美稚恵）	19
F. リスト (1811–1886)	ピアノ協奏曲第1番 変ホ長調	35
G. ヴェルディ (1813–1901)	オペラ《アイーダ》から〈大行進曲／凱旋行進曲〉（東響コーラス）	2, 21
	オペラ《椿姫》から〈乾杯の歌〉（澤畑恵美，福井敬）	17
	《レクイエム》から〈怒りの日〉（東響コーラス）	29
	オペラ《ナブッコ》から〈行け，わが思いよ，金色の翼にのって〉（東響コーラス）	29, 37
R. ワーグナー (1813–1883)	楽劇《ニュルンベルクのマイスタージンガー》第1幕への前奏曲	3, 20, 48
	オペラ《タンホイザー》から〈歌の殿堂をたたえよう〉（東響コーラス）	8
	オペラ《ローエングリン》から第3幕への前奏曲	11, 36, 42
	楽劇《ワルキューレ》から〈ワルキューレの騎行〉	20, 34
	楽劇《ジークフリート》から〈森のささやき〉	24
J. オッフェンバック (1819–1880)	オペレッタ《天国と地獄》序曲	41
A. F. ドップラー (1821–1883)	ハンガリー田園幻想曲（髙木綾子）	24
E. ラロ (1823–1892)	チェロ協奏曲 ニ短調 第3楽章	22
B. スメタナ (1824–1884)	交響詩《わが祖国》から〈モルダウ〉	1, 21, 36
A. ブルックナー (1824–1896)	交響曲第4番 変ホ長調《ロマンティック》第3楽章	15
J. シュトラウスII (1825–1899)	《皇帝円舞曲》	15
	ワルツ《美しく青きドナウ》	21, 43
	《ウィーンの森の物語》	24
	ワルツ《春の声》	40
	《アンネン・ポルカ》	41
A. P. ボロディン (1833–1887)	オペラ《イーゴリ公》から〈だったん人の踊り〉（東響コーラス）	16, 19, 42
	《中央アジアの草原にて》	27

作曲家名	作品名	演奏会番号
J. ブラームス (1833–1897)	《ハンガリー舞曲》第１番，第５番	9
	交響曲第１番 ハ短調から第４楽章	15
	《大学祝典序曲》	28, 38
	ピアノ協奏曲第１番 ニ短調 第３楽章（清水和音）	31
	交響曲第２番 ニ長調 第４楽章	31
	ヴァイオリンとチェロのための協奏曲 イ短調 第３楽章	39
	交響曲第３番 ヘ長調 第３楽章	40
	《ハンガリー舞曲》第５番	41
	《ハイドンの主題による変奏曲》	44
	交響曲第４番 ホ短調 第４楽章	47
C. サン＝サーンス (1835–1921)	交響曲第３番《オルガン付き》から第２部の後半（新山恵理）	6, 35
	序奏とロンド・カプリッチョーソ	13
	《動物の謝肉祭》から〈白鳥〉（B. ボーマン）（西谷牧人）	23, 38
	ヴァイオリン協奏曲第３番 ロ短調 第３楽章	25
	交響詩《ローマの祭》から〈公現祭〉	38
G. ビゼー (1838–1875)	オペラ《カルメン》から第１幕への前奏曲	2
	オペラ《カルメン》から〈ハバネラ〉（与田朝子）	8
	《アルルの女》組曲第１番から〈カリヨン〉	8
	オペラ《カルメン》から〈闘牛士の歌〉（今尾滋）（福島明也）	11, 23
M. P. ムソルグスキー (1839–1881)	組曲《展覧会の絵》から〈キエフの大きな門〉（ラヴェル編曲）	9
P. チャイコフスキー (1840–1893)	バレエ組曲《くるみ割り人形》から〈花のワルツ〉	Pre, 27
	バレエ《白鳥の湖》から〈グランド・フィナーレ〉	1, 23
	オペラ《エフゲニー・オネーギン》から〈ポロネーズ〉	5
	交響曲第４番 第３，４楽章	7
	ピアノ協奏曲第１番 変ロ短調 第１楽章（中村紘子）	10
	バレエ《白鳥の湖》から第２幕の情景	11
	交響曲第６番 ロ短調《悲愴》第２楽章	16
	《弦楽のためのセレナード》第４楽章	22
	バレエ《くるみ割り人形》から〈行進曲〉〈あしぶえの踊り〉	27
	交響曲第５番 ホ短調 第４楽章	27
	交響曲第６番 ロ短調《悲愴》第１楽章	40
	ヴァイオリン協奏曲 ニ長調 第２，３楽章（渡辺玲子）	41
	幻想序曲《ロメオとジュリエット》	45
A. ドヴォルザーク (1841–1904)	交響曲第９番 ホ短調《新世界より》第２楽章	1, 31
	交響曲第９番 ホ短調《新世界より》第１楽章	12

作曲家名	作品名	演奏会番号
	交響曲第８番 ト長調 第３楽章 《スラヴ舞曲》第８番 ト短調 交響曲第８番 ト長調 第４楽章 《弦楽セレナーデ》第１楽章 交響曲第９番《新世界より》第４楽章 序曲《謝肉祭》	14 31 31 33 36 38
E. グリーグ (1843–1907)	《ペール・ギュント》組曲から〈朝〉〈オーセの死〉 《ホルベアの時代から》から〈プレリュード〉 《ペール・ギュント》第１組曲から〈朝〉	1 33 37
N. リムスキー＝コルサコフ (1844–1908)	交響組曲《シェエラザード》第３楽章〈若い王子と王女〉 交響組曲《シェエラザード》から〈海とシンドバッドの船〉	16 22
P. サラサーテ (1844–1908)	《ツィゴイネルワイゼン》Op.20	Pre, 45
G. フォーレ (1845–1924)	《レクイエム》から〈ピエ・イェズ〉（森麻季） 《ペレアスとメリザンド》から〈シシリエンヌ〉	13 25
J. P. スーザ (1854–1932)	行進曲《星条旗よ永遠なれ》 《海を越える握手》	4 22
E. エルガー (1857–1934)	行進曲《威風堂々》第１番 ニ長調 Op.39 交響曲第１番 変イ長調 第４楽章	Pre, 4, 14, 32, 39 32
C. シャミナード (1857–1944)	フルートと管弦楽のためのコンチェルティーノ	39
G. プッチーニ (1858–1924)	オペラ《ジャンニ・スキッキ》から〈いとしいお父さん〉（松田昌恵）（澤畑恵美）（森麻季） オペラ《蝶々夫人》から〈ある晴れた日に〉（腰越満美）（木下美穂子） オペラ《トスカ》から〈歌に生き，恋に生き〉（澤畑恵美） オペラ《トゥーランドット》から〈誰も寝てはならぬ〉（福井敬） オペラ《トスカ》から〈星は光りぬ〉（成田勝美） オペラ《ラ・ボエーム》から〈私の名はミミ〉（木下美穂子） オペラ《マノン・レスコー》間奏曲 オペラ《ラ・ボエーム》から〈私が街を歩くとき〉（森麻季）	8, 17, 42 11, 29 17 17 29 29 29, 42 42
G. マーラー (1860–1911)	交響曲第２番 ハ短調《復活》第５楽章の終結部（半田美知子，永井和子，東響コーラス） 交響曲第９番 ニ長調 第４楽章から 交響曲第１番 ニ長調《巨人》第４楽章から	12 33 43

作曲家名	作品名	演奏会番号
C. ドビュッシー (1862–1918)	《牧神の午後への前奏曲》 交響詩《海》第 3 曲 交響詩《海》第 1 曲〈海の夜明けから真昼まで〉	5, 25, 42 13, 37 22
P. マスカーニ (1863–1945)	オペラ《カヴァレリア・ルスティカーナ》から間奏曲	41
E. カプア (1864–1917)	《オ・ソレ・ミオ》(辻裕久)(福井敬)	8, 17
R. シュトラウス (1864–1949)	交響詩《ティル・オイレンシュピーゲルの愉快ないたずら》 《アルプス交響曲》から	20 21
P. デュカス (1865–1935)	舞踏劇《ラ・ペリ》から〈ファンファーレ〉	48
J. シベリウス (1865–1957)	交響詩《フィンランディア》	1, 44
E. サティ (1866–1925)	《ジムノペディ》第 1 番(ドビュッシー編曲)	13
A. ルーセル (1869–1937)	《バッカスとアリアーヌ》第 2 組曲から〈フィナーレ〉	22
R. ヴォーン・ウィリアムズ (1872–1958)	《グリーンスリーヴズ》の主題による幻想曲	4, 14, 32
S. V. ラフマニノフ (1873–1943)	交響曲第 2 番 ホ短調 第 3 楽章から 交響曲第 2 番 ホ短調 第 4 楽章 ピアノ協奏曲第 2 番 ハ短調 第 3 楽章(辻井伸行)	27 41 46
G. ホルスト (1874–1934)	組曲《惑星》から〈木星〉 組曲《惑星》から〈火星〉	4, 32 14
A. シェーンベルク (1874–1951)	弦楽合奏曲《浄められた夜》から	15
M. ラヴェル (1875–1937)	《ボレロ》 《亡き王女のためのパヴァーヌ》 《ダフニスとクロエ》第 2 組曲 《ダフニスとクロエ》第 2 組曲から〈夜明け〉	Pre, 2, 13, 19, 34 25 25 36
M. ファリャ (1876–1946)	バレエ音楽《三角帽子》から〈フィナーレ〉 バレエ音楽《三角帽子》第 2 組曲	2 46
O. レスピーギ (1879–1936)	交響詩《ローマの松》から〈アッピア街道の松〉 交響詩《ローマの祭》から第 4 曲〈公現祭〉	5 17
B. バルトーク (1881–1945)	管弦楽のための協奏曲 第 2 楽章	43
I. ストラヴィンスキー (1882–1971)	バレエ組曲《火の鳥》(1919 年版) バレエ音楽《春の祭典》から	6 11

作曲家名	作品名	演奏会番号
山田耕筰 (1886–1965)	《赤とんぼ》(釜洞祐子)	26
S. プロコフィエフ (1891–1953)	ピアノ協奏曲第3番 ハ長調 第3楽章	43
F. グローフェ (1892–1972)	組曲《グランド・キャニオン》から〈山道を行く〉(大谷康子)	18
C. オルフ (1895–1982)	《カルミナ・ブラーナ》から抜粋(吉原圭子)(東響コーラス)	36
G. ガーシュウィン (1898–1937)	オペラ《ポーギーとベス》から〈サマータイム〉(半田美知子) 《ラプソディ・イン・ブルー》(伊藤恵)(小曽根真) 《パリのアメリカ人》から(小曽根真)	4 18, 30 30
F. プーランク (1899–1963)	オルガン，弦楽とティンパニのための協奏曲 ト短調から(新山恵理，新澤義美)	10
V. ヤング (1900–1956)	映画《80日間世界一周》から〈アラウンド・ザ・ワールド〉	37
A. コープランド (1900–1990)	《市民のためのファンファーレ》	18
J. ロドリーゴ (1901–1999)	《アランフエス協奏曲》第2楽章(木村大)	19
A. ハチャトゥリヤン(1903–1978)	《剣の舞》 バレエ音楽《ガイーヌ》から〈レズギンカ〉	35 43
D. カバレフスキー (1904–1987)	組曲《道化師》から〈ギャロップ〉	35
D. ショスタコーヴィチ(1906–1975)	交響曲第5番 ニ短調 第4楽章 チェロ協奏曲第1番 変ホ長調 第1楽章	16 39
L. アンダーソン (1908–1975)	《舞踏会の美女》《ジャズ・ピッツィカート》 《ワルツィング・キャット》 《セレナータ》	18 23 35
S. バーバー (1910–1981)	《弦楽のためのアダージョ》	18
J. フランセ (1912–1997)	クラリネット協奏曲 第1楽章(十亀正司)	34
B. ブリテン (1913–1976)	《青少年のための管弦楽入門》 《シンプル・シンフォニー》からIII〈感傷的なサラバンド〉 同上からII〈陽気なピッツィカート〉 《マチネ・ミュジカル》 《シンプル・シンフォニー》からI〈騒々しいブーレ〉	9 14 32, 45 32 45

作曲家名	作品名	演奏会番号
伊福部昭 (1914–2006)	《SF交響ファンタジー第１番》から	26
L. バーンスタイン (1918–1990)	ミュージカル《ウエスト・サイド・ストーリー》から〈トゥナイト〉（半田美知子，高野二郎） ミュージカル《ウエスト・サイド・ストーリー》から〈マンボ〉 《キャンディード》序曲 《キャンディード》から〈華やかに着飾って〉（森谷真理） ミュージカル《ウエスト・サイド・ストーリー》序曲 《オーケストラのためのディヴェルティメント》から〈サンバ，ブルース，マーチ〉	4 6, 21 18 23 30 30
中田喜直 (1923–2000)	《夏の思い出》	37
芥川也寸志 (1925–1989)	《交響管弦楽のための音楽》第２楽章／第２部 《交響管弦楽のための音楽》第１楽章	Pre, 26 4
武満徹（1930–1996）	《弦楽のためのレクイエム》	26
外山雄三（1931–）	《管弦楽のためのラプソディー》	46
ジョン・ウィリアムズ（1932–）	映画《スター・ウォーズ》から〈王座の間〉〈エンド・タイトル〉 映画《スター・ウォーズ》から〈メイン・テーマ〉 映画《フック》から〈フック船長のテーマ〉 《レイダース・マーチ》	18 34, 48 37 43
冨田勲（1932–）	《新日本紀行》	26
三善晃（1933–2013）	管弦楽のための協奏曲 第３楽章	26
J. レノン (1940–1980), P. マッカートニー (1942–)	ビートルズ・メドレー（〈イエスタデイ〉〈オブラディ・オブラダ〉〈ザ・ロング・アンド・ワインディング・ロード〉〈ノルウェーの森〉〈プリーズ・プリーズ・ミー〉）（長山善洋編曲）	14
三枝成彰（1942–）	オペラ《忠臣蔵》から〈この女はあんた一人のもの〉（釜洞祐子）	26
尾高尚忠 (1951–1991)	フルート協奏曲 第１楽章	11
坂本龍一（1952–）	映画《戦場のメリークリスマス》	26
吉松隆（1953–）	《鳥たちの時代》からⅠ〈Sky〉，Ⅱ〈Tree〉	47
細川俊夫（1955–）	ハープ協奏曲《回帰》から（吉野直子）	26
千住明（1960–）	『風林火山』テーマ 《日本交響詩》	26 38

（作成：津上智実）

表3　「こども定期演奏会」第1期（2002–13年度）ソリスト一覧

演奏会番号	氏　名	楽　器	演奏曲（Ⅰ，Ⅱ，Ⅲ，Ⅳなどは楽章）
4	半田美和子	Sop	ガーシュウィン：〈サマータイム〉 バーンスタイン：〈トゥナイト〉
4	高野二郎	Ten	バーンスタイン：〈トゥナイト〉
8	松田昌恵	Sop	プッチーニ：〈いとしいお父さん〉 ベートーヴェン：交響曲第9番，Ⅳ
8	与田朝子	Mezzo	ビゼー：〈ハバネラ〉 ベートーヴェン：交響曲第9番，Ⅳ
8	辻裕久	Ten	カプア：〈オー・ソレ・ミオ〉 ベートーヴェン：交響曲第9番，Ⅳ
8	宇野徹哉	Bass	モーツァルト：〈おいらは鳥刺し〉 ベートーヴェン：交響曲第9番，Ⅳ
10	新山恵理	Org	プーランク：オルガン，弦楽とティンパニのための協奏曲から
10	新澤義美	Timp*	同上
10	大谷康子	Vn*	ヴィヴァルディ：4つのヴァイオリンとチェロのための協奏曲，Ⅲ
10	B. ボーマン	Vc*	同上
10	J. ハミル	Hrn*	モーツァルト：ホルン協奏曲第3番，Ⅲ
10	中村紘子	Pf	チャイコフスキー：ピアノ協奏曲第1番，Ⅰ
11	腰越満美	Sop	ヘンデル：〈愛らしい緑の小かげ〉 プッチーニ：〈ある晴れた日に〉
11	今尾滋	Bar	モーツァルト：〈もう飛ぶまいぞ，この蝶々〉 ビゼー：〈闘牛士の歌〉
12	半田美和子	Sop	マーラー：交響曲第2番，Ⅴ
12	永井和子	Mezzo	同上
13	森麻季	Sop	フォーレ《レクイエム》から〈ピエ・イェズ〉
15	A. マルティ	Trmp*	ハイドン：トランペット協奏曲，Ⅰ
15	小山実稚恵	Pf	ベートーヴェン：ピアノ協奏曲第5番，Ⅲ
17	澤畑恵美	Sop	プッチーニ：〈歌に生き，恋に生き〉 同：〈私のお父さん〉 ヴェルディ：〈乾杯の歌〉
17	福井敬	Ten	プッチーニ：〈誰も寝てはならぬ〉 カプア：〈私の太陽〉 ヴェルディ：〈乾杯の歌〉
17	大谷康子	Vn*	ヴィヴァルディ：《四季》から〈春〉
18	伊藤恵	Pf	ガーシュィン：《ラプソディ・イン・ブルー》
19	大谷康子	Vn*	ヴィヴァルディ：4つのヴァイオリンとチェロのための協奏曲，Ⅲ
19	B. ボーマン	Vc*	同上
19	小山実稚恵	Pf	ショパン：ピアノ協奏曲第1番，Ⅲ

演奏会番号	氏　名	楽　器	演奏曲（Ⅰ，Ⅱ，Ⅲ，Ⅳなどは楽章）
19	堤剛	Vc	バッハ：無伴奏チェロ組曲第３番から
19	木村大	Guit	ロドリーゴ：《アランフェス協奏曲》，Ⅱ
20	相澤政宏	Fl*	バッハ：管弦楽組曲第２番より
23	B. ボーマン	Vc*	サン＝サーンス：〈白鳥〉
23	福島明也	Bar	モーツァルト：〈おいらは鳥刺し〉 ビゼー：〈闘牛士の歌〉
23	森谷真理	Sop	バーンスタイン：〈華やかに着飾って〉 モーツァルト：〈復讐の心は地獄のようにわが胸に燃え〉
24	髙木綾子	Fl	ドップラー：《ハンガリー田園幻想曲》
26	釜洞祐子	Sop	山田耕筰：《赤とんぼ》 三枝成彰：〈この女はあんた一人のもの〉
26	吉野直子	Hrp	細川俊夫：ハープ協奏曲《回帰》から
28	加藤知子	Vn	ベートーヴェン：ヴァイオリン協奏曲，Ⅲ
28	安藤赴美子	Sop	ベートーヴェン：交響曲第９番，Ⅳ
28	手嶋眞佐子	Mezzo	同上
28	大槻孝志	Ten	同上
28	萩原潤	Bar	同上
29	成田勝美	Ten	ドニゼッティ：〈人知れぬ涙〉 プッチーニ：〈星は光りぬ〉
29	木下美穂子	Sop	プッチーニ：〈ある晴れた日に〉 同：〈私の名はミミ〉
30	小曽根真	Pf	ガーシュウィン：《ラプソディ・イン・ブルー》
31	清水和音	Pf	ブラームス：ピアノ協奏曲第１番，Ⅲ
34	十亀正司	Cl*	フランセ：クラリネット協奏曲，Ⅰ
35	新山恵理	Org	サン＝サーンス：交響曲第３番，Ⅱ
36	吉原圭子	Sop	オルフ：《カルミナ・ブラーナ》から
38	西谷牧人	Vc	サン＝サーンス：〈白鳥〉
40	大谷康子	Vn*	ヴィヴァルディ：《四季》から〈秋〉
41	渡辺玲子	Vn	チャイコフスキー：ヴァイオリン協奏曲，Ⅱ，Ⅲ
42	森麻季	Sop	プッチーニ：〈私が街を歩くとき〉 同：〈私のお父さん〉
44	荒絵理子	Ob*	モーツァルト：オーボエ協奏曲，Ⅲ
46	辻井伸行	Pf	ラフマニノフ：ピアノ協奏曲第２番，Ⅲ

（以上，のべ 54 人。＊は東京交響楽団首席奏者）

表4 「こども定期演奏会」第1期（2002–13年度）こどもソリスト一覧

演奏会番号	氏　名	学　年	楽　器	演奏曲
Pre	小林美樹	小5	Vn	サラサーテ：《ツィゴイネルワイゼン》
1	則行みお	中1	Pf	ショパン：《幻想即興曲》
2	柳田茄那子	小6	Vn	ヴィヴァルディ：《四季》から〈夏〉，II，III
3	武藤順子	中3	Vn	メンデルスゾーン：ヴァイオリン協奏曲，I
7	横坂源	高2	Vc	ハイドン：チェロ協奏曲第1番，III
9	實川飛鳥	中1	Pf	モーツァルト：ピアノ協奏曲 K488，III
10	鈴木愛理	中3	Vn	ヴィヴァルディ：4つのヴァイオリンとチェロのための協奏曲，III
10	弓新	中1	Vn	同上
10	三浦文彰	小6	Vn	同上
11	上野星矢	中3	Fl	尾高尚忠：フルート協奏曲，I
13	長尾春花	高1	Vn	サン＝サーンス：《序奏とロンド・カプリチョーソ》
19	新村理々愛	小6	Fl	モーツァルト：フルート協奏曲第2番，I
19	三浦文彰	中2	Vn	ヴィヴァルディ：4つのヴァイオリンとチェロのための協奏曲，III
19	弓新	中3	Vn	同上
19	小川恭子	中1	Vn	同上
22	上野通明	小6	Vc	ラロ：チェロ協奏曲，III
25	松本紘佳	中1	Vn	サン＝サーンス：ヴァイオリン協奏曲第3番，III
30	八木瑛子	中3	Fl	モーツァルト：フルート協奏曲 K314，III
33	南紫音	大学生	Vn	メンデルスゾーン：ヴァイオリン協奏曲，I
35	北村朋幹	大1	Pf	リスト：ピアノ協奏曲第1番
39	新村理々愛	高2	Fl	シャミナード：フルートと管弦楽のためのコンチェルティーノ
39	服部百音	小6	Vn	メンデルスゾーン：ヴァイオリン協奏曲，I
39	上野通明	高校生	Vc	ショスタコーヴィチ：チェロ協奏曲第1番，I
39	鈴木愛理	大学生	Vn	ブラームス：ヴァイオリンとチェロのための二重協奏曲，III
39	横坂源	大学生	Vc	同上
43	藤田真央	中2	Pf	プロコフィエフ：ピアノ協奏曲第3番，III
45	有働里音	中2	Vn	サラサーテ：《ツィゴイネルワイゼン》

（以上述べ27人。学年はいずれも出演当時。なお，第39回は「10周年記念ガラ・コンサート」と銘打ち，元こども奏者たちがソリストとして出演した）

表５　「こども定期演奏会」第１期（2002–13年度）こども奏者一覧

演奏会番号	氏　名	学　年	楽　器	演奏曲
4	青木一馬	小４	Vn	エルガー：《威風堂々》第１番
4	小菅佐和子	小５	Vn	同上
4	武田桃子	小４	Vn	同上
4	出口実祈	小４	Vn	同上
4	堀川萌子	中１	Vn	同上
4	岩谷詩織	小６	Vc	同上
8	東あかり	中２	Vn	ビゼー：《アルルの女》組曲第１番〈カリヨン〉
8	大野若菜	小４	Vn	同上
8	河裾あずさ	小６	Vn	同上
8	佐藤駿太	小４	Vn	同上
8	武田桃子	小５	Vn	同上
8	渡辺彩	中３	Vn	同上
8	松本亜優	小６	Vc	同上
8	高山真理歌	中３	Fl	同上
8	森友花	中１	Trmp	同上
8	幸西柚葉	小５	Timp	同上
8	森円花	小４	Timp	同上
12	大沼遥	小４	Vn	ドヴォルザーク：交響曲第９番，Ⅰ
12	河裾あずさ	中１	Vn	同上
12	城所素雅	小４	Vn	同上
12	武田桃子	小６	Vn	同上
12	宮川恵理子	小４	Vn	同上
12	松本亜優	中１	Vc	同上
12	三井静	中１	Vc	同上
12	新村理々愛	小４	Fl	同上
12	徳井妃子	中１	Timp	同上
16	石井智大	小５	Vn	グリンカ：《ルスランとリュドミーラ》序曲
16	小林壱成	小５	Vn	同上
16	佐藤駿太	小６	Vn	同上
16	田原綾子	小５	Vn	同上
16	三井静	中２	Vc	同上
20	池田理香	小５	Vn	ワーグナー：《ニュルンベルクのマイスタージンガー》第１幕への前奏曲
20	大沼遥	小６	Vn	同上
20	大野若菜	中１	Vn	同上
20	大村芽衣	中１	Vn	同上
20	久保太基	小４	Vn	同上
20	小松照和	中３	Vn	同上

演奏会番号	氏　名	学　年	楽　器	演奏曲
20	上野通明	小 5	Vc	同上
20	野口朔	小 3	Vc	同上
20	齋藤のぞみ	中 2	Fl	同上
20	逸見恭子	中 2	Fl	同上
20	村田汐海	小 6	Hrn	同上
20	鉄谷知広	中 2	Trmb	同上
20	幸西柚葉	中 2	Timp	同上
20	徳井妃子	中 3	Timp	同上
24	植松優	小 4	Vn	ロッシーニ：《ウィリアム・テル》序曲
24	重松彩乃	小 4	Vn	同上
24	佐藤祐希	小 3	Vn	同上
24	大島淳	小 4	Vn	同上
24	山崎太陽	中 1	Vc	同上
24	野口朔	小 4	Vc	同上
24	馬渡千咲希	小 4	Vc	同上
24	浅原由香	中 2	Ob	同上
27	池田理香	中 1	Vn	チャイコフスキー：〈花のワルツ〉
27	小泉悠	中 2	Vn	同上
27	東郷祐典	小 4	Vn	同上
27	東亮汰	小 3	Vn	同上
27	石崎彩夏	小 5	Fl	同上
27	浅原由香	中 3	Ob	同上
27	石村源海	小 5	Trmb	同上
27	筒井えりか	中 2	Trmb	同上
32	松本英那子	小 1	1st Vn	エルガー：《威風堂々》第 1 番
32	池田夢	小 3	1st Vn	同上
32	有働里音	小 3	1st Vn	同上
32	隅田あいり	小 4	1st Vn	同上
32	若杉岳史	小 5	1st Vn	同上
32	小西健太郎	小 2	2nd Vn	同上
32	佐久間基就	小 3	2nd Vn	同上
32	高橋桃香	小 5	2nd Vn	同上
32	谷野菜々子	小 5	2nd Vn	同上
32	奈良めぐみ	小 4	Fl	同上
32	辻ゆうり	小 4	1st Vn	ホルスト：《惑星》から〈木星〉
32	黒澤海	小 5	1st Vn	同上
32	東郷祐典	小 5	1st Vn	同上
32	原田ありさ	小 6	1st Vn	同上
32	岡本亮治	中 1	1st Vn	同上
32	中村馨一	中 3	Vc	同上
32	山崎太陽	中 3	Vc	同上

演奏会番号	氏　名	学　年	楽　器	演奏曲
32	片山貴裕	中 3	Cl	同上
32	犬飼伸紀	中 3	Trp	同上
32	石村源海	小 6	Trb	同上
36	岸菜月	小 5	Vn	ドヴォルザーク：交響曲第 9 番，Ⅳ
36	黒澤海	小 6	Vn	同上
36	高阪素子	小 6	Vn	同上
36	後舎かな	小 3	Vn	同上
36	佐久間基就	小 4	Vn	同上
36	出口恵大	小 5	Vn	同上
36	東亮汰	小 5	Vn	同上
36	水野翔子	小 6	Vn	同上
36	水野優也	中 1	Vc	同上
36	李ハン	小 5	Vc	同上
36	奈良めぐみ	小 5	Fl	同上
40	清水咲	小 3	Vn	ブラームス：交響曲第 3 番，Ⅲ
40	太宰陽樹	小 4	Vn	同上
40	後藤慧太郎	小 5	Vn	同上
40	山畑はる	小 5	Vn	同上
40	我如古萌絵	小 6	Vn	同上
40	足立崇直	中 1	Vn	同上
40	水野翔子	中 1	Vn	同上
40	大岡鈴乃	小 6	Vc	同上
40	水野優也	中 2	Vc	同上
40	清水伶	中 1	Fl	同上
40	櫻井文香	中 3	Ob	同上
44	鈴木夢芽	小 3	Vn	シベリウス：《フィンランディア》
44	山下佑月	小 4	Vn	同上
44	梶間琉生	小 5	Vn	同上
44	山本志奈	小 5	Vn	同上
44	大島弓人	中 1	Vn	同上
44	星野里昂	中 1	Vn	同上
44	関根理沙	中 3 *	Vn	同上
44	大岡鈴乃	中 1	Vc	同上
44	清水伶	中 2	Fl	同上
44	河合温美	中 3	Fl	同上
44	谷口隼輔	中 3	Cl	同上
44	本谷琴音	中 3	Fg	同上
48	菊地彩	小 4	Vn	ワーグナー：《ニュルンベルクのマイスタージンガー》第 1 幕への前奏曲
48	白石紗也	小 4	Vn	同上
48	清水咲	小 5	Vn	同上

演奏会番号	氏　名	学　年	楽　器	演奏曲
48	小川紗果	小 6	Vn	同上
48	山畑はる	中 1	Vn	同上
48	原茉莉亜	中 2	Fl	同上

（以上述べ 121 人。学年はいずれも当時。＊＝インターナショナルスクール 9 年生）

表 6　「こども定期演奏会」第 1 期（2002–13年度）テーマ曲作曲者一覧

曲　名	氏　名	学　年
「こども定期演奏会 2002」テーマ曲（編曲：小室昌広）	出口実祈	小 4
「こども定期演奏会 2003」テーマ曲（編曲：小室昌広）	小林つかさ	小 4
「こども定期演奏会 2004」テーマ曲（編曲：長山喜洋）	久保田響	中 1
「こども定期演奏会 2005」テーマ曲（編曲：長山喜洋）	高田賢樹	小 6
「こども定期演奏会 2006」テーマ曲（編曲：長山喜洋）	加藤旭	小 1
「こども定期演奏会 2007」テーマ曲（編曲：長山喜洋）	円光門 白石詩音	小 3 小 6
「こども定期演奏会 2008」テーマ曲（編曲：長山喜洋）	佐藤麻里亜	小 4
「こども定期演奏会 2009」テーマ曲（編曲：長山喜洋）	加藤旭	小 4
「こども定期演奏会 2010」テーマ曲（編曲：長山喜洋）	吉平花織	小 3
「こども定期演奏会 2011」テーマ曲（編曲：長山喜洋）	山口睦紀	小 4
「こども定期演奏会 2012」テーマ曲（編曲：長山喜洋）	佐藤麻里亜 藤垣美南	中 2 小 6
「こども定期演奏会 2013」テーマ曲（編曲：長山喜洋）	齋藤碧 松澤ひかる	小 5 中 2

（学年はいずれも当時）

表 7　「こども定期演奏会」第 1 期（2002–13年度）チラシ絵描画者一覧

年　度	氏　名	学　年
「こども定期演奏会 2002」チラシ絵	池澤早紀	小 5
「こども定期演奏会 2003」チラシ絵	関口彩	小 4
「こども定期演奏会 2004」チラシ絵	松野あかね	小 5
「こども定期演奏会 2005」チラシ絵	佐藤睦	小 3
「こども定期演奏会 2006」チラシ絵	森田ひたち	小 4
「こども定期演奏会 2007」チラシ絵	坂本絢佳	小 4
「こども定期演奏会 2008」チラシ絵	藤山春陽	小 4
「こども定期演奏会 2009」チラシ絵	林尚吾	小 4
「こども定期演奏会 2010」チラシ絵	今田大河	小 5
「こども定期演奏会 2011」チラシ絵	阿久澤裕香	小 5
「こども定期演奏会 2012」チラシ絵	桑原尚史	小 2
「こども定期演奏会 2013」チラシ絵	嶋津円香	小 3

（学年はいずれも当時）

表8 「こども定期演奏会」第1期（2002–13年度）配布プログラム紹介記事一覧

演奏会番号	記事内容と音楽家名
Pre	オーケストラ・インタビュー(0)グレブ・ニキティン（コンサートマスター）
1	同(1)大谷康子（コンサートマスター）
2	同(2)打楽器奏者のみなさん：天野佳和，奥田昌史，塚田吉幸，新澤義美
3	同(3)オーボエ奏者：杉浦直基，池田肇 木管楽器いろいろ
4	同(4)トランペット奏者：大隈雅人，熊谷仁士 金管楽器いろいろ
5	楽器紹介：管楽器いろいろ，木管楽器（フルート，オーボエ，クラリネット，ファゴット），金管楽器（ホルン，トランペット，トロンボーン，チューバ） こども定期演奏会が開かれるまで
6	楽器紹介：打楽器（いろいろ，ティンパニ），ハープ，鍵盤楽器（ピアノ，チェレスタ，オルガン） コンサートを楽しむには？
7	楽器紹介：弦楽器（ヴァイオリン，ヴィオラ，チェロ，コントラバス） 弦楽アンサンブルのいろいろ（二重奏から五重奏まで） コンサートができるまで――どういう人たちが働いているの？（ステージマネジャー，ライブラリアン，レセプショニスト，オフィス）
8	声のふしぎ スポンサーについて（NTTドコモ，日本財団）
9	楽団員紹介（第1回）大谷康子（CM），藤原真（1st Vn），木村正貴（1st Vn），坂井みどり（2nd Vn），渡辺裕子（2nd Vn），内田史子（2nd Vn），西村眞紀（Va），大野順二（Va），永井聖乃（Va），Berndf Bohman（Vc），加藤信吾（Cb），菅野明彦（Cb），甲藤さち（Fl），福井貴子（Ob），小林利彰（Cl），福井蔵（Cl），竹村淳司（Hrn），前田健一郎（Trp），若狭和良（Trb），新澤義美（Perc） すてきなコンサートをつくるために(1)ステージ衣装：大谷康子
10	楽団員紹介（第2回）Gleb Nikitin（CM），廣岡克隆（ACM），加藤幸子（1st Vn），日野奏（1st Vn），阿部真弓（2nd Vn），塩谷しずか（2nd Vn），武生直子（Va），小西応興（Va），松崎里絵（Va），大塚正昭（Vc），謝名元民（Vc），鷹栖光昭（Vc），笠原勝二（Cb），久松ちず（Cb），高野成之（Fl），杉浦直基（Ob），十亀正司（Cl），千村雅信（Fg），大和田浩明（Hrn），阪本正彦（Hrn），熊谷仁士（Trp），鈴木一輝（Trp），上原規照（Trb），塚田吉幸（Perc） すてきなコンサートをつくるために(2)食事：ベアンテ・ボーマン（Vc），ジョナサン・ハミル（Hrn），新澤義美（Perc）

演奏会番号	記事内容と音楽家名
11	楽団員紹介（第3回）石沢美都（1st Vn），小川敦子（1st Vn），立岡百合恵（1st Vn），吉川万理（1st Vn），板垣琢哉（2nd Vn），上原茉莉（2nd Vn），野村真澄（2nd Vn），安藤史子（Va），山廣みほ（Va），中山智（Va），石川祐支（Vc），馬場隆弘（Vc），小林照雄（Cb），西依智子（Cb），相澤政宏（Fl），篠崎隆（Ob），谷尻忍（Cl），大埜展男（Fg），甲田幹雄（Hrn），曽根敦子（Hrn），渡辺功（Tb），天野佳和（Perc） すてきなコンサートをつくるために(3)体調管理：廣岡克隆（ACM），西依智子（Cb），甲藤さち（Fl），鈴木一輝（Trmp）
12	楽団員紹介（第4回）田尻順（ACM），大和田ルース（1st Vn），小林亮子（1st Vn），堀内幸子（1st Vn），宮本睦（1st Vn），清水泰明（2nd Vn），小川さえ子（2nd Vn），宮原祐子（2nd Vn），諸橋健久（Va），加護谷直美（Va），森みさ子（Va），音川健二（Vc），川井真由美（Vc），黄原亮司（Vc），渡辺哲郎（Cb），原田博（Cb），中川愛（Fl），池田肇（Ob），Emmanuel Neveau（Cl），内田秋雄（Fg），梅田学（Hrn），大隅雅人（Trp），Antonio Marti（Trp），野沢岳史（Trp），荻野昇（Trb），宮本直樹（Trb），奥田昌史（Perc） すてきなコンサートをつくるために(4)音楽は国境を越えて：金山茂人（楽団長）
13	音楽のまちの風景(1)パリ編：エマニュエル・ヌヴー（Cl，フランス人） 楽団員紹介(1)ヴァイオリン・パート： （第1ヴァイオリン）大谷康子，グレブ・ニキティン，田尻順，廣岡克隆，石沢美都，大和田ルース，小川敦子，加藤幸子，木村正貴，小林亮子，立岡百合恵，日野奏，藤原真，堀内幸子，宮本睦，吉川万理 （第2ヴァイオリン）板垣琢哉，清水泰明，坂井みどり，阿部真弓，上原茉莉，内田史子，小川さえ子，塩谷しずか，野村真澄，宮原祐子，渡辺裕子
14	音楽のまちの風景(2)ロンドン編：大和田ルース（Vn，イギリス人） 楽団員紹介(2)ヴィオラ，チェロ，コントラバス： （ヴィオラ）西村眞紀，武生直子，安藤史子，大野順二，加護谷直美，小西応興，中山智，永井聖乃，松崎里絵，森みさ子，山廣みほ （チェロ）ベアンテ・ボーマン，音川健二，大塚正昭，川井真由美，黄原亮司，謝名元民，鷹栖光昭，馬場隆弘 （コントラバス）笠原勝二，加藤信吾，渡辺哲郎，小林照雄，菅野明彦，久松ちず，西依智子，原田博
15	音楽のまちの風景(3)ウィーン編：小林利彰（Cl） 楽団員紹介(3)木管楽器： （フルート）相澤政宏，甲藤さち，高野成之，中川愛 （オーボエ）杉浦直基，池田肇，篠崎隆，福井貴子 （クラリネット）十亀正司，エマニュエル・ヌヴー，小林利彰 （ファゴット）大埜展男，福井蔵，内田秋雄，千村雅信

演奏会番号	記事内容と音楽家名
16	音楽のまちの風景⑷ロシア編：グレブ・ニキティン（CM） 日本財団は，こどもたちのためにもいろいろなことをしています こども定期演奏会が開かれるまで 楽団員紹介⑷金管楽器： （ホルン）竹村淳司，ジョナサン・ハミル，甲田幹雄，大和田浩明，阪本正彦，曽根敦子 （トランペット）アントニオ・マルティ，大隅雅人，野沢岳史，前田健一郎 （トロンボーン）荻野昇，若狭和良，上原規照，宮本直樹 （チューバ）渡辺功 （打楽器）奥田昌史，新澤義美，天野佳和，塚田吉幸
17	音楽の国⑴イタリア編：アントニオ・マルティ（Trmp） もっと知りたい楽器の魅力⑴弦楽器編（ヴァイオリン，ヴィオラ，チェロ，コントラバス）大谷康子，田尻順，廣岡克隆，板垣琢哉，清水泰明，坂井みどり，西村眞紀，武生直子，ベアンテ・ボーマン，音川健二，笠原勝二，渡辺哲郎，加藤信吾
18	音楽の国⑵アメリカ編：アデル・亜貴子・カーンズ（Vc），ジョナサン・ハミル（Hrn） もっと知りたい楽器の魅力⑵金管楽器編（ホルン，トランペット，トロンボーン，チューバ）竹村淳司，ジョナサン・ハミル，アントニオ・マルティ，佐藤友紀，荻野昇，宮本直樹，渡辺功，熊谷仁士（副楽団長，元首席トランペット奏者），金沢茂（編成局長，元首席トロンボーン奏者）
19	東京交響楽団のクラブ活動紹介（ダイビング部，写真部，野球部，囲碁部，釣り部） もっと知りたい楽器の魅力⑶木管楽器編（フルート，オーボエ，クラリネット，ファゴット）相澤政宏，甲藤さち，池田肇，エマニュエル・ヌヴー，大埜展男，福井蔵
20	音楽の国⑶ドイツ編：篠崎隆（Ob） もっと知りたい楽器の魅力⑷打楽器編（ティンパニ，バスドラム，スネアドラム，トライアングル，タンバリン，シンバル，オーケストラチャイム，マリンバ，タムタム，グロッケンシュピール）奥田昌史，新澤義美，天野佳和，塚田吉幸 日本財団は，こどもたちのためにもいろいろなことをしています リーマン・ブラザーズ証券会社の社会貢献活動
21	すてきなコンサートをつくるために⑴新しくなったサントリーホール 打楽器セクション紹介，同メンバー紹介：奥田昌史，新澤義美，天野佳和，塚田吉幸 日本財団とは
22	すてきなコンサートをつくるために⑵指揮者，大友直人さんにインタビュー 弦楽器メンバーより：大谷康子，西村眞紀，川井真由美，加藤信吾

演奏会番号	記事内容と音楽家名
23	すてきなコンサートをつくるために(3)楽器の準備，手入れについて，池田肇（Ob），廣岡克隆（Vn） 福島明也さん（バリトン）インタビュー 木管楽器メンバーよりひとこと：高野成之，池田肇，エマニュエル・ヌヴー，福井蔵 日本財団の支援事業
24	金管楽器メンバー紹介：荻野昇，野沢岳史，竹村淳司，渡辺功 すてきなコンサートをつくるために(4)日本財団，リーマン・ブラザーズ証券株式会社
25	フランス音楽の薫り，エマニュエル・ヌヴー（Cl） みなさんの質問にお答えします：大友直人
26	日本の作曲の世界，大友直人さんに聞く みなさんの質問にお答えします
27	チャイコフスキーとロシアの大地から：前田健一郎（Trmp） みなさんの質問にお答えします
28	ベートーヴェンと取り巻く人々：大和田浩明（Hrn） みなさんの質問にお答えします
29	プッチーニ＆ヴェルディ〜イタリア・オペラの楽しみ：成田勝美（Ten） みなさんの質問にお答えします
30	バーンスタイン＆ガーシュイン：ジョナサン・ハミル（Hrn） みなさんの質問にお答えします
31	インタビュー：ピアニスト清水和音さんが語るブラームスの魅力 みなさんの質問にお答えします
32	イギリス音楽への誘い：大和田ルース（Vn） 「レセプショニストになってみよう」体験レポート
33	美しき弦楽器の響き：南紫音（Vn） 楽器紹介：弦楽器群（ヴァイオリン，ヴィオラ，チェロ，コントラバス）
34	色彩あふれる管楽器の煌めき：十亀正司（Cl） 楽器紹介：木管楽器（フルート，ピッコロ，オーボエ，コール・アングレ，クラリネット，ファゴット），金管楽器（ホルン，トランペット，トロンボーン，チューバ）
35	鍵盤楽器の迫力：北村朋幹（Pf） 楽器紹介：打楽器群（ティンパニ，大太鼓，オーケストラチャイム，タムタム，マリンバ，小太鼓，シンバル，タンバリン，トライアングル，マラカス）
36	心躍るオーケストラのマジック：大友直人 こども定期演奏会が開かれるまで
37	こども定期演奏会 10 周年「みんなで聴いてきた 10 年」
38	「白鳥」でソロ演奏：西谷牧人（Vc）
39	ショスタコーヴィチのチェロ協奏曲を演奏：上野通明（Vc）

演奏会番号	記事内容と音楽家名
40	こども定期演奏会が開かれるまで コンサートができるまで，どういう人たちが働いているの？――ステージマネジャー，ライブラリアン，オフィス
41	ソリスト・インタビュー（1）渡辺玲子（Vn）
42	ソリスト・インタビュー（2）森麻季（Sop）
43	ソリスト・インタビュー（3）藤田真央（Pf）
44	ソリスト・インタビュー（4）荒絵理子（Ob） こども定期演奏会が開かれるまで
45	有働里音さんに聞く（Vn） オーケストラの楽器たち，弦楽器編：田尻順（Vn），西村眞紀（Va），西谷牧人（Vc），笠原勝二（Cb），高野麗音（Hrp） バークレイズの社会貢献活動
46	辻井伸行さんに聞く（Pf） オーケストラの楽器たち，打楽器編：新澤義美 バークレイズの社会貢献活動（その2）
47	オーケストラの楽器たち，木管楽器編：甲藤さち（Fl），池田肇（Ob），エマニュエル・ヌヴー（Cl），福井蔵（Fg） バークレイズの社会貢献活動（その3）
48	こども定期演奏会が開かれるまで オーケストラの楽器たち，金管楽器編：大野雄太（Hrn），佐藤友紀（Trmp），荻野昇（Trmb），渡辺功（Tb） バークレイズの社会貢献活動（その4）

表9 「こども定期演奏会」第1期（2002–13年度）助成一覧

助成団体名	助成期間（カッコ内は月）	備　考
NTTドコモ	2001（8） 2002（4, 8, 10, 12） 2003（4, 8, 10, 12） 2004（4, 8, 9, 12）	協賛
文化庁「平成14年度芸術団体重点支援事業」 同「平成15年度芸術創造活動重点支援事業」 同「平成16年度芸術創造活動重点支援事業」 同「平成17年度芸術創造活動重点支援事業」 同「平成18年度芸術創造活動重点支援事業」 同「平成19年度芸術創造活動重点支援事業」 同「平成20年度芸術創造活動重点支援事業」 同「平成21年度芸術創造活動特別推進事業」 同「平成22年度芸術創造活動特別推進事業」 同「平成23年度トップレベルの舞台芸術創造事業」 同「平成24年度トップレベルの舞台芸術創造事業」 同「平成25年度トップレベルの舞台芸術創造事業」	2002（4, 8, 10, 12） 2003（4, 8, 10, 12） 2004（4, 8, 9, 12） 2005（4, 7, 9, 11） 2006（4, 7, 10, 12） 2007（9, 10, 12）, 2008（3） 2008（5, 7, 9, 11） 2009（5, 7, 9, 12） 2010（4, 7, 9, 12） 2011（4, 7. 9. 11） 2012（4, 7, 9, 12） 2013（4, 7, 9, 12） ～現在にいたる	
日本財団	2003（4, 8, 10, 12） 2004（4, 8, 9, 12） 2005（4, 7, 9, 11） 2006（4, 7, 10, 12） 2007（9, 10, 12）, 2008（3）	助成
カルビー株式会社	2005（7）	特別協賛
リーマン・ブラザーズ証券株式会社	2006（4, 7, 10, 12） 2007（9, 10, 12）, 2008（3） 2008（5, 7, 9）	特別協賛
三井住友銀行ボランティア基金	2009（9, 12） 2010（9）	助成
バークレイズ・キャピタル証券株式会社	2010（4, 7, 9, 12） 2011（4, 7, 9, 11） 2012（4, 7, 9, 12） 2013（4, 7, 9, 12） ～現在にいたる	特別協賛

（以上，「こども定期演奏会」の配布プログラムにもとづいて作成。作成：津上智実）

表10　神戸女学院大学音楽学部「子どものためのコンサート・シリーズ」一覧（2015年9月末日現在）

2001年度
「楽器で遊ぼう！――子どものための体験コンサート」（3月9日）

2002年度
第1回「子どものための七夕コンサート（ハープとフルート）」（7月6日）
第2回「子どものためのオルガン・コンサート」（10月5日）
第3回「子どものためのクリスマス・コンサート」（12月21日）

2003年度
第4回「子どものための七夕コンサート」（7月5日）
第5回「子どものためのスペシャル・コンサート――ロシアのピアニストをきこう！」（10月18日）
セルゲイ・ミルシュタイン（ピアノ）
第6回「子どものためのクリスマス・コンサート」（12月13日）
第7回「子どものためのピアノ名曲コンサート――ロシアのピアニスト2人による独奏とデュオ」（2004年2月11日，舞子ビラ神戸あじさいホール）
ボリス・ベクテレフ（ピアノ），セルゲイ・ミルシュタイン（ピアノ）

2004年度
第8回「子どものための七夕コンサート」（7月3日）
第9回「子どものためのスペシャル・コンサート――ヴァイオリンの魅力を満喫しよう！」（10月16日）
辻井淳（ヴァイオリン），藤井由美（ピアノ）
第10回「子どものためのクリスマス・コンサート」（12月11日）

2005年度
第11回「子どものための七夕コンサート」（7月2日）
第12回「子どものためのスペシャル・コンサート――ピアノが奏でるダンスの世界」（10月22日）
ボリス・ベクテレフ（ピアノ），セルゲイ・ミルシュタイン（ピアノ）
第13回「子どものためのクリスマス・コンサート」（12月10日）

2006年度
第14回「子どものための七夕コンサート」（7月1日）
第15回「子どものためのオルガン・コンサート」（10月21日）
片桐聖子（オルガン），早野紗矢香（オルガン），川勝さちこ（オルガン）
第16回「子どものためのクリスマス・コンサート」（12月16日）

2007年度
第17回「子どものための七夕コンサート」（7月7日）
第18回「子どものためのスペシャル・コンサート――5つの弦楽器とピアノのゆかいな音楽会」（10月20日）

釋伸司・菊本恭子（ヴァイオリン），高村明代（ヴィオラ），雨田一孝（チェロ），南出信一（コントラバス），佐々由佳里（ピアノ）
第19回「子どものためのクリスマス・コンサート」（12月８日）
第20回「子どものためのスペシャル・コンサート――コントラバスの魔術師ゲーリー・カー登場！」（2008年３月８日）
ゲーリー・カー（コントラバス），ハーモン・ルイス（ピアノ）

2008年度
第21回「子どものための七夕コンサート」（７月５日）
第22回「子どものためのスペシャル・コンサート――すてきだね，日本語の歌！」（11月22日，神戸新聞松方ホール）
釜洞祐子（ソプラノ），松川儒（ピアノ），津上智実（司会）
第23回「子どものためのスペシャル・コンサート――すてきだね，日本語の歌！」（11月24日，東京文化会館小ホール）
釜洞祐子（ソプラノ），松川儒（ピアノ），津上智実（司会）
第24回「子どものためのクリスマス・コンサート」（12月13日）

2009年度
第25回「子どものための七夕コンサート」（７月４日）
第26回「子どものためのオルガン・コンサート」（10月17日）
井上圭子（オルガン），早野紗矢香（オルガン，アシスタント）
第27回「子どものためのクリスマス・コンサート」（12月12日）

2010年度
第28回「子どものための七夕コンサート」（７月３日）
第29回「３大学響宴！　子どものためのスペシャル・コンサート」（10月16日）
東京音楽大学，昭和音楽大学，神戸女学院大学音楽学部
第30回「子どものためのクリスマス・コンサート」（12月11日）

2011年度
第31回「子どものための七夕コンサート」（７月２日）
第32回「子どものためのスペシャル・コンサート――フルートの魅力を満喫しよう！」（10月15日）
第33回「子どものためのクリスマス・コンサート」（12月10日）

2012年度
第34回「子どものための七夕コンサート」（７月７日）
第35回「子どものためのクリスマス・コンサート」（12月15日）

2013年度
第36回「子どものための七夕コンサート」（７月６日）
第37回「子どものためのオルガン・コンサート――おはなしオルガン「ロバの王子」」（11月23日）
松居直美（オルガン），片桐聖子（オルガン），西山聡子（オルガン）
第38回「子どものためのクリスマス・コンサート」（12月14日）

2014年度

第39回「子どものための七夕コンサート」（7月5日）

第40回「子どものためのスペシャル・コンサート――トロンボーンの魅力」（10月11日）

ベルカント・トロンボーン（Bell Canto Trombone）：鶴房采花・藤井美波・吉田梨絵・小南友里加（トロンボーン），田村佳子（バス・トロンボーン），松尾璃奈（ピアノ），祐成麻奈未（司会）

第41回「子どものためのクリスマス・コンサート――オルガンと歌で綴るクリスマスの物語」（12月13日）

松居直美（オルガン），菊本恭子・小林真奈美（ヴァイオリン），黒田育世（チェロ），鬼一薫（ソプラノ），見野綾子（オルガン），山田りさ（お話）

2015年度

第42回「子どものための七夕コンサート」（7月4日）

第43回「子どものためのクリスマス・コンサート」（12月12日）（予定）

（以上，2015年10月25日現在。特に記述のない場合，会場は神戸女学院講堂，出演者は音楽学部生ないし「音楽によるアウトリーチ」既習生）

表11　ラジオ番組「子供の時間」のオーケストラ演奏（1925–39年，朝日新聞掲載分）

年月日	指揮者／演奏者	主な曲目	解説者
1927-7-15	？／？	「子供向きのオーケストラ」：アッシャーの序曲《活動写真》，グレヂャニノフ《ロシヤの子守うた》，田村虎蔵作曲／堀内敬三編曲の総合曲《むかしむかし》，ソーントンの描写曲《汽車》	—
1927-7-27	？／アタゴオーケストラ	「子供向きの管げん楽」：《少年団行進曲》，東洋風描写曲《キスメット》《太湖船》《出征のうた》，シューマン《子供のための音楽帳》から〈楽しき農夫〉〈民謡〉〈美しき五月〉〈旅人〉	—
1931-5-17	前田璣／東京ラジオオーケストラ	ヨハン・シュトラウスの喜歌劇《メトウサレム公爵》序曲，ヴァージスの《森の幻想》，ボッケリーニの《メヌエット舞曲》，シュトラウスの喜歌劇《楽しき戦争》円舞曲，ピーチャム《アメリカの巡ら隊》	—
1931-11-10	前田璣／東京ラジオオーケストラ	シューベルト《軍隊行進曲》，サンサーンス《白鳥》，チャイコフスキー《胡桃割り人形》トレパック舞曲，カプア《私の太陽よ》（トランペット独奏），ブラームス《ハンガリー舞曲》第五番，サラサーテ《ナヴァラ風のホタ舞曲》	伊庭孝
1932-7-17	瀬戸口藤吉／日本放送交響楽団	世界各国の国歌	
1932-8-31	奥山貞吉／東京ラジオオーケストラ	スッペの序曲《愉快な人々》，ミカエリス《森の鍛冶屋》，スーザの行進曲《美中の美》	野村光一
1932-9-14	篠原正雄／日本放送交響楽団	ビゼー《カルメン》前奏曲，グノー《ファウスト》円舞曲，ヴェルディ《アイーダ》行進曲	伊庭孝
1932-10-16	近衛秀麿／日本放送交響楽団	ベルリオーズの序曲《ローマの謝肉祭》，リムスキー＝コルサコフの交響組曲《シェエラザード》より〈バグダットのお祭〉	堀内敬三
1932-10-26	山田耕筰／東京ラジオオーケストラ	ムソルグスキー《展覧会の絵》から〈チュイルリー宮殿の庭で遊ぶ子供たち〉〈牛車〉〈かえりきらぬヒヨコの踊り〉〈キエフの大きな門〉	山田耕筰

年月日	指揮者／演奏者	主な曲目	解説者
1932-11-20	N. シフェルブラット／日本放送交響楽団	フンパーディンクの歌劇《ヘンゼルとグレーテル》序曲，ブラームス《ハンガリア舞曲》第五・六番，スッペの喜歌劇《詩人と農夫》序曲	
1933-8-20	菅原明朗／日本放送交響楽団	モーツァルトの《六つのドイツ舞曲》と《トルコ行進曲》	
1933-11-1	山本直忠／日本放送交響楽団	ベートーヴェンの田園の第二楽章〈小川のほとりの景色〉，モーツァルトのト短調交響曲のメヌエット	
1933-11-5	瀬戸口藤吉／東京ラジオオーケストラ	瀬戸口藤吉作曲の行進曲《元寇の役》，《虫のダンス》，《ラジオ行進曲》，《スコットランドの思い出》	
1934-1-28	大塚淳／日本放送交響楽団	モーツァルト《夜の音楽》全四楽章，山田耕筰《JOAK行進曲》	
1934-2-6	福喜多鉄雄／大阪ラジオオーケストラ	ミハエリスの《トルコの巡邏隊《じゅんらたい》》	
1934-4-15	大塚淳／日本放送交響楽団	ヴェーバーの歌劇《魔弾の射手》序曲，メンデルスゾーン《春の歌》，ヨハン・シュトラウスの円舞曲《青きドナウ》	
1934-8-5	瀬戸口藤吉／東京ラジオオーケストラ	ロッシーニの歌劇《ウィリアム・テル》序曲，ヴァルトトイフェルの円舞曲《スケートをする人々》	関屋五十二
1934-11-1	篠原正雄／日本放送交響楽団	チャイコフスキーの序曲《一八一二年》（「新交響楽団練習所より」）	関屋 or 村岡
1934-12-21	N. シフェルブラット／日本放送交響楽団	デュカの交響詩《魔法使いの弟子》（「新響より」）	関屋 or 村岡
1935-1-6	N. シフェルブラット／日本放送交響楽団	ムソルグスキー《展覧会の絵》（近衛秀麿編曲）から〈プロムナード〉（一）〈古いお城〉（プロムナード）（二）〈テュイルリー宮殿の花園に遊ぶ子供たち〉（三）〈牛車〉（プロムナード）（四）〈孵り切らぬひよこの踊り〉（五）〈リモージュの市場〉（六）〈キエフ市の大門〉	関屋 or 村岡
1935-2-10	N. シフェルブラット／日本放送交響楽団，ヴォーカルフォア合唱団	ヴェーバーの歌劇《魔弾の射手》より（一）序曲（二）狼の谷（三）花の冠（四）猟師の合唱（五）終曲	関屋 or 村岡
1935-3-14	瀬戸口藤吉／東京オーケストラ	瀬戸口藤吉作曲の行進曲《国際電話》，福田宗吉編曲《村の鍛冶屋》，トバニ作曲《日本の巡邏兵《じゅんらへい》》，福田宗吉編曲《燈火管制》	

年月日	指揮者／演奏者	主な曲目	解説者
1935-5-19	N. シフェルブラット／日本放送交響楽団	ビゼーの《カルメン》組曲，（一）衛兵の行進（二）ジプシーの踊り（三）アラゴンの舞曲（四）アンカラの竜騎兵（五）闘牛士の行進	関屋 or 村岡
1936-2-2	N. シフェルブラット／新交響楽団	ロッシーニ《セビリアの理髪師》序曲，オッフェンバック《ホフマン物語》抜粋曲，ヴェルディ《アイーダ》大行進曲	関屋 or 村岡
1936-3-1	N. シフェルブラット／新交響楽団	ヨーゼフ・ハイドンの時計交響曲第二楽章，告別交響曲第四楽章，玩具交響曲第一楽章	関屋 or 村岡
1936-3-23	福喜多鉄雄／大阪ラジオオーケストラ	スーザの行進曲《雷》，ビットグートの描写曲《自動車旅行》，ヴァルトトイフェルの円舞曲《エスツチャンチナ》，ブーエの描写曲《急行列車》（「大谷桃谷演奏所よりの中継」）	
1936-4-19	N. シフェルブラット／新交響楽団	サンサーンスの組曲《アルジェリア》，（一）前奏曲，（二）ムーア人の踊り，（三）夕の夢，（四）フランス軍隊の行進曲	関屋 or 村岡
1936-7-12	N. シフェルブラット／新交響楽団	リムスキー＝コルサコフの組曲《シエラザード》より第一曲〈海とシンドバットの船〉，オッフェンバックの喜歌劇《天国と地獄》序曲	関屋 or 村岡
1936-8-23	N. シフェルブラット／日本放送交響楽団	ロッシーニの歌劇《ウィリアム・テル》序曲，ワーグナーの行進曲《双頭の鷲の旗の下に》	関屋五十二
1936-10-31	福田宋吉／東京オーケストラ	ザメクニックの《沙漠の隊商》，スウィートの《山の戦争》，ザメクニックの《南方へ》，ハイドンの《玩具の交響曲》	
1937-1-5	早川彌左衛門／名古屋交響楽団	ビゼーの《カルメン》から〈闘牛士〉，早川彌左衛門編曲の《子供行進曲》，ミハエリスの意想曲《橇乗り競技会》	
1938-5-22	A. ユンケル／日本放送交響楽団	スメタナの交響詩《吾が祖国》〈モルダウ〉，ヨハン・シュトラウスの喜歌劇《蝙蝠》円舞曲，フリーデマンの行進曲《フリードリッヒ大王》	関屋 or 村岡

（作成：津上智実）